SPIRALE 4
LIVRE DE L'ÉLÈVE

JACQUELINE JENKINS · BARRY JONES

Hodder & Stoughton

A MEMBER OF THE HODDER HEADLINE GROUP

Acknowledgements

The authors would like to thank Shirley Baldwin for her commitment and input and Angela Willoughby for her contribution to *Spirale 4*. They are also grateful to Tim Gregson-Williams and Helen Parker for their support, and to Chris Barker for all his hard work.

Jacqueline Jenkins would like to thank Jessica and Jonathan for their involvement, as well as Nicole, Michèle and Chloé. She is grateful to the pupils of Westwood High School who have provided invaluable help during the writing of *Spirale*. Barry Jones would like to thank his wife Gwenneth for her support, along with his children, Daniel and Matthew. He is indebted to Monique Alcott and Marie-Anne Rodolakis.

Special thanks are due to Angie Littler who organised the recordings and to the pupils of the Lycée Français who took part in them.

The authors and publishers are grateful to the following for permission to reproduce photographs: D. Addelman p116 (left); Air Canada p204 (2nd from bottom); Air France p204 (2nd from top); J. Allan Cash Photolibrary pp141 (bottom), 160, 191 (top, far right), 202 (bottom left), 213 (bottom); S. Baldwin pp22 (bottom), 32, 85 (top right), 92, 100 (right), 101 (bottom left), 111 (top), 130 (right), 137 (top), 138 (bottom), 140, 141 (top), 157 (2nd from top), 158 (bottom),169, 170, 189, 190 (bottom left), 204 (top), 205 (2nd from top), 211 (centre right), 218; C. Barker p123; P. Caisley p116 (right); Camera Press p111 (bottom); Citroën p63 (top left); Cresta Holidays pp41 (bottom centre), 190 (centre right); Edinburgh Crystal Visitors' Centre p203 (top); France Télécom pp93 (centre), 97; Geoffrey (Tailor) p202 (bottom right); C. and J. Geoghegan pp 30 (bottom left), 158 (top); Keith Gibson pp58 (centre left), 61 (top right); Chris Gilbert pp59 (top left), 102 (left), 163, 175 (2nd from top), 177 (left), 197; Robert Harding Picture Library pp30 (top), 41 (bottom left), 114, 121 (top right, bottom left), 175 (bottom right), 191 (bottom left), 202 (top left); Hutchison pp121 (top left, top centre, centre middle, centre right, bottom centre); John Knox House p202 (top right); A. Love p13 (left); J. Lowe pp41 (top right), 42 (centre left), 60 (top left, bottom right), 61 (bottom), 153, 155, 157 (top, 2nd from bottom), 164, 196, 211 (centre left); Madagascan consulate p124 (left, top left); © Dody Nash p64 (bottom); Philips p63 (bottom right); T. Piejus pp115 (bottom), 121 (centre left); S. Quelch p115 (top); Nigel and Charlotte Simpson pp26 (centre, right), 41 (top centre), 47 (3rd from top), 59 (top right), 138 (top), 157 (bottom), 175 (3rd from top, bottom left), 180 (left), 191 (bottom right), 193, 198 (bottom), 199, 211 (bottom left & right), 215, 217, 227 (bottom right); Colin Taylor Productions pp58 (top left & right, centre right, bottom left); 61 (top left), 63 (top right), 78, 81, 90 (bottom left), 227 (top left & centre, centre left); David Simson p22 (top); SNCF p205 (top); ©Tony Stone p69 (right); Topham Picture Source pp41 (top left), 41 (bottom right), 60 (bottom left), 191 (top left, top 3rd from left); A. Tueda pp90 (top, bottom right), 93 (top).

The publishers would like to thank the following for permission to reproduce material in this volume: Bayard Presse International pp11, 36, 38, 39, 66, 94, 95, 113, 162, 163, 192, 193; Office de Tourisme de Tours pp21, 23; Extraits du Guide de l'Hébergement reproduit avec l'autorisation de l'Office Municipal de Tourisme d'Agde, Le Cap d'Agde pp24, 25; Tony Stone Images p69; Science Photo Library p69; *Terres Lointaines* no. 450, avril 1993 pp70, 108, 109; Xavier Testelin/Rapho p72; *Marie Claire* p79; La Poste pp89, 90, 96; Le Service National des timbres-poste et de la Philatélie p91; France Télécom p93; Casterman p103; *Iles: Magazine de Toutes les Iles* pp118, 124; Marks & Spencer Paris p125; *Bravo Girl* p145; Organisme de Formation Organisation de Consommation pp116, 167; Chambre de Commerce et d'Industrie de Caen pp171, 181; Glenturret Distillery Limited 203; Macintosh Red p203; Scottish Tourist Board p207; © Editions GALLIMARD, 'Déjeuner du Matin' – Jacques Prévert p222.

The publishers would also like to thank the following for use of their material:
Auberges de Jeunesse de la FUAJ p20; Théo editions pp20, 23, 211; Conseil Régional p28; G Leindorfer Rea p72; Spadem p91; *Les Clés de l'Actualité* p95; *Miss Star Club* p106; Editions Exbrayant p118; *Salut* pp148, 149, 211; L'Académie p159; *Top Secrets* p166; Action Humanitaire France p185; *Podium-Hit* p194; *Jeune et Jolie* p213; Crédit Lyonnais p213.

Every effort has been made to trace and acknowledge ownership of copyright. The publishers will be glad to make suitable arrangements with any copyright holders whom it has not been possible to contact.

Cover illustration: Tim Kahane

British Library Cataloguing in Publication Data
A catalogue for this book is available in the British Library.

ISBN 0 340 54758 8

First published 1995
Impression number   10 9 8 7 6 5 4 3 2 1
Year   1999 1998 1997 1996 1995

Copyright © 1995 Jacqueline Jenkins and Barry Jones

All rights reserved. No part of this publication may be reproduced or transmitted in any form or by any means, electronic or mechanical, including photocopy, recording, or any information storage and retrieval system, without permission in writing from the publisher or under licence from the Copyright Licensing Agency Limited. Further details of such licences (for reprographic reproduction) may be obtained from the Copyright Licensing Agency Limited, of 90 Tottenham Court Road, London W1P 9HE.

Typeset by Wearset, Boldon, Tyne and Wear
Design: Amanda Hawkes
Printed in Great Britain for Hodder & Stoughton Educational, a division of Hodder Headline Plc, 338 Euston Road, London NW1 3BH, by Scotprint, Musselburgh, Scotland.

Contents

Ma bouée de sauvetage	4
1 Profils	6
2 Un avant-goût	27
3 Bonjour les dégâts!	51
4 Étourderies	76
5 Évasion	101
6 Entretiens	129
7 Autour d'un métier	152
8 Mini-entreprise	171
9 Où habitez-vous?	189
10 On s'organise	209
Notes de grammaire	231
Lexique: français-anglais	244
anglais-français	252

Ma bouée de sauvetage

À deux *In twos*
À l'aide de *With the help of*
À tour de rôle *Take it in turns*
À vos stylos ou vos ordis *Pick up your pens or go to your computers*
À vous maintenant! *Over to you!*
Aidez-vous des mots dans la boîte *Use the words in the box to help you*
Aidez-vous des phrases *Use the sentences to help you*
Ajoutez d'autres détails *Add other details*
Apprenez à *Learn to*
Appuyez sur 'pause' *Press 'pause'*
Associez *Match*

Cachez le texte *Hide the text*
Changez de rôle *Change roles*
Chaque personne *Each person*
Cherchez les mots *Look for the words*
Cherchez parmi les notes *Look in the notes*
Choisissez ce qui est vrai pour vous *Choose what's true for you*
Choisissez l'annonce qui correspond à *Choose the advert which matches*
Choisissez la bonne illustration *Choose the right picture*
Ci-dessous *Below*
Ci-dessus *Above*
Citez les raisons *Give the reasons*
Cochez ce qui correspond le mieux *Tick what best matches*
Cochez ce qui est vrai pour vous *Tick what is true for you*
Cochez ce qui vous semble essentiel *Tick what seems essential to you*
Cochez la bonne case/la case appropriée *Tick the right box*
Cochez les qualités mentionnées *Tick the qualities mentioned*
Commencez par *Begin with*
Comparez vos listes/notes/résultats *Compare your lists/notes/results*
Complétez les phrases *Finish the sentences*
Complétez la grille/le tableau *Fill in the grid/table*
Composez un petit paragraphe *Make up a little paragraph*
Consultez les brochures/les boîtes *Consult the brochures/boxes*
Consultez la légende/un dictionnaire *Consult the key/a dictionary*

Créez *Make*
Corrigez les erreurs/les réponses fausses *Correct the errors/wrong answers*

De quelle boîte s'agit-il? *Which is the box concerned?*
De qui s'agit-il? *Who is it about?*
De quoi parlent-ils? *What are they talking about?*
De quoi s'agit-il? *What is it about?*
Déchiffrez les dessins *Decode the drawings*
Décrivez ce qui s'est passé *Describe what happened*
Dégagez les idées essentielles *Pick out the main ideas*
Demandez à votre professeur *Ask your teacher*
Demandez des renseignements *Ask for information*
Devinez *Guess*
Discutez avec votre partenaire *Discuss with your partner*
Dites si les affirmations sont vraies ou fausses *Say if the statements are true or false*
Donnez au moins ... points *Give at least ... points*
Donnez autant de détails que possible *Give as many details as possible*
Donnez les renseignements suivants *Give the following information*
Donnez-leur la parole *Over to them*
Donnez votre avis/vos raisons *Give your opinion/reasons*
Dressez une liste *Make a list*
Dressez son profil *Draw up her/his profile*

Échangez *Exchange*
Écoutez ces jeunes *Listen to these young people*
Écoutez encore une fois *Listen once again*
Écoutez et lisez *Listen and read*
Écoutez et parcourez *Listen and glance through*
Écoutez et suivez les bulles *Listen and follow the bubbles*
Écoutez-le/la *Listen to him/her*
Écoutez-les *Listen to them*
Écoutez les descriptions *Listen to the descriptions*

Écrivez dans la grille *Write in the grid*
Écrivez le prénom *Write the first name*
Écrivez-les *Write them*
Écrivez les bonnes phrases *Write the correct sentences*
Écrivez les mots qui manquent *Write the missing words*
Écrivez-lui *Write to her/him*
Écrivez un court paragraphe/une lettre *Write a short paragraph/a letter*
... en changeant les mots *... by changing the words*
... en complétant les blancs *... by filling in the gaps*
... en inscrivant dans la case *... by writing in the box*
... en mettant/suivant/utilisant *... by putting/following/using*
... en vous aidant de *... using ... to help you*
... en vous inspirant de *... using ... to inspire you*
Enregistrez *Record*
Entourez les lettres *Circle the letters*
Entraînez-vous *Practise*
Essayez de comprendre *Try to understand*
Essayez de rappeler/trouver *Try to remember/find*
Et vous? *And you?*
Étudiez attentivement *Study carefully*
Étudiez ces conseils *Study this advice*
Expliquez *Explain*
Exprimez *Express*

Faites ce jeu *Play this game*
Faites cet exercice à deux *Do this exercise in pairs*
Faites correspondre *Match up*
Faites des recherches *Do some research*
Faites un compte-rendu *Give an account*
Faites un exposé *Give a talk*
Faites une liste *Make a list*
Faites un sondage *Carry out a survey*
Fermez vos livres *Close your books*
Formulez par écrit *Draw up in writing*

Ma bouée de sauvetage

Fournissez les renseignements suivants *Give the following information*
Identifiez chaque illustration *Identify each picture*
Identifiez la personne qui parle *Identify the person who's speaking*
Illustrez *Illustrate*
Imaginez *Imagine*
Inscrivez . . . dans la boîte *Write . . . in the box*
Inventez *Invent*

Jeu de rôles *Role play*
Jouez les rôles *Play the roles*
Justifiez votre choix/réponse *Justify your choice/answer*

Lisez et écoutez *Read and listen*
Lisez ces extraits *Read the extracts*
Lisez l'article/le profil *Read the article/profile*
Lisez les bulles/les conseils *Read the bubbles/advice*
Lisez les lettres *Read the letters*

Mélangé(e)(s) *Mixed up*
Mettez à la forme correcte *Put into the correct form*
Mettez dans la bonne colonne *Put in the right column*
Mettez dans le bon ordre *Put in the right order*
Mettez-les *Put them*
Mettez-vous à la place de *Put yourself in the place of*
Mettez-vous d'accord *Come to an agreement*

Notez dans la grille *Write in the grid*
Notez le problème *Note the problem*
Notez-les *Note them down*
Notez les idées essentielles/les points essentiels *Write down the main ideas/main points*
Notez les informations données *Note the information given*
Notez les mots qui manquent *Write the missing words*
Notez les réponses *Write down the answers*
N'oubliez pas *Don't forget*
Numérotez *Number*

Oralement, puis par écrit *Orally, then in writing*

Parcourez la liste *Glance through the list*
Parlez de *Talk about*
Parmi *From, among*
Partagez vos réponses *Share your answers*
Posez des questions *Ask questions*
Posez les questions suivantes *Ask the following questions*
Pour chaque personne *For each person*
Pour vous aider *To help you*
Prenez des notes *Take notes*
Prenez la parole *Speak*
Prenez la place de *Take the place of*
Préparez un exposé/une discussion *Prepare a talk/discussion*
Présentez-les *Present them*
Présentez-vous *Present yourself*
Programmez vos données sur ordinateur *Key your data into the computer*

Que manque-t-il? *What's missing?*
Quel dessin illustre . . . ? *Which picture illustrates . . . ?*
Qui a la bonne réponse? *Who has the right answer?*
Qui dit quoi? *Who says what?*

Racontez *Tell*
Recopiez la lettre *Copy out the letter*
Rédigez un article/un paragraphe *Write an article/a paragraph*
Rédigez-le sur papier *Write it on paper*
Récrivez les phrases *Rewrite the sentences*
Réécoutez *Listen again*
Refusez *Refuse*
Regardez la boîte/les bulles *Look at the box/bubbles*
Regardez l'exemple *Look at the example*
Regardez les dessins/les illustrations *Look at the pictures*
Relisez les lettres/les témoignages *Reread the letters/accounts*
Remettez dans le bon ordre *Put into the right order*

Remplacez les phrases *Replace the sentences*
Remplissez la grille/les blancs *Fill in the grid/the blanks*
Renseignez-vous *Find out*
Repérez les mots *Pick out the words*
Répondez aux questions *Answer the questions*
Répondez-lui *Answer her/him*
Répondez par vrai ou faux *Answer true or false*
Réportez-vous à *Refer to*
Reproduisez *Reproduce*

Selon l'exemple donné *Following the example*
Selon le modèle *Following the model*
Selon vous *In your opinion*
Servez-vous de *Use*
Simulez *Simulate*
Soit oralement, soit par écrit *Either orally or in writing*
Soulignez *Underline*
Suivez ce modèle *Follow this model*
Suivez les conseils *Follow the advice*

Transmettez-le *Pass it on*
Travail à deux *Pair work*
Travaillez avec un(e) partenaire *Work with a partner*
Travaillez seul(e)/en groupes *Work on your own/in groups*
Trouvez l'équivalent *Find the equivalent*
Trouvez la bonne personne/réponse *Find the right person/answer*
Trouvez le texte qui correspond *Find the text which matches*
Trouvez une phrase *Find a sentence*

Utilisez des expressions telles que *Use expressions such as*

Vérifiez ce que vous avez appris *Check what you have learnt*
Vérifiez ce que vous avez compris *Check what you have understood*
Vérifiez ce que vous savez dire *Check what you know how to say*
Vérifiez par écrit *Check in writing*
Voici quelques mots pour vous aider *Here are some words to help you*
Vrai ou faux? *True or false?*

MODULE 1

Profils

Objectifs

Décrire ses passions et ses intérêts et répondre à des questions personnelles.

Identifier et discuter des traits de caractère.

Faire le profil de quelqu'un.

Discuter du type de vacances que vous préférez.

A

Écoutez Julien, Marie-Anne, Anne-Laure, Éric, Sandrine et Benoît.
Qui dit quoi?

Julien   **Marie-Anne**   **Anne-Laure**

6 *six*

Profils **MODULE 1**

Éric **Sandrine** **Benoît**

A Moi, la cuisine c'est ma passion. J'adore les gâteaux. Je suis gourmand!

B Dessiner ne me dit rien. C'est la musique électronique qui me plaît le plus.

C Moi, mon truc c'est la glisse. Je passe des heures à en faire! Planche à roulettes, skateboard, speedsail, planche à voile . . . tout.

D La glisse? Ça non! Je trouve cela ennuyeux et même dangereux. Je préfère la mécanique. J'aime bien restaurer les motos. Je les démonte et je les remonte. Je trouve ça bien!

E Ce qui me passionne, ce sont les beaux gilets. Les gilets dernier cri. Je les fais moi-même!

F Les vêtements, moi, cela m'est complètement égal. Moi, ce qui m'intéresse le plus, c'est de décorer les murs de ma chambre et de dessiner. J'adore l'art.

Aide-Mémoire

. . . ne me dit rien . . . *doesn't do anything for me*
Je passe des heures à . . . *I spend hours . . .*
Ce qui me passionne, c'est . . . *The thing I'm mad keen on is . . .*
Je trouve cela ennuyeux *I think it's boring*
. . . cela m'est égal *I'm not particularly bothered about . . .*
Ce qui m'intéresse le plus c'est . . . *The thing that interests me most is . . .*

la glisse *sports such as skiing, skateboarding, windsurfing (lit. glide)*
le gilet *waistcoat*

sept **7**

MODULE 1 *Profils*

B

Écoutez Isabella et Loïc et suivez les bulles.
Selon vous, quelles sont les deux choses les plus importantes pour eux? Justifiez votre réponse.

Isabella

Pendant les vacances, je suis allée d'abord à Théoule dans le sud de la France. J'ai fait un stage de plongée sous-marine. La plongée sous-marine c'est ce qui me plaît le plus! Je suis restée deux semaines à Théoule. Après mes vacances, je vais reprendre mes activités sportives. Ma deuxième passion, c'est la danse. Je m'entraîne tous les jours après l'école, car c'est ce que je voudrais faire plus tard. Et toi? Qu'est-ce qui te passionne le plus?

Loïc

J'ai très peu de temps libre. Une fois par mois, avec des copains, nous jouons au football américain. C'est un sport d'équipe et cela nous plaît. Mais notre passion, c'est le tennis. On en fait le jeudi soir et le dimanche matin. Nous pensons faire un stage pendant les grandes vacances car nous adorons ce sport, et on pourra peut-être en faire notre métier. Et toi? Qu'aimes-tu faire en général? As-tu des activités? As-tu une passion?

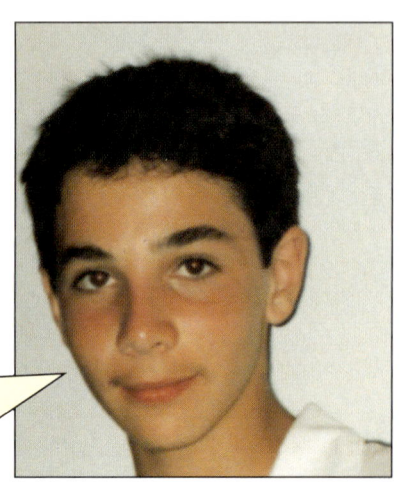

C

Lisez les trois articles et notez les idées essentielles.

1.

"Le foot c'est ma passion"

«Bonjour Marie-Caroline,
Oui, j'aimerais être une star. Pourquoi? Parce que c'est chouette, on est connu dans la plupart des pays d'Europe (ou d'Amérique). Moi, mon idole c'est... Roberto Baggio ou Marco Van Basten, des stars du football anglais. Le foot, c'est ma passion. Depuis que la France est disqualifiée de la Coupe du monde, ma seule ambition est de la faire monter au plus haut niveau.»

Olivier, 11 ans, Dijon (21)

2.

Sandrine fait du patin à glace depuis l'âge de sept ans. Ce sport, c'est sa passion: elle nous en parle.

J'adore le patin à cause de la vitesse et de l'effort, et puis aussi parce qu'on peut en faire avec des amis. Deux fois par jour, matin et soir, je vais à l'entraînement. En plus, je fais des stages pendant les vacances scolaires. Maintenant que je suis au niveau compétition, je prépare mes propres programmes. Je les présente aux juges, ils me notent, et j'obtiens un classement. Un moment qui fait trembler tous les patineurs! J'aime beaucoup porter de jolies tuniques et l'ambiance des concours. C'est vraiment un sport à essayer! Moi, je ne m'arrêterai jamais!

8 *huit*

Profils MODULE 1

3.

"SOS chevaux"

Depuis onze ans maintenant, je pratique l'équitation, je suis une passionnée! Il existe de nombreuses revues équestres mais la télévision exclut ce sport de ses programmes. Je lance un SOS pour que l'on se mobilise (les amoureux du cheval et les autres) et que l'on rende à ce sport toute sa splendeur. En effet, il y a eu récemment les Jeux Mondiaux à La Haye et on n'en a presque pas entendu parler alors que la France a eu plusieurs médailles. France 2 a bien retransmis quelques images … Alors, si les gens qui connaissent les chevaux, les admirent, ou sont simplement intrigués par eux, veulent en entendre parler un peu plus, il faut écrire à TF1 ou à France 2 et France 3.

Françoise, Marcigny (71)

D

1 Et vous? Avez-vous une passion?
Travaillez avec un(e) partenaire. Utilisez les expressions ci-dessous. Discutez de vos passions.

Partenaire A
Demandez:
Qu'est-ce qui te passionne?
Qu'est-ce qui te plaît le plus?

♥♥♥

Ce qui me passionne,
   c'est ……
J'aime bien ……
…… c'est ma passion!
Je préfère ……
Moi, mon truc c'est ……
Ma passion, c'est ……!
J'aime mieux …… que le/la ……
Moi, je craque pour ……!

Partenaire B
Répondez à la question
de votre partenaire.

✗✗✗

…… ne me dit rien!
Je n'aime pas tellement ……
Je trouve cela pas très bien.
Les ……, cela m'est égal!
Le/la ……, cela ne me dérange
   pas!
Le/la ……? Ça non!
Je trouve ça ennuyeux!
Cela ne m'intéresse pas!

2 Suivez l'exemple d'Isabella et de Loïc et écrivez un petit paragraphe sur vos passions. Relisez l'Activité B ou réécoutez la cassette pour vous aider. Puis présentez-le à vos camarades.

Aide-Mémoire

la plongée sous-marine *scuba diving*
un sport d'équipe *a team sport*
reprendre *carry on with*
Je m'entraîne *I train*
penser *think*

chouette *great*
connu(e) *famous*
la Coupe du monde *the World Cup*
au plus haut niveau *to the highest level*

revues (f) équestres *horse shows*
les Jeux Mondiaux *the World Games*
retransmis *transmitted*

le patin à glace *ice-skating*
la vitesse *speed*
Je fais des stages *I go on courses*
les patineurs *ice-skaters*

E Pas toujours d'accord!

Vous avez une passion? Quel est votre profil?

1 Voici comment Anne-Laure décrit ce qui l'intéresse.
Parcourez ces extraits.

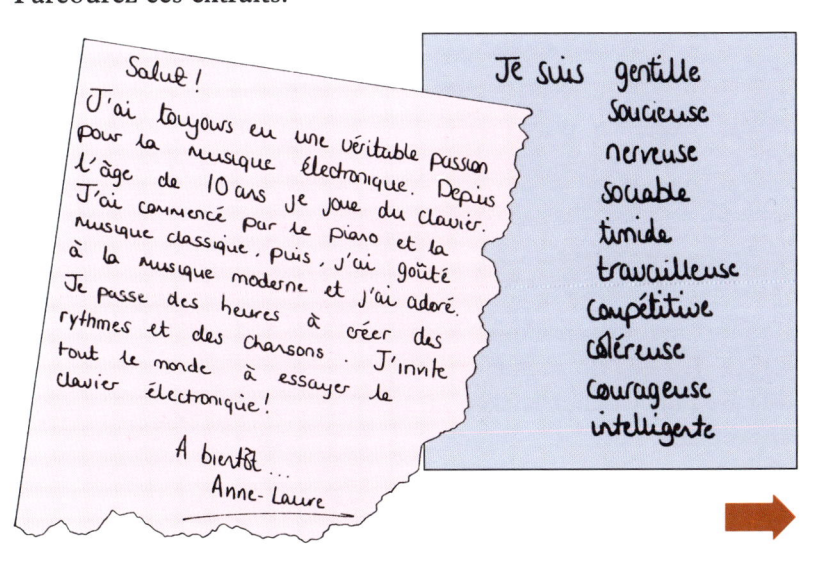

Salut!
J'ai toujours eu une véritable passion pour la musique électronique. Depuis l'âge de 10 ans je joue du clavier. J'ai commencé par le piano et la musique classique, puis, j'ai goûté à la musique moderne et j'ai adoré. Je passe des heures à créer des rythmes et des chansons. J'invite tout le monde à essayer le clavier électronique!

A bientôt…
Anne-Laure

Je suis gentille
soucieuse
nerveuse
sociable
timide
travailleuse
compétitive
coléreuse
courageuse
intelligente

neuf **9**

MODULE 1 *Profils*

Écoutez Benoît, son copain. Est-il du même avis qu'elle? Cochez la case appropriée.

même avis ☐
avis contraire ☐

2 Voici comment Benoît se décrit. Regardez la liste.

> Salut,
> J'ai quinze ans et j'ai une passion merveilleuse: la mécanique. Je suis passionné par la restauration des vieilles motos et des anciennes voitures. Dès que je vois une moto, j'ai du mal à m'en détacher. Je passe des heures à démonter et à remonter toutes les pièces détachées. Rassembler toutes les pièces c'est de la pure magie!
>
> Bisous
> Benoît

Je suis fainéant
sportif
timide
paresseux
mal organisé
humoriste
intelligent
sympathique
communicatif
modeste.

Écoutez maintenant Anne-Laure. Est-elle du même avis que Benoît? Cochez la case appropriée.

même avis ☐
avis contraire ☐

F *Une autre image de vous!*

1 Voici comment d'autres copains et d'autres copines décrivent Julien, Marie-Anne, Éric et Sandrine.
Écoutez les descriptions. Pour chaque personne, cochez les qualités mentionnées.

	Julien	Marie-Anne	Éric	Sandrine
communicatif/ communicative				
compréhensif/ compréhensive				
drôle				
dynamique				
paresseux/paresseuse				
franc/franche				
généreux/généreuse				
gentil/gentille				
honnête				
intelligent/ intelligente				
nerveux/nerveuse				
organisé/organisée				
patient/patiente				
sociable				
sportif/sportive				
sympathique				
timide				
travailleur/ travailleuse				

N'écrivez pas sur cette grille

2 À vous maintenant! Qui aimeriez-vous connaître? Donnez vos raisons.

Exemple:
J'aimerais connaître Marie-Anne. Elle **a l'air** sympa. Elle est ...

Voici quelques mots pour vous aider:

un peu	**très**
assez	**pas très**
plutôt	**super**
excessivement	

Profils **MODULE 1**

Aide-Mémoire

coléreux/coléreuse *quick-tempered*
compréhensif/compréhensive *understanding*
drôle *funny*
fainéant(e) *idle*
franc/franche *honest*
gentil/gentille *kind*
nerveux/nerveuse *nervous*
paresseux/paresseuse *lazy*
soucieux/soucieuse *caring*
sympathique *nice, friendly*
travailleur/travailleuse *hard-working*

G Je suis une perfectionniste!

1 Lisez le profil de Jodie Foster et répondez aux questions.

1. Quelles indications vous donne le titre de cet article?
2. Quelles qualités demande le rôle d'actrice?
3. Où a-t-elle fait ses études?
4. Où adore-t-elle habiter?

Justifiez vos réponses.

2 Regardez la carte d'identité et écrivez un petit paragraphe sur l'actrice.

3 Choisissez une de vos stars préférées et dressez son profil selon le modèle de Jodie Foster.

Aide-Mémoire

devenir *become*
souhaiter *want*
tourner *film*
J'ai eu de la chance *I was lucky*
J'ai envie de . . . *I long to . . .*
le plateau *(film) set*
des talons *(m)* **hauts** *high heels*
metteur *(m)* **en scène** *producer*

JODIE FOSTER
"Je suis une perfectionniste"

Quel effet cela fait-il de devenir acteur très jeune?
Jodie Foster: J'ai eu beaucoup de chance parce que j'ai eu tout de suite de vrais rôles. Ma mère souhaitait que je sois une véritable actrice. Elle voulait que je joue des personnages très différents de moi.

Vous avez la réputation d'être très exigeante . . .
Jodie Foster: C'est vrai que lorsque je travaille, je ne pense qu'à cela. Et je ne fais que cela. Le métier d'actrice demande beaucoup de discipline. Quand il fait très froid, que vous devez tourner en extérieur à 6 heures du matin alors qu'il fait encore nuit, il faut avoir du courage pour être sur le plateau! La discipline est donc, dans ce métier, une qualité.

Votre français est impeccable!
Jodie Foster: J'ai suivi mes études dans un lycée français à Los Angeles. Et puis, j'adore habiter à Paris. C'est la seule ville où j'ai envie de mettre des talons hauts, et de me faire inviter à dîner!

CARTE D'IDENTITÉ
nom: FOSTER
prénom: Jodie
âge: 32 ans
née à: Los Angeles
nationalité: américaine
profession: actrice, metteur en scène, et productrice
premier film: une publicité pour une crème solaire, à 3 ans
signe particulier: parle français couramment
récompenses: deux Oscars pour *Les accusés*, en 1988 et *Le silence des agneaux*, en 1990

onze **11**

MODULE 1 *Profils*

Activité

1 Lisez l'article. Quels conseils sont donnés pour avoir une amitié durable? Dressez une liste. Présentez les conseils à vos camarades.

Exemple:
Tu fais du lèche-vitrine, de la musique, etc.

2 À vous maintenant! Prenez la parole. Décrivez votre meilleure ami(e). Faites cet exercice à deux.
Partenaire A pose les questions;
Partenaire B répond.

Exemples de questions:

1. Qu'aimes-tu le plus en lui ou en elle?
2. Quelles activités faites-vous ensemble?
3. Qu'avez-vous en commun?
4. Quel style de vêtements aime-t-il ou aime-t-elle porter?
5. Décris-le ou -la.

Le coude à coude, c'est indispensable

Le grand truc de l'amitié, c'est de faire des choses ensemble. Du lèche-vitrine, de la musique, du théâtre, un exposé, des révisions ou la vaisselle. Oui, la vaisselle. Parce que c'est souvent pendant les corvées que l'amitié est la plus douce. C'est, même, presque toujours comme cela qu'elle se consolide.

Vérifiez-le vous-même ! C'est bientôt la fête des mères, et vous projetez d'aller choisir, avec un copain, le cadeau que vous comptez offrir à votre mère. Essayez d'organiser tout l'après-midi autour de cette sortie… et de profiter de la détente qu'elle représente pour faire plein d'autres choses moins amusantes.

D'abord, retrouvez votre copain assez tôt pour faire à deux votre travail scolaire. Pendant que vous y êtes, mettez un peu d'ordre dans la maison… Et, en rentrant de vos courses, donnez ensemble le bain du petit frère !

Coin lecture

Lisez et écoutez ces quatres lettres et répondez aux questions en inscrivant dans chaque case la première lettre du prénom approprié.

1.

Ma meilleure amie s'appelle **Rita**. Elle est petite et assez mince. Elle porte toujours des lunettes, et cela lui donne un style. Elle a de très longs cheveux noirs et de très grands yeux marron. Elle est très nerveuse au point de se ronger les ongles toute la journée. Mais nous avons beaucoup de choses en commun. Nous aimons porter les mêmes vêtements et nous avons une fascination pour les chaussures et les sous-vêtements. Comme activités, nous adorons le sport et faire du shopping. Ce qui me plaît le plus en elle c'est sa modestie et son naturel.

Yaël

Profils MODULE 1

2.

Moi, j'ai un très bon copain qui s'appelle **Méric**. Il est assez grand et a des yeux verts. La couleur de ses cheveux change avec les saisons! Nous allons à un club des jeunes tous les samedis et on s'éclate. Nous avons peu de choses en commun à part la musique. Ce qui me plaît en lui c'est sa générosité et son honnêteté. J'aime bien aussi la façon dont il s'habille. Il aime porter des chemises à carreaux et des pantalons assez larges. Il adore les couleurs vives mais quelquefois pour faire plus chic, il porte des costumes noirs.

Sarah

3.

Ma meilleure amie s'appelle **Laurence.** Je la connais depuis quatre ans. Je l'ai rencontrée en deuxième année de collège. Nous étions dans la même classe. Elle est très sympa! Elle adore sortir, s'amuser et rigoler! Elle est aussi très bavarde. On peut parler ensemble pendant des heures. Elle est très généreuse. Elle adore aider les gens quand ils ont des problèmes à l'école et à la maison. C'est une qualité très importante.

Claire

4.

J'ai deux amis – un qui s'appelle **Olivier** et une qui s'appelle **Joanne**. Ce sont mes deux meilleurs amis. Nous sommes toujours ensemble. Olivier est brun aux yeux noirs et Joanne a les cheveux châtain et les yeux bleus. Nous avons beaucoup d'activités en commun: nous jouons au squash une fois par semaine et nous faisons partie d'un club de photographie. Ce qui me plaît le plus en eux c'est leur gaieté et leur fidélité . . . Nous avons un point faible – nous adorons les marchés aux puces! Nous y allons tous les dimanches pour trouver des vêtements bon marché. Ce que j'aime le plus c'est porter des blousons en cuir.

Philippe

Aide-Mémoire

l'amitié (f) *friendship*
du lèche-vitrine (m) *window-shopping*
les corvées (f) *chores*
la détente *relaxation*
projeter de *plan to*

se ronger les ongles (m) *bite your nails*
beaucoup de choses en commun *a lot of things in common*
les sous-vêtements (m) *underclothes*
on s'éclate *we go wild*
la façon dont il s'habille *the way he dresses*
les couleurs (f) **vives** *bright colours*
rigoler *laugh*
aider *help*
châtain *brown-haired*
un point faible *a weakness*
les marchés (m) **aux puces** *flea markets*

---

1. Qui change de couleur de cheveux avec les saisons?
2. Qui aime porter des chemises à carreaux?
3. Qui a une fascination pour les chaussures?
4. Qui a des cheveux longs et noirs?
5. Qui adore sortir, s'amuser et rigoler?
6. Qui connaît sa copine depuis quatre ans?
7. Qui va à un club des jeunes tous les samedis et aime les couleurs vives?
8. Qui s'habille au marché aux puces?
9. Qui dit que sa copine est nerveuse au point de se ronger ses ongles?

N'écrivez pas sur cette page

treize 13

MODULE 1 *Profils*

H *Un domaine à part – un camp de vacances*

1 Écoutez ce moniteur. Notez les idées essentielles.

2 *Je suis le campeur idéal!* Réécoutez la cassette et complétez les phrases:

1. Je me ...... sans réveiller les autres.
2. Je me ...... sans mettre le pied sur le copain.
3. Je ...... sans laisser couler ...... dans les locaux.
4. Je ...... les dents sans laisser du dentifrice partout.
5. Je ...... sans prendre les ...... du copain.
6. Je ...... la nuit sans laisser mes baskets sous ...... du copain.
7. Je ...... avant ...... heures du matin!

3 *Un champion ou une championne du camping!* Regardez maintenant les dessins. Présentez votre champion ou championne. Faites correspondre le début de chaque phrase à sa fin (page 15).

Il/Elle . . .

- se réveille . . .
- se lève . . .
- se lave . . .
- se brosse les dents . . .
- s'habille . . .
- se déshabille . . .
- se couche . . .

14 *quatorze*

Profils **MODULE 1**

a sans prendre les baskets du copain/ de la copine

b avant deux heures du matin

c sans laisser couler l'eau dans les locaux

d sans laisser des chaussettes sous le nez du copain/ de la copine

e sans laisser du dentifrice partout

f sans réveiller les autres

g sans mettre le pied sur le voisin/ la voisine

quinze **15**

MODULE 1 *Profils*

1 Un campeur pas très malin!

Une petite expérience au passé...

1 Luc décrit ses vacances. Recopiez la lettre en complétant les blancs.

Salut tout le monde!

Je me suis bien amusé en camp de vacances! En me réveillant, j'ai fait beaucoup de bruit pour réveiller les autres! Chaque matin, quand je me suis levé, j'ai mis _____ sur mon voisin. Génial, non? Je ne me suis pas _____, bien sûr, mais j'ai laissé couler _____ partout. Je me suis _____ bien avant les copains – comme ça je pouvais prendre leurs _____. Je _____ de très bonne heure ... du matin! Je suis très gentil, donc je n' _____ mes chaussettes sous le nez de mon copain. Je les ai laissées sous son oreiller!

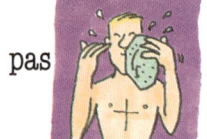

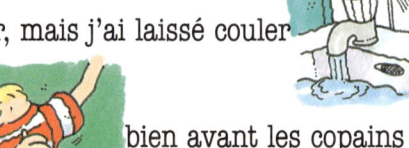

Luc

2 Selon vous, c'est un bon ou un mauvais campeur? Justifiez votre réponse.

3 À vous maintenant! Faites votre profil du campeur pas très malin ou de la campeuse pas très maligne. Donnez autant de détails que possible. Donnez votre profil au présent ou au passé.

Aide-Mémoire

laisser ... couler *run*
se déshabiller *undress*
sonner *ring*
les locaux *(m) premises*
les poubelles *(f) dustbins*
propre *clean*
disponible *available*
vos ordures *(f) your rubbish*

les bacs *(m) wash-tubs, sinks*
le hangar *shed*
les os *(m) bones*
les pelures *(f)* **d'orange** *orange peel*

Profils MODULE 1

ƒLASH-GRAMMAIRE

RAPPEL : REFLEXIVE VERBS

You use *reflexive verbs* when you are talking about an action which reflects back on the speaker, such as washing yourself, or dressing yourself:

Je me lave à huit heures moins vingt.   *I wash at twenty to eight.*
Je m'habille avant de prendre mon petit déjeuner.   *I get dressed before I have my breakfast.*

To remind you, here is a reflexive verb in full:

se coucher (*to go to bed*)

je me couche	**nous nous** couchons
tu te couches	**vous vous** couchez
il se couche	**ils se** couchent
elle se couche	**elles se** couchent

REFLEXIVE VERBS IN THE PERFECT TENSE

In the perfect tense, you need to use the present tense of **être** with *all* reflexive verbs. Don't forget to add the past participle. For example:

Aujourd'hui je me **suis** levé(e) à sept heures. *Today I got up at seven o'clock.*
Mes parents se **sont** couchés très tard hier soir. *My parents went to bed very late last night.*

Attention! The past participle has to agree with the person in question (the subject of the sentence). For example:

Julie **s'est** réveillé**e** à huit heures et demie. *Julie woke up at half past eight.*

Here are all the forms of the verb **se réveiller** (*to wake up*) in the perfect tense:

je me suis réveillé**(e)**
tu t'es réveillé**(e)**
il s'est réveillé
elle s'est réveillé**e**
nous nous sommes réveillé**(e)s**
vous vous êtes réveillé**(e)(s)**
ils se sont réveillé**s**
elles se sont réveillé**es**

Note that **te** becomes **t'** before **es** and **se** becomes **s'** before **est**. For example:

Il **s'est** couché à neuf heures parce qu'il était malade. *He went to bed at nine o'clock because he was ill.*

Entraînement

1. Toutes ces phrases sont mélangées. Mettez-les dans le bon ordre:
   a habillé(e) me vite suis Je
   b à sont heures Ils couchés dix se
   c nous tôt réveillés nous Hier sommes
   d tard s' très Elle levée matin ce est

2. Répondez aux questions:
   a T'es-tu réveillé(e) tôt ou tard aujourd'hui?
   b À quelle heure tu t'es levé(e)?
   c Est-ce que tu t'es habillé(e) avant de prendre le petit déjeuner?
   d À quelle heure est-ce que tu t'es lavé(e)?
   e À quelle heure t'es-tu couché(e) hier soir?

Maintenant, posez les questions à votre partenaire et écrivez sa journée.

dix-sept **17**

MODULE 1 *Profils*

🎙 J *À faire ou à ne pas faire?*

Voici quelques conseils donnés par un moniteur et une monitrice pour rendre vos vacances agréables.

1 Écoutez le moniteur et la monitrice. Quel dessin illustre ce qu'ils disent? Remplissez la grille.

N'écrivez pas sur cette grille

1	2	3	4	5	6	7	8

1.

2.

3.

4.

5.

6.

18 *dix-huit*

Profils **MODULE 1**

3 Associez les phrases aux objets.
De quoi s'agit-il à chaque fois? Aidez-vous des mots dans la boîte.

1. Il faut **les** laisser propres.
2. Il faut **les** mettre près du hangar.
3. Il faut **les** mettre dans le sac.
4. Vous pouvez **la** réclamer à la réception.
5. Il faut **les** mettre dans les poubelles.

> la montre
> les bouteilles
> les papiers
> les bacs
> les os et les pelures
>   d'orange

7.   8.

2 Réécoutez le moniteur et la monitrice.
Choisissez l'annonce qui correspond à ce qu'ils disent.

1 Veuillez laisser les locaux propres.

2 Pensez à Nos Lumières

3 LES POUBELLES, S'IL VOUS PLAIT!

4 EAU CHAUDE DISPONIBLE DE 7h30 À 22h30

5 Ne pas mettre des bouteilles dans les poubelles. Les mettre près du hangar.

6 Sonnez à Notre porte. Nous pouvons Téléphoner Pour vous.

7 Nous recommandons d'utiliser des sacs en plastique pour vos ordures

8 Une montre a été trouvée dans les sanitaires. Veuillez la réclamer à la réception.

dix-neuf **19**

MODULE 1 *Profils*

*f*LASH-GRAMMAIRE

DIRECT OBJECT PRONOUNS

When you are talking about something, you often say 'it' or 'them' rather than repeating the name of the object or objects. For example:

I've lost my pen. I can't find *it* anywhere.

In French, you use **le**, **la** or **les** instead of repeating the object(s). These are called *direct object pronouns*.
You use **le** to replace a *masculine* noun; **la** to replace a *feminine* noun and **les** for *more than one* noun. For example:

J'aime bien **le thé**. Je **le** bois toujours avec un peu de lait. *I like tea a lot. I always drink it with a little milk.*
Je porte toujours sur moi **ma carte d'identité**. Je **la** mets dans ma poche. *I always carry my ID card. I put it in my pocket.*
Je perds toujours **mes lunettes**. Je **les** laisse partout. *I always lose my glasses. I leave them everywhere.*

Attention! If **le** and **la** come before a verb beginning with a vowel (**a, e, i, o, u**), they become **l'**. For example:

J'aime bien mon baladeur. Je **l'**ai toujours dans mon sac. *I really like my personal stereo. I always have it in my bag.*

*E*ntraînement

Complétez les phrases avec le bon pronom:
a J'ai deux chiens. Je . . . promène chaque jour.
b Mes parents ont acheté une voiture. Je . . . trouve extra!
c J'ai laissé ma montre chez mon ami. Je . . . perds toujours!
d J'adore le café. Je . . . prends toujours avec du lait.

K

Écrivez les mots qui manquent: **le   la   les**

1. Un appareil-photo a été trouvé dans la cafétéria. Veuillez . . . réclamer à la réception.
2. Les poubelles sont au sous-sol. Il faut . . . sortir chaque soir avant 21h.
3. Il y a un message pour toi. Tu peux . . . trouver au panneau près de la porte d'entrée.
4. Cette chanson m'énerve! Arrêtez de . . . chanter.
5. Je me suis fait de bons copains au camp. Je voudrais bien . . . revoir.
6. Ce dentifrice est terminé! Je . . . mets dans la poubelle?

L Vacances en plein air ou luxueuses?

1 Quelles sont les opinions de ces jeunes ados? Lisez ces extraits de lettres et identifiez la bonne annonce.

A

AUBIGNY-SUR-NÈRE (Cher) 18700
Parc des Sports. Tél. 48.58.15.99
2 dortoirs 13 + 17 lits. Ouvert du 1/V au 30/X.

BEAUGENCY (Loiret) 45190
152, route de Châteaudun. Tél. 38.44.61.31
10 Chambres de 6 lits + 5 chambres d'1 lit + 3 dortoirs de 8 lits (capacité totale 92)
Ouverte du 1/III au 31/XII

BLOIS (Loir-et-Cher) 41000
Les Grouets. Tél. 54.78.27.21
2 dortoirs de 22 et 26 lits. Ouvert du 1/III au 15/XI.

B

LA MARINE
★★★★

Emplacements ombragés et délimités
Grand confort - Soirées à thème
2 piscines - Pataugeoires
Initiation plongée et planche à voile
Change 7/7

Réservation conseillée
Location mobil-homes, tentes

Profils **MODULE 1**

1.
À mon avis, le camping c'est génial. On peut s'arrêter quand on veut, et où l'on veut. La liberté . . . ! Il y a beaucoup de confort dans la plupart des campings. Tu as ta tente, ton sac de couchage, ta glacière et ton camping-gaz et tu rencontres beaucoup de gens. C'est la belle vie! L'année dernière, je suis allée dans un camping super chouette. Il y avait deux piscines. J'adore la natation!

2.
Moi, j'ai horreur du camping. J'ai peur des petites bêtes . . . Je préfère le système auberge de jeunesse. Ce n'est pas cher et on rencontre plus de jeunes.

3.
Je préfère l'hôtel. J'adore le luxe avec piscine donnant sur la terrasse, sauna . . . tout, quoi! Je n'aime pas dormir à la belle étoile. Cela me donne des cauchemars.

4.
Je trouve que pour les étudiants, le système de 'camping, vacances à la ferme' c'est plus sympa et décontracté. L'année dernière, j'ai fait les vendanges. C'est extraordinaire de couper le raisin et d'être proche de la nature, et devinez qui j'ai vu . . . Eh bien, la princesse Caroline de Monaco!

C

GITES CAMPING-CARAVANING A LA FERME
AIRE NATURELLE DE CAMPING

Le camping-caravaning à la ferme se pratique sur des terrains situés à proximité d'une ferme. Les campeurs disposent d'un équipement sanitaire soit sur le terrain, soit à proximité. La capacité d'accueil de chaque terrain est limitée à 6 emplacements et 20 personnes.
Les séjours peuvent être de durée variable, il est prudent de demander à l'avance un emplacement.
L'aire naturelle de camping est installée sur des terrains situés en zone rurale. La capacité d'accueil de chaque terrain est de 25 emplacements ou 100 personnes. La surface de chaque emplacement est de 400 m² environ.

D

RÉFÉRENCE PLAN	CATÉGORIE	NOM - ADRESSE TÉLÉPHONE - TÉLEX MINITEL	NOMBRE DE CHAMBRES	Douche ou bain - W.C.	DOUCHE	cabinet de TOILETTE	ÉLÉMENTS DE CONFORT
1	★★★★	JEAN BARDET Parc de Belmont - 57, rue Groison Tél.: 47.41.41.11 - Télex: 752463	15	-			GB - D - I - E
1	★★★★ (en cours)	L'HOTEL DE GROISON 10, rue Groison Tél.: 47.41.94.40 Téléfax: 47.51.50.28	10				GB - I
J13	★★★	HOTEL ALLIANCE 292, avenue de Grammont Tél.: 47.28.00.80 - Télex: 750922	125	-			GB - D - I - E - NL - P

2 *Un peu d'oral…*
À vous maintenant!
a Quel type de vacances préférez-vous?
b Avez-vous déjà fait du camping? Si oui, où et quand? Si non, aimeriez-vous en faire?
c Préférez-vous les vacances à l'hôtel, à la ferme ou dans un gîte rural? Relisez les lettres ci-dessus et donnez votre avis. Puis, préparez une discussion de cinq minutes sur votre choix de vacances.

Aide-Mémoire

le tir à l'arc *archery*
le sable fin *fine sand*
donnant sur *overlooking*
une auberge de jeunesse *a youth hostel*
un gîte rural *a country cottage*
disposer de *have at one's disposal*
un emplacement *a pitch (for tent, etc.)*
bien aménagé(e) *well equipped*
la glacière *icebox*
dormir à la belle étoile *sleep out in the open*
faire les vendanges (f) *go grape-picking*

vingt et un 21

MODULE 1 *Profils*

M *Guide débrouille*

Si vous voulez réserver soit un hôtel soit un camping ou une autre forme de logement pour vos vacances, vous devez suivre le guide.

Trouvez l'équivalent en anglais . . .

A

L'hôtel

Vous vous renseignez:
Avez-vous deux chambres, pour . . . personnes?
  avec un lit double
  avec deux lits
  avec salle de bains/douche/WC
  avec vue sur la mer
  avec un balcon
  avec un lit pour enfant

Vous demandez le prix:
Quel est le tarif?
Le petit déjeuner est compris?
C'est combien en demi-pension?
Et la pension complète?
Avez-vous des chambres moins chères?

Vous dites combien de nuits:
C'est pour une nuit.
C'est pour une quinzaine de jours.
Nous resterons à partir du 10 juillet jusqu'au 20 juillet.

Dans l'hôtel, vous devez savoir demander ou dire:
Est-ce qu'il y a un bar/un ascenseur?
Où se trouve le parking?
Où est-ce que je peux laisser mes clés?
Le petit déjeuner est servi à partir de quelle heure?
Je pourrais avoir un repas froid aujourd'hui?
L'hôtel ferme à quelle heure le soir?
Pouvez-vous me remplacer la télévision? Elle ne marche pas.
Il n'y a pas de serviette et de savon.
Ma douche ne marche pas.

● Vous devez savoir écrire une lettre pour réserver.

B

Au camping

Vous devez savoir dire:
J'ai réservé un emplacement pour une tente et une voiture.
Où est l'emplacement numéro dix?
Est-ce qu'il y a un magasin d'alimentation?
Le centre-ville c'est loin d'ici?
Où est le bloc sanitaire?
Où est le terrain de jeux?
Est-ce qu'il y a une discothèque/une laverie?

● Vous devez aussi savoir écrire une lettre et comprendre une réponse de confirmation.

Profils MODULE 1

C

À l'office de tourisme

Vous devez savoir demander:
Avez-vous des dépliants sur ... ?
Que peut-on faire le soir?
Pouvez-vous me recommander un bon hôtel/un restaurant/une excursion?
Peut-on louer des vélos/une voiture dans les alentours?
Avez-vous un plan de la ville?
Avez-vous une liste des hôtels/des campings/des auberges de jeunesse?
Avez-vous un horaire d'autobus ou de trains?
Où se trouve le centre commercial le plus proche?
Avez-vous une liste des pharmacies de garde?

OFFICE DE TOURISME DE TOURS
BUREAU REGIONAL D'ACCUEIL ET D'INFORMATION ET DE RÉSERVATIONS HOTELIÈRES
"Accueil de France" - 78-82, rue B. Palissy (face Gare) - B.P. 4201 - 37042 Tours Cedex (France)
Tél. : 47.70.37.37 - Fax : 47.61.14.22 - Minitel : 36.15 ITOUR

● N'oubliez pas de dire 's'il vous plaît' à chaque fois.

À vous maintenant! Prenez la parole. Vous venez de rentrer d'un séjour qui vous a beaucoup impressionné(e).
– Où êtes-vous allé(e)?
– Pendant combien de temps?
– Qu'avez-vous fait pendant votre séjour?
– Comment était le logement?

LE SPINAKER
★★★
Chambres grand confort toutes de plain pied avec terrasses donnant sur la piscine, le jardin et le port.
Restaurant "gourmand"
Tél. 66 53 36 37 - Fax 66 53 17 47
Ouvert de fin mars à début octobre

Choisissez parmi la liste ci-dessous:
   une auberge de jeunesse
   un hôtel
   un gîte rural
   un camp de vacances
   une ferme
   une location

Écoutez l'exemple donné sur cassette pour vous aider et présentez vos vacances oralement, puis par écrit.

CAMPING DE L'ESPIGUETTE
★★

Aux portes de la Camargue
en front de mer,
sur une immense plage de sable fin
à 3 km de Port Camargue
et du Phare de l'Espiguette
Nouveau : jeux aquatiques pour
jeunes enfants en eau de mer naturelle
Accès direct mer pour tous bateaux
Mise à l'eau
Location emplacement à l'année
Location de Mobil home
Parc entièrement renouvelé
Centre commercial
ouvert de juin à mi-septembre
L'Espiguette Camping
30240 Le Grau du Roi
Tél. 66 51 43 92 - Fax : 66 53 25 71

ELYSÉE RÉSIDENCE
★★★★
Un véritable Club de vacances

Piscine 1000 m2
Tennis (8 courts)
Tir à l'arc
Lac de 40 ha (planche à voile)
Musculation - Gym tonic
Mini-club enfants
Spectacles
Soirées dansantes

Aide-Mémoire

la demi-pension *half board*
la pension complète *full board*
... ne marche pas *... isn't working*
le bloc sanitaire *washing block*
le terrain de jeux *games area*
une laverie *a launderette*
louer des vélos *hire bicycles*
une pharmacie de garde *a duty chemist*

la baignade *bathing*
des dépliants (m) *leaflets*
une pataugeoire *a paddling pool*
l'éclairage (m) *lighting*

vingt-trois 23

MODULE 1 *Profils*

N *Un bon œil!*

1 Vous travaillez à l'office de tourisme et vous recevez les deux lettres suivantes. Lisez les lettres, consultez les brochures et trouvez l'hôtel ou le camping qui convient.

a

★★★
LA VOILE D'OR
☎ 67 26 30 18

Place du Globe - BP 606
34305 LE CAP D'AGDE Cedex.
Ouverture / Open : 05/02/94 → 13/11/94
Fax : 67 26 62 66   67 26 38 58

7 | LE CAP D'AGDE

- Hôtel familial situé au cœur du Cap d'Agde, face au port, à proximité immédiate des commerces et à 500 m de la plage. Jardin, piscine. Garage fermé. Ascenseur.
- 20 chambres avec balcon - terrasse, bain, WC, TV, téléphone, mini-bar.

1

> Rouen, le 5 avril.
>
> Chère Madame,
>
> J'aimerais réserver un emplacement dans votre camping du 2 juillet au 17 juillet.
>
> J'ai une petite fille qui a quatre ans. Avez-vous des facilités médicales ? J'ai besoin de repos et de baignades.
>
> Nous avons une voiture et une tente. Quels sont les tarifs pour la quinzaine ?
>
> Pourriez-vous m'envoyer un plan de la ville et des dépliants sur les activités de la région ?
>
> En vous remerciant d'avance, Madame, recevez mes salutations distinguées.
>
> Sophie de Gramont

2

> Lille, le 12 janvier
>
> Madame,
>
> J'ai l'intention de passer quelques jours au Cap d'Agde au mois de juin. Pourriez-vous m'envoyer des renseignements sur vos hôtels ?
>
> Nous adorons le sport et nous voulons être près de la plage. Qu'y a-t-il à voir dans votre région ?
>
> Je vous remercie d'avance et je vous prie de croire, Madame, à l'expression de mes sentiments distingués.
>
> Madame F. Lebrun

Profils **MODULE 1**

b

★★
ALIZÉ
☎ 67 26 77 80

Avenue des Alizés
34300 LE CAP D'AGDE.
Ouverture : Pâques 94 → octobre 94
Open: Easter '94 → October '94
Fax : 67 01 26 21

| 11 | LE CAP D'AGDE |

- **Hôtel** familial situé à proximité du golf international, à 300 m de la plage et des commerces.
Bar. Piscine. Parking privé. Réductions pour groupes, séminaires, VRP et enfants (sauf juillet et août).
Animaux admis sans supplément.

- **33 chambres** avec bain ou douche, WC, TV, téléphone.

c

LES AMANDIERS
☎ 67 94 11 66

57, route de Sète
34300 AGDE.
Ouverture / *Open* : 01/01/94 → 31/12/94

- **Hôtel** familial situé à proximité d'installations sportives : tennis, piscine, salles de sport et stade de football.
Jardin.
Parking privé.
Commerces à 2 km.
Plage à 4 km.

- **12 chambres** dont 9 avec bain ou douche. WC (3).

| 28 | AGDE |

d

★★★
L'ESCALE
☎ 67 21 21 09

| 6 | LA TAMARISSIÈRE |

Route de la Tamarissière
34300 AGDE.
Ouverture / *Open* : 15/03/94 → 30/09/94
Fax : 67 21 10 24

- **Camping** situé au bord de l'Hérault, à 800 m de la Tamarissière et à 900 m de la plage.
Piscine, animation, salle de jeux.
Restaurant, bar.
Machines à laver.

- **Camp site** on the banks of the Hérault, 800 m from la Tamarissière and 900 m from beach.
Pool, entertainment, games room.
Restaurant, bar.
Washing machines.

- **128 emplacements** ombragés et électrifiés.

- **128 sites**, shady and with electricity.

	Emplacement 2 pers. non électrifié / 2 pers. site, no electricity	Location de mobilhome / Mobile home rental
Moyenne saison / *Mid season*	78	1200 → 1400
Haute saison / *High season*	115	2200 → 2500

e

| 9 | AGDE |

★★
LE CAP AGATHOIS
☎ 67 94 02 21

Route de Sète
34300 AGDE.
Ouverture / *Open* : 15/06/94 → 15/09/94

- **Camping** familial, installé dans un environnement calme, à 2.5 km des plages et du port du Cap d'Agde.
Piscine, animations.
Snack, bar.
Laverie, service médical.

- **Family camp site**, in quiet setting. 2.5 km from beaches and Cap d'Agde harbour.
Pool, entertainment.
Snack bar, bar.
Laundry, medical service.

- **100 emplacements** dont 80 électrifiés.

- **100 sites**, 80 of which with electricity.

	Emplacement 2 pers. non électrifié / 2 pers. site, no electricity	Location de chalet / Chalet rental
15/06 → 15/09	55	2500

f

| 14 | LE GRAU D'AGDE |

★★
NEPTUNE
☎ 67 94 23 94

Route du Grau
34309 AGDE Cedex
Ouverture : Pâques 94 → fin septembre 94
Open: Easter '94 → end September '94
Fax : 67 94 48 77 - Telex : 499 882 F

- **Camping** situé au bord de l'Hérault où il dispose de 3 pontons d'amarrage (gratuit). 2 piscines, animations bi-hebdomadaires, boulodrome, aire de jeux.
Plage et port à 1.5 km. Alimentation, "fast-food", bar.
Machines à laver, eau chaude pour vaisselle.

- **Camp site** on the banks of the Hérault with 3 mooring pontoons (free). 2 pools, twice-weekly entertainment, boules area, games area. Beach and harbour 1.5 km.
Food store, fast-food, bar.
Washing machines, hot water for washing up.

- **100 emplacements** dont 50 sont ombragés et 50 électrifiés.

- **100 sites**, including 50 in the shade and 50 with electricity.

	Emplacement 2 pers. non électrifié / 2 pers. site, no electricity	Location de mobilhome / Mobile home rental
	65	2500
10/07 → 27/08	- 10 %	- 30 %
Moyenne saison / *Mid season*	- 23 %	- 50 %
Basse saison / *Low season*		

vingt-cinq **25**

MODULE 1 *Profils*

2 À vous maintenant! Choisissez un camping, un hôtel ou un gîte et écrivez une lettre pour demander des renseignements ou faire une réservation.

POUR VOUS AIDER

Objectifs

Décrire ses passions et ses intérêts et répondre à des questions personnelles   *Describe the things you love doing and your interests and answer questions about yourself*
Identifier et discuter des traits de caractère   *Identify and discuss character traits*
Faire le profil de quelqu'un   *Write someone's profile*
Discutez du type de vacances que vous préférez   *Discuss the type of holiday you prefer*

de la page 8 à la page 14

. . . notez les idées essentielles   *. . . note down the main points*
Voici comment Anne-Laure décrit ce qui l'intéresse   *Here's how Anne-Laure describes what she's interested in*
Est-il du même avis qu'elle?   *Does he agree with her?*
Qui aimeriez-vous connaître?   *Who would you like to know?*
Quelles indications vous donne le titre de cet article?   *What does the title of this article tell you?*

. . . en inscrivant dans chaque case la première lettre du prénom approprié   *. . . by writing in the box the first letter of the right name*
Faites correspondre le début de chaque phrase à sa fin   *Match up the beginning and end of each sentence*

de la page 18 à la page 24

Voici quelques conseils donnés par un moniteur et une monitrice pour rendre vos vacances agréables   *Here is some advice given by camp supervisors to make your holiday enjoyable*
Quel dessin illustre ce qu'ils disent?   *Which picture illustrates what they are saying?*
Avez-vous déjà fait du camping?   *Have you ever been camping?*
Si vous voulez réserver soit un hôtel soit un camping . . .   *Whether you want to book a hotel or a campsite . . .*
Vous venez de rentrer d'un séjour qui vous a beaucoup impressionné(e)   *You have just come back from a holiday which had a big impact on you*
. . . trouvez l'hôtel ou le camping qui convient   *. . . find the most suitable hotel or campsite*

26 vingt-six

MODULE 2
Un avant-goût

Objectifs

Parler du métier que l'on aimerait avoir plus tard et donner les raisons de son choix.

Discuter des options et exprimer une réaction personnelle.

Discuter des obligations liées à certains métiers.

Se présenter et parler de ses qualités.

Je m'éclate!

— As-tu pensé à ce que tu allais faire plus tard?
— Oui, bien sûr!
— Alors, que vas-tu faire?
— Rien du tout! Je vais m'amuser, lire, profiter de la vie!
— Mais il faut bien penser à un métier, à ton orientation!
— Ne t'en fais pas! J'aurai un métier rigolo – mais quoi, je n'ai pas encore décidé. Une école commerciale? Une école hôtelière ou une fac de sciences…?

vingt-sept **27**

MODULE 2 *Un avant-goût*

Aide-Mémoire

Je vais . . . *I'm going . . .*
J'aurai . . . *I'll have . . .*
Je n'ai pas encore décidé *I haven't decided yet*

un métier *occupation, trade, profession, job*
l'orientation *(f) career plan*
une école commerciale *a business school*
une école hôtelière *a catering school*
profiter de la vie *enjoy life*

A

Et vous? Êtes-vous dans cette situation?
Quel métier vous fait rêver?
Hésitez-vous entre plusieurs métiers? Que voudriez-vous faire plus tard?

1 Écoutez ces jeunes et suivez.

a Moi, j'aimerais être journaliste! Je suis passionnée pour l'aventure, et l'information.

b J'aimerais être éleveur de dauphins. J'adore les animaux – ce sont mes amis!

c Moi, j'hésite entre vétérinaire et infirmier . . . je n'ai pas encore décidé.

28 vingt-huit

Un avant-goût MODULE 2

d Je voudrais être pilote de ligne. Pour moi, l'aviation est une passion. C'est un métier où l'on bouge!

e Moi, je voudrais être psychologue. La psychologie est importante pour moi. J'aime comprendre les autres.

f Moi, j'hésite entre plusieurs métiers. Je veux faire beaucoup de choses. Tout me fait rêver.

g J'aimerais être conductrice de bus. J'aime traverser les quartiers commerçants et j'aime aussi la variété des parcours.

h Eh bien moi, j'aimerais être chirurgien, car j'aimerais faire des greffes, et opérer.

Demandez à votre professeur les mots que vous ne reconnaissez pas:

– Le mot 'infirmier', qu'est-ce que ça veut dire?
– 'Faire des greffes', c'est quoi en anglais?

2 Réécoutez la cassette. Pour chaque phrase, devinez de quel métier il s'agit.

N'écrivez pas sur cette grille

1	2	3	4	5	6	7	8
e							

3 À vous maintenant! Discutez! Travaillez avec un(e) partenaire.

Partenaire A choisit une des personnes et dit, par exemple:
 J'adore les animaux.
Partenaire B doit deviner le métier, par exemple:
 Tu aimerais être éleveur de dauphins!

vingt-neuf **29**

MODULE 2 *Un avant-goût*

B *Travail de groupes*

Et vous, quels sont vos centres d'intérêts?
Que recherchez-vous dans la vie?
Lisez ces propositions et entourez la ou les lettres correspondant à ce qui est vrai pour vous. Discutez avec vos camarades, puis devinez le métier. Consultez un dictionnaire ou la légende à la page 35.

a Moi, je m'intéresse à l'informatique.
b Moi, j'aime lire, et écrire des romans.
c Je suis douée pour les langues et j'aime voyager!
d J'aime jongler avec les chiffres.
e J'aime travailler de mes mains.
f Je m'intéresse aux gens. J'adore communiquer!
g Je suis fasciné par les sciences naturelles (biologie, géologie, météorologie).
h Moi, j'aime bien bouger. Je ne supporte pas de rester en place!
i Je suis habile de mes mains. J'aime créer des vêtements.
j J'aimerais faire un métier sportif. Je suis très sportif/sportive.
k Je voudrais tenir un commerce. Je suis très social(e).
l Je recherche un travail animé. J'ai besoin de rencontrer des gens.
m Je m'intéresse à l'agriculture, à l'élevage, à la nature: faire naître, faire pousser ...
n Je voudrais travailler sur les chantiers, et construire.
o J'aimerais exercer un métier manuel.

Aide-Mémoire

Je recherche un travail *I'm looking for a job*
J'aimerais être ... *I'd like to be ...*
J'hésite entre ... *I am torn between ...*
J'aimerais faire ... *I would like to do ...*
J'aimerais exercer ... *I would like to do ...*
Je voudrais être ... *I would like to be ...*
Je m'intéresse au/à la/à l'/aux ... *I'm interested in ...*
Je suis fasciné(e) par ... *I'm fascinated by ...*
Je suis doué(e) ... *I'm best at/ I have a gift for ...*
Je suis passionné(e) par ... *I'm mad keen on ...*
Je suis habile de ... *I'm good with ...*
Je ne supporte pas ... *I can't stand ...*

Un avant-goût **MODULE 2**

*f*LASH-GRAMMAIRE

I WOULD LIKE ...

You have already come across the *conditional*. Remember:

Je voudrais *I would like*
J'achèterais *I would buy*

You use the conditional to say what you *would* like to be or to do. It shows what *should* or *would* happen at a later stage. For example:

J'aimerais être astronaute. *I'd like to be an astronaut.*
J'aimerais faire un métier scientifique. *I'd like a scientific career.*
Je voudrais être professeur. *I'd like to be a teacher.*
Je voudrais aller aux États-Unis. *I'd like to go to the United States.*

To form the conditional, take the *infinitive* and add the following endings:
-ais, -ais, -ait, -ions, -iez, -aient.

For example:

aimer (*to like*):

j'aimerais *I'd like*   nous aimerions *we'd like*
tu aimerais *you'd like*   vous aimeriez *you'd like*
il aimerait *he'd like*   ils aimeraient *they'd like*
elle aimerait *she'd like*   elles aimeraient *they'd like*

Now you add what you would like to be or do. Don't forget that when you say what you would like to be or do, this verb must be the *infinitive*, for example **être**, **travailler**, etc.

J'aimerais **être** journaliste. *I'd like to be a journalist.*
J'aimerais **travailler** en Chine. *I'd like to work in China.*

Remember that you can also ask and say what others would like to be or do. For example:

Il voudrait être infirmier. *He'd like to be a nurse.*
Qu'aimerais-tu faire? *What would you like to do?*
Qu'aimerais-tu être plus tard? *What would you like to be later on?*

Entraînement

1. Travail à deux. Posez des questions à votre camarade, selon le modèle:
   Que voudrais-tu faire après l'école?   **En quoi es-tu doué(e)?**
   Qu'aimerais-tu être plus tard?   **Tu t'intéresses à quoi?**

2. Inventez des questions. Dites à la classe ce que votre partenaire voudrait faire plus tard:
   Elle voudrait ...   **Il/Elle est doué(e) en ...**
   Il aimerait ...   **Il/Elle s'intéresse à ...**

3. Décrivez ce que ces jeunes voudraient faire:

   a   b
   c   d

4. Complétez ces phrases en utilisant le conditionnel:
   a J' ...... un avion plus tard. (*acheter*)
   b Je ...... avec mes amies après les examens. (*sortir*)
   c J' ...... travailler à l'étranger. (*aimer*)
   d Il ...... entre les sciences et la médecine. (*hésiter*)
   e Elle ...... devenir professeur. (*vouloir*)

trente et un **31**

MODULE 2 *Un avant-goût*

C Un peu d'oral!

Travail à deux.
Imaginez la situation suivante: vous rencontrez Julien qui vous pose des questions. Répondez-lui!

Julien: Salut!
Vous: ....
Julien: Tu t'appelles comment?
Vous: ....
Julien: Tu viens d'où?
Vous: ....
Julien: Tu as quel âge?
Vous: ....
Julien: Tu es dans quelle classe?
Vous: ....
Julien: Quels sont tes intérêts?
Vous: ....
Julien: Quelles matières aimes-tu?
Vous: ....
Julien: Quel métier te fait rêver?
Vous: ....
Julien: Qu'aimerais-tu faire plus tard?
Vous: ....

N'écrivez pas sur cette page

D Lisez et découvrez . . .

Quelles sont leurs aspirations? Lisez les quatres lettres, puis cachez le texte et répondez aux questions.

1. **a** Qui veut devenir prêtre?
   b Pourquoi voudrait-il partir en Afrique?
2. **a** Quel est le métier qui fait rêver Olivier?
   b Qu'aimerait-il franchement faire?
   c Pourquoi?
3. **a** Trouvez des raisons pour lesquelles Simon voudrait être pilote de Canadair.
   b Pour quelles raisons est-ce un métier dangereux?
4. **a** Donnez des raisons pour lesquelles Mélanie voudrait devenir journaliste.
   b Quand a-t-elle décidé d'être journaliste?
   c Quels conseils donne-t-elle?

▼ «Je veux sauver la forêt»

«C'est la première fois que je participe à un débat. J'aimerais être pilote de Canadair (hydravion qui aspire de l'eau dans la mer et la déverse sur un incendie de forêt). En Corse et dans le sud de la France, des milliers d'hectares de forêt sont brûlés tous les ans. Et des milliers d'espèces animales sont tuées; tout ça à cause des pyromanes et des imprudents.

C'est un métier très dangereux, car on doit déverser l'eau à une vitesse de 175 kilomètres à l'heure et à une altitude de 45 mètres environ! Bref, je veux sauver la forêt!»

Simon, 15 ans, Toulon

▼ «Tout me fait rêver!»

«Le métier qui me fait rêver est l'exploration, car j'aime l'aventure. Découvrir des grottes avec des stalactites et des stalagmites. L'archéologie aussi me fait rêver. J'aimerais découvrir des squelettes de dinosaures inconnus. Même chose pour l'aviation. Voler dans les nuages en compagnie d'un Concorde...

Bref, tout me fait rêver. Mais ce que j'aimerais franchement faire, c'est être astronaute. Découvrir des planètes et, qui sait, peut-être des extra-terrestres.»

Olivier, 15 ans, Bruges

▼ «Un métier où il faut savoir prendre des risques . . .»

«Tu sais, moi, le métier qui me fait rêver et que j'aimerais à tout prix exercer, c'est le journalisme.

C'est tellement passionnant, tous les reportages que l'on peut faire dans ce métier, la joie, et parfois la tristesse, de faire partager l'information aux autres.

Dès le CE2, j'ai décidé que je voulais être journaliste, c'était comme une révélation! Maintenant je suis en 5ème, je n'ai toujours pas changé d'avis, et je n'en changerai jamais!

Le journalisme est aussi un métier où, parfois, il faut savoir prendre des risques, ce qui le rend encore plus attrayant.

Si tu ne sais pas encore quel métier choisir, c'est que peut-être tu n'as pas encore eu cette ''révélation''! Mais dans ton collège ou lycée, tu peux en discuter avec un conseiller d'orientation, ou même tout simplement avec tes amis ou tes parents...»

Mélanie, 16 ans, Lille

32 trente-deux

Un avant-goût MODULE 2

*f*LASH-GRAMMAIRE

> **«Si le Seigneur m'appelle, je réponds oui»**
>
> «Je me sens plus que concerné par cette question, puisque le métier dont je rêve fait rire toute ma classe: prêtre.
> Pourquoi? J'aime me donner complètement aux autres. Si le Seigneur m'appelle, je pense répondre oui. Si je ne peux pas te dire pourquoi, je peux te répondre que si je deviens prêtre, je partirai en Afrique pour m'occuper des enfants abandonnés, meurtris, dans des pays souvent en guerre.»
> *Sébastien, 15 ans, Perpignan*

RAPPEL: HOW TO ASK QUESTIONS

There are three ways to ask questions in French:

1. Add **est-ce que** to the beginning of a sentence. For example:

   Est-ce que tu aimes voyager? *Do you like travelling?*
   Est-ce que tu voudrais rencontrer des gens? *Would you like to meet people.*

2. The second way is to *turn the verb round*. For example:

   Aimerais-tu être astronaute? *Would you like to be an astronaut?*
   Voudrais-tu travailler à l'étranger? *Do you want to work abroad?*

Attention! If the verb ends in a vowel (usually **-a** or **-e**) with **il** or **elle**, then you need to add a **t** when you turn the verb round. For example:

   Aime-**t**-il les animaux? *Does he like animals?*
   A-**t**-elle envie de travailler en Afrique? *Does she want to work in Africa?*

3. The third way is to simply *add a question mark* to the end of your sentence. For example:

   Tu aimerais être prof**?** *Would you like to be a teacher?*

This form is usually used to ask a question when speaking to someone rather than writing (for example in a letter). When you ask a question in this way, raise your voice at the end of the sentence to give it a questioning tone.

There are also several question words or *interrogatives* you can use to ask questions. Here are some of them:

Pourquoi? *Why?*	**Où?** *Where?*
Quand? *When?*	**Comment?** *How, what?*
Qui? *Who?*	**Combien?** *How many?*

After using an interrogative, you can either use **est-ce que** or turn the verb round:

   Pourquoi **voudrais-tu** travailler en Asie? *Why would you like to work in Asia?*
   Quand **est-ce que tu pars** pour la France? *When do you leave for France?*
   Où **aimerais-tu** travailler? *Where would you like to work?*
   Comment **est-ce que tu aimerais** aller en France? *How would you like to travel to France?*

Aide-Mémoire

découvrir discover
des squelettes (m) skeletons
inconnus unknown

déverser spray
sont brûlés are burnt
sont tuées are killed
des pyromanes arsonists

Je n'ai toujours pas changé d'avis I haven't yet changed my mind
... ce qui le rend encore plus attrayant ... which makes it even more attractive
un conseiller d'orientation a careers adviser

fait rire ma classe makes my class laugh
m'occuper de look after
un prêtre a priest
meurtris wounded
en guerre at war

trente-trois **33**

MODULE 2 *Un avant-goût*

Entraînement

1. Regardez ces questions et réponses. Elles sont toutes mélangées. Pour chaque question, trouvez la bonne réponse:
   a Où travailles-tu pendant les vacances?
   b Pourquoi as-tu choisi une option scientifique?
   c Qu'est-ce que tu aimerais faire dans l'avenir?
   d Quand est-ce que tu commences ton stage pratique?
   e Quelle sorte de métier voudrais-tu faire?

   i Moi, j'aimerais être chirurgien.
   ii Je voudrais faire un métier artistique.
   iii Je travaille chez un coiffeur.
   iv Je le commence la semaine prochaine.
   v Parce que je voudrais faire des recherches scientifiques.

2. Voici quelques questions et leurs réponses. Remplissez les blancs:
   a – ...... aimerais-tu habiter?
      – Je voudrais habiter en Chine.
   b – ...... voudrais-tu faire dans l'avenir?
      – Je voudrais être psychologue.
   c – ...... est-ce que tu voudrais être médecin? Parce que je voudrais aider les autres.
   d – ...... tu voudrais étudier à la Fac?
      – Je voudrais suivre des cours de linguistique.
   e – ...... est ta passion?
      – Je suis fasciné(e) par les dauphins.

À votre tour!
Inventez quelques questions et posez-les à vos amis. Puis écrivez questions et réponses dans votre cahier.

E

À vos stylos ou vos ordis!
1 Complétez: Le métier qui me fait rêver c'est ... car j'aime ...
Consultez les boîtes ci-dessous pour vous aider.

Le métier qui me fait rêver, c'est d'être:

assistant(e) maternel(le)
bibliothécaire
comptable
décorateur/décoratrice
éducateur/éducatrice
employé(e)
esthéticienne
hôtesse/steward
infirmier/infirmière
interprète
jardinier/jardinière
photographe
programmeur/
  programmeuse
réceptionniste

- Car j'aime l'aventure!
- C'est passionnant!
- C'est bien payé ...
- Il n'y a pas d'heures fixes.
- J'aime les risques!
- C'est stimulant!
- J'aime aider.

2 Relisez les lettres de Sébastien, d'Olivier, de Mélanie et de Simon aux pages 32–33 et faites comme eux: rédigez un petit paragraphe sur vos aspirations.

Un avant-goût **MODULE 2**

F *Une pose–sondage*

Faites ce 'jeu-test'. Lisez cette feuille–réponse et cochez vos intérêts.
Puis, associez vos centres d'intérêts au métier le plus proche. (Consultez la légende ci-dessous.)
Exemple: Se déplacer souvent – hôtesse, journaliste etc.

	Choix	*Intérêts*
A	Soigner, aider les autres.	
B	Enseigner, éduquer.	
C	Informer les autres, les renseigner.	
D	Surveiller, défendre, maintenir l'ordre.	
E	Exercer un métier qui exige des qualités physiques et sportives.	
F	Travailler en contact avec le public, avec une clientèle (accueil, commerce).	
G	Travailler au dehors, en contact avec la nature.	
H	Travailler dans un bureau.	
I	Être technicien (laboratoire, bureau d'études, fabrication).	
J	Faire un travail de précision, d'entretien, de montage, de réparation.	
K	Faire de la recherche (médicale, biologique, technologique, historique …).	
L	Exercer un métier artistique (musique, théâtre) ou une activité artisanale d'art.	
M	Utiliser les langues vivantes.	
N	Se déplacer souvent.	
O	Manier des chiffres (faire des comptes, bilans, études statistiques …).	

N'écrivez pas sur cette grille

LÉGENDE
A médecin, infirmier/infirmière
B professeur
C interprète, réceptionniste, journaliste
D policier, veilleur de nuit, soldat
E professeur de gymnastique, entraîneur/entraîneuse, moniteur/monitrice de sport
F hôtesse/steward, réceptionniste, secrétaire
G jardinier/jardinière, forestier
H employé(e), secrétaire
I professeur de sciences, assistant(e) de laboratoire
J architecte, garagiste, ingénieur
K médecin, rechercheur/rechercheuse
L acteur/actrice, comédien/comédienne, musicien/musicienne, décorateur/décoratrice
M secrétaire bilingue, interprète
N hôtesse, guide, journaliste, photographe
O comptable, statisticien(ne)

Aide-Mémoire

soigner *look after, care for*
enseigner *teach*
renseigner *inform*
surveiller *supervise*
faire de la recherche *do research*
se déplacer *move around, travel*
manier *handle*

au dehors *out of doors*

Avez-vous coché vos intérêts? Quel métier vous convient le plus?
Maintenant vous êtes prêt(e) à choisir votre orientation.

trente-cinq **35**

MODULE 2 *Un avant-goût*

🎞 Le monde du travail bouge . . .

- As-tu pensé à ce que tu allais faire plus tard?
- Oui, bien sûr!
- Non, pas trop . . .
- Je n'ai pas encore décidé.
- Je vais peut-être travailler.
- Je vais préparer un brevet commercial . . .

Quelles orientations allez-vous choisir?

- Je pense prendre une option scientifique/ artistique/littéraire/ manuelle . . .

Je vois 2 options...

PROFESSIONNELLES
SCIENTIFIQUES
MANUELLES
ARTISTIQUES   LITTÉRAIRES
ÉCONOMIQUES–SOCIALES
TECHNO-MÉCANIQUES

36 trente-six

Un avant-goût **MODULE 2**

G *Quelles orientations allez-vous prendre?*

Choisir une filière d'étude qui correspond à vos talents et vos désirs et non pas à ce que veulent vos parents est une chose assez difficile!

Écoutez et devinez de qui il s'agit. Écrivez le prénom dans la grille.

1. On m'a dit qu'il était important de garder la deuxième langue vivante.
2. J'ai donc choisi l'option sciences–économiques.
3. Moi, j'ai choisi les arts et la musique. Je suis plutôt artistique.
4. J'ai paniqué au départ, mais finalement j'ai choisi la section maths, français, histoire–géo et langue vivante 1.
5. J'ai choisi le créneau technologie. Je voudrais m'orienter vers les métiers du commerce.
6. Mes parents sont agriculteurs et je voudrais me lancer dans l'agronomie.
7. Moi, j'ai choisi le tourisme, mais c'est bouché! Il y a beaucoup de chômage ... Tant pis – c'est ce que je veux faire!
8. J'ai choisi le créneau dessin industriel. Je voudrais être architecte.

1. *Nom:* Chabron *Prénom:* *Option:*	5. *Nom:* Lorent *Prénom:* *Option:*
2. *Nom:* Lamarrre *Prénom:* *Option:*	6. *Nom:* Michenet *Prénom:* *Option:*
3. *Nom:* Tschumi *Prénom:* *Option:*	7. *Nom:* Thirion *Prénom:* *Option:*
4. *Nom:* Besson *Prénom:* *Option:*	8. *Nom:* Cohen *Prénom:* *Option:*

N'écrivez pas sur cette grille

Aide-Mémoire

un brevet *a diploma*
un créneau *an option, a module*
une langue vivante *a modern language*
une filière d'étude *a course of study*

Je pense prendre une option ...
I intend taking a ... option
J'ai choisi ... *I've chosen ...*
Je voudrais m'orienter vers ...
I'd like to work towards ...
Je voudrais me lancer dans ...
I'd like to take up ...

trente-sept 37

MODULE 2 *Un avant-goût*

Options : ce qu'il faut savoir

Vous allez découvrir cette année les options que vous avez choisies en Troisième. A quoi vous engagent-elles ? Dernières précisions.

A quoi servent les options ?

Au lycée, la classe de Seconde est une classe de détermination. C'est durant cette année que vous devez "déterminer" votre projet d'études jusqu'au bac. Les deux options que vous avez choisies doivent donc vous aider à opter soit pour une filière d'enseignement général (littéraire, scientifique, économique), soit pour une filière d'enseignement technologique (industriel, tertiaire, etc.).

Révision : entraînez-vous

• • • • • • • • • • • • • • •

À vous maintenant !

1 Faites une liste des matières que vous avez choisies.
2 Faites une liste des matières que vous avez laissées tomber.
3 Présentez vos listes à vos camarades :
J'ai choisi … / J'ai laissé tomber …
4 Quel métier voudriez-vous exercer plus tard ?

H *Entrez en scène*

Posez-vous la question !
Osez toutes les orientations, toutes les options.
Regardez l'éventail d'options et discutez de votre avenir.

À quoi t'intéresses-tu ?
As-tu réfléchi à ce que tu veux faire ?

Suivez le modèle à la page 39 et aidez-vous des phrases dans la boîte.

Je n'ai pas encore décidé.
J'aimerais faire un cours mixte, en partie 'A' level/Higher, en partie études courtes commerciales.
Je vais choisir une option manuelle – j'ai envie de faire un stage pratique.
Cela dépend des résultats de mes examens. J'ai envie de faire un brevet commercial.
Je voudrais être pilote. J'ai donc choisi une option scientifique.

Un avant-goût **MODULE 2**

Jeu de rôles

Partenaire A   Tu t'intéresses à quoi?
Partenaire B   À la gestion et à l'informatique.
Partenaire A   Tu as choisi tes options?
Partenaire B   Oui, j'ai opté pour l'informatique et l'électronique.
Partenaire A   Que vas-tu faire plus tard?
Partenaire B   Je voudrais m'orienter vers la programmation.

Utilisez les expressions dans la boîte pour formuler vos réponses.

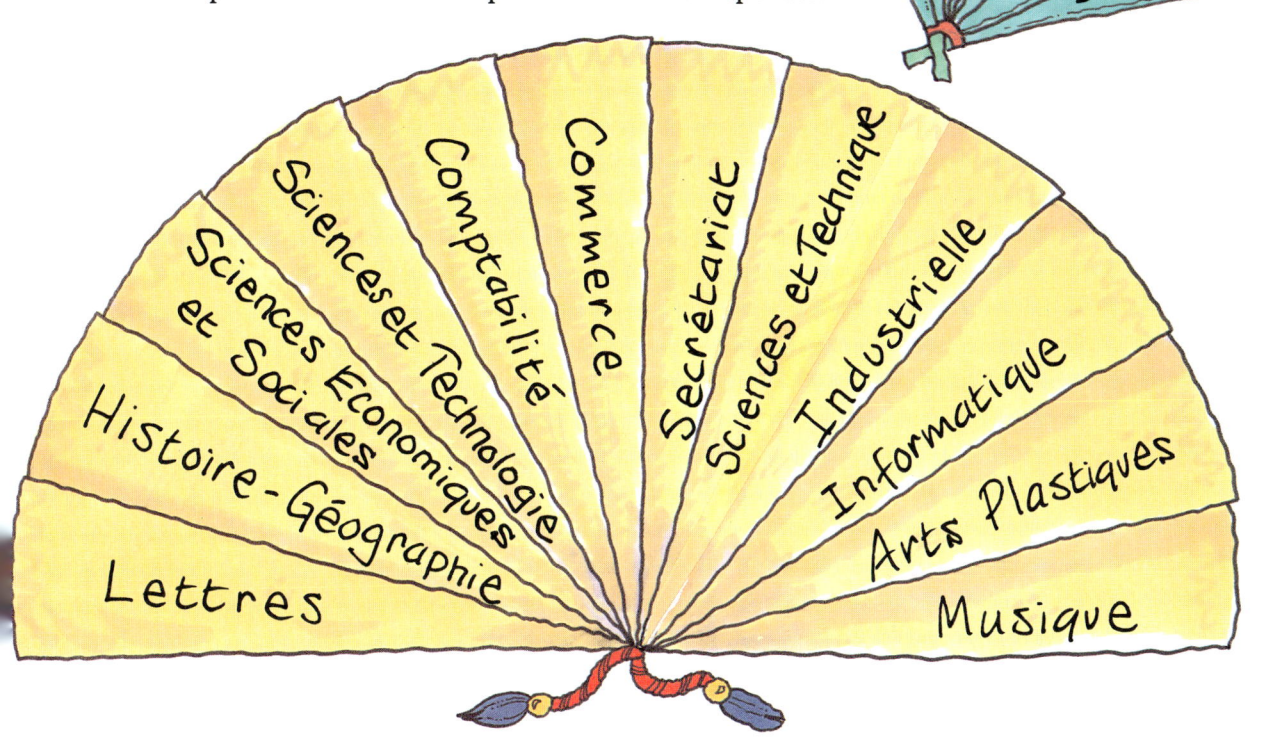

MODULE 2 *Un avant-goût*

Quiz: Réussir ses études

Choisissez ce qui est vrai pour vous.

> **On consacre à son travail de huit à douze heures par jour et il est important d'avoir envie de se lever le matin pour y aller.**
>
> **QUIZ** **ORIENTATION. Avez-vous fait le bon choix? études 1** J'ai choisi cette filière pour faire plaisir à mes parents **2** J'envie mes amis qui travaillent **3** Je bosse tellement que je n'ai plus le temps de rien faire à côté **4** Je ne sais pas où mes études me mènent **5** Je n'aime pas parler de mes études **6** Je les fais pour les débouchés qu'elles offrent **7** Je stresse comme une bête avant chaque examen **8** J'ai du mal à m'endormir le soir **9** J'ai tendance à manger n'importe quoi, n'importe comment **10** J'ai du mal à me concentrer.
>
> **job 1** J'envie les autres quand ils me parlent de leur travail **2** Je retournerais bien à la fac **3** Je suis anxieux/anxieuse quand je pense à tout ce que je dois faire demain **4** Je n'aime pas parler de mon travail **5** Je peux faire aussi bien sinon mieux que mon chef **6** Je fais ce job pour des raisons matérielles **7** Depuis que je travaille, j'ai l'impression de devenir bête **8** J'ai choisi mon métier pour faire plaisir à mes parents **9** Je ne sais pas où ce boulot me mène **10** J'aimerais bien être mon propre patron.
>
> ▶ **Si vous obtenez une majorité de 'non'**, posez-vous de vraies questions: "Comment je me vois dans 10 ans?" "Suis-je capable de faire un mini-plan de carrière?" "N'ai-je pas au fond de moi un regret, une envie?" "Ai-je assez d'ambition?" . . .
>
> ▶ **Si vous obtenez une majorité de 'oui'**, il est temps de changer de voie.
>
> Alors maintenant, posez-vous les questions suivantes:
>
> **Qu'est-ce que JE DOIS faire** pour remplir mes obligations morales et assurer mon indépendance financière? Quels sont mes réels besoins matériels?
>
> **Qu'est-ce que JE VEUX faire?** Idéalement, qu'est-ce qui compte pour moi? ● réussir financièrement ● faire une carrière ● être indépendant(e) ● m'éclater dans ce que je fais ● produire, réaliser quelque chose ● la reconnaissance des autres.
>
> **Qu'est-ce que JE SAIS faire?** Quels sont mes dons naturels? Est-ce que je les exploite vraiment? Est-ce que je tire le meilleur parti de ce que j'ai appris?

infoCULTURE

Le saviez-vous?

★ Les lycées vont de la seconde à la terminale.
★ On en compte 40 pour toute la France et quatre à Paris.

HISTOIRE

Le lycée aura bientôt deux siècles. Il est devenu gratuit en 1930 et mixte dans les années '70.

Napoléon
Les premiers lycées de France naissent au printemps le 1er mai 1802 à la demande de Napoléon Bonaparte. Pendant une partie du XIXe siècle, les lycées sont payants et très chers. La loi sur la gratuité des écoles voit le jour en 1930. Par conséquent, l'éducation est ouverte à toutes les classes de la société.

Le Baccalauréat
Le Bac est institué en 1808. Il s'agit d'un diplôme d'entrée à l'université.

1965
C'est la réforme Fouchet qui donne naissance au lycée d'aujourd'hui, avec les Baccalauréats séries Philosophie, Maths, Sciences. Il y a maintenant plus de 2.5 millions de lycéens.

À vous maintenant!
En prenant comme point de référence les informations présentées ci-dessus, présentez en groupes un petit quiz d'histoire.

Une équipe A prépare les questions; une équipe B prépare les réponses.

Exemple:
1. Quand est-ce que le lycée est devenu gratuit?
→ En 1930.

40 *quarante*

Un avant-goût MODULE 2

Vie active sans frontières

Ces jeunes ont fait leur stage pratique dans des pays différents.

1 Écoutez-les et complétez la grille.

1. J'ai travaillé au Togo, un pays d'Afrique assez pauvre. J'ai appris à soigner les animaux et à les vacciner.

2. Eh bien moi, j'ai fait mon stage pratique dans un grand magasin à Nice.

3. Je suis allée au Québec comme fille au pair.

4. Moi, je suis alleé à l'aérodrome du Mans. On m'a appris à faire des contrôles aériens. Une vraie passion!

5. J'ai travaillé dans un hôtel. J'ai perfectionné mon français.

6. Moi, j'ai fait les vendanges.

Nom	Travail	Pays	Opinion
1. Jean-Paul	dans une ferme	Afrique	Passionnant!
2.			
3.			
4.			
5.			
6.			

N'écrivez pas sur cette grille

MODULE 2 Un avant-goût

2 Réécoutez la cassette et dites si les affirmations suivantes sont justes ou fausses:

1. Il a travaillé dans un camping au Togo, en Afrique.
2. Il a fait un stage pratique dans un magasin. Ses journées étaient très longues – de huit heures et demie jusqu'à sept heures et demie.
3. Elle devait s'occuper de deux enfants âgés de trois ans à neuf ans.
4. Elle a trouvé un emploi à l'aérodrome du Mans.
5. Il a travaillé dans un hôtel, à la réception.
6. Elle a fait les vendanges à Beaune. Elle y a travaillé de mi-septembre jusqu'à mi-octobre.

Corrigez les erreurs et écrivez les bonnes phrases!

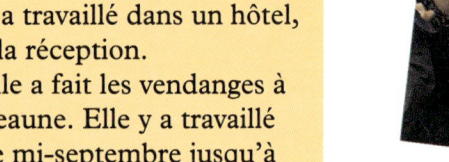

J

Ce qu'ils ont aimé, ce qu'ils ont détesté...

1 *Écoutez et prenez des notes* Comparez vos notes avec celles de vos camarades.

2 Écrivez un petit paragraphe pour chaque personne, selon l'exemple donné:

Ce que Jean-Paul a le plus aimé, c'était d'aider des gens. Ce qu'il a le plus détesté, c'était de se lever tôt.

1. Ce que j'ai aimé le plus, c'était d'aider les gens. Ce que j'ai détesté le plus, c'était de me lever tôt – et surtout la chaleur!

2. Moi, j'ai adoré le contact humain. J'ai aussi vendu beaucoup de vêtements. Ce que j'ai détesté le plus, c'était d'être debout toute la journée.

3. J'ai adoré le Canada, et la famille était très gentille avec moi! Le travail de fille au pair est très sérieux – il faut toujours être avec les enfants. Mais je n'ai rien détesté. Tout était super!

4. J'ai tout adoré! L'aviation, c'est une passion. Je voyais de nouveaux horizons. C'est un métier où l'on bouge beaucoup. Il n'y a pas d'heures fixes. Il faut toujours être souriante.

5. Ce qui m'a plu, c'est de parler plusieurs langues et de rencontrer beaucoup de gens. Mais il fallait porter un uniforme et ça, j'ai détesté.

6. J'ai adoré l'ambiance des vendanges. Tous les jeunes travaillent ensemble. C'est très sympa!

42 *quarante-deux*

Un avant-goût **MODULE 2**

K Spirale *a fait une enquête sur certains métiers et leurs obligations*

Écoutez la cassette et remplissez la grille.

	Hôtesse de l'air	Serveur	Docteur	DJ
qualités requises				
études				
horaires				
uniforme				
autres détails				

N'écrivez pas sur cette grille

L On discute ...

À vous maintenant! Travaillez en groupes.
Prenez la place des jeunes dans les Activités J et K. À l'aide des illustrations ci-dessous, décrivez votre stage pratique.
Voici quelques idées de stages:

Aide-Mémoire

J'ai opté pour ... *I've chosen ...*
J'ai appris à ... *I learnt to ...*
J'ai fait mon stage pratique *I did my work experience*
J'ai envie de *I want to*

Je suis allé(e) *I went*
J'ai perfectionné *I improved*
J'ai fait les vendanges *I went grape-picking*
Elle devait ... *She had to ...*
Ce que j'ai aimé le plus, c'était ... *What I liked the most was ...*

Ce qui m'a plu, c'est ... *What I was pleased about is ...*
Il fallait ... *You had to ...*

Je devais ... *I had to ...*
faire un peu de ... *do a little ...*
passionnant *exciting*
épuisant *tiring*
rébarbatif/-ive *off-putting*
bien/mal payé *well/badly paid*
stimulant *stimulating*

un magasin    un hôtel    un salon de coiffure

une banque    une bibliothèque    un café

quarante-trois **43**

MODULE 2 *Un avant-goût*

un club de vacances · une ferme · un camping

un magasin de fleuriste · une boulangerie · le travail au pair

Voici quelques expressions pour vous aider:

J'ai fait mon stage. Je devais . . .

- m'occuper d'enfants
- vendre des vêtements
- faire un peu de ménage
- préparer les bouquets
- recevoir les clients
- mettre la table et la débarrasser
- placer les clients
- préparer les croissants
- m'occuper de l'animation
- nourrir les animaux
- ranger les étagères
- être à la réception
- prendre des commandes

C'était passionnant/épuisant/rébarbatif/bien payé/mal payé/stimulant/nul/motivant/super/génial.

M *Entraînez-vous*

Écrivez un court paragraphe qui parle de vous, en suivant ce scénario:

1. Vous vous présentez.
2. Vous dites où vous habitez.
3. Vous vous décrivez physiquement.
4. Vous parlez de vos qualités et de vos défauts.
5. Vous dites ce que vous aimez ou n'aimez pas (par exemple: centres d'intérêts, au collège et en dehors du collège).
6. Vous parlez de ce que vous faites au collège et des matières que vous étudiez.
7. Vous dites ce que vous aimeriez faire plus tard.

Un avant-goût **MODULE 2**

N Scoop sur Jonathan

Choisir son avenir, ça commence au lycée. Quand on a une idée de ce que l'on veut faire, ou que l'on est passionné(e) par certaines activités, on peut réaliser ses projets.
Tel est le cas de Jonathan.

Une orientation pas comme les autres: Jonathan Bismuth, 'chef de village' au Club Med

UNE INTERVIEW

Avec ses origines des quatre coins du monde, Jonathan a commencé son parcours dès le lycée.

● *Premiers pas:*
«Très jeune, j'étais attiré par le spectacle, passionné par les langues, la communication. J'aimais être chef de classe ou capitaine d'équipe. Après le lycée, je suis entré dans un club pour devenir footballeur professionnel. Malheureusement, une blessure importante a changé mon parcours.»

● *Son parcours:* Jonathan a été obligé de faire un bilan et de jouer sur ses qualités.
«Je savais que j'étais un communicateur, régulier, flexible et exigeant. À l'âge de 19 ans je suis donc entré dans le club comme moniteur de sport. Je suis allé en Yougoslavie, en Italie, au Maroc, en Mexique et en Guadeloupe. Puis je suis devenu chef de sport. J'ai développé ma personnalité, j'ai appris à faire face à des situations imprévues.»

● *En quoi consiste son travail?*
Jonathan doit dans ce métier avoir plusieurs cordes à son arc. Il doit diriger, danser, chanter, s'occuper de l'animation, créer un esprit de fête. Il doit aussi s'occuper de tous les secteurs: l'entretien du village, le sport, les chefs de cuisine, etc.

● *Voici ce que Jonathan a répondu:*
«Je gère mon club comme un match de football. Je me donne des buts, par exemple un grand spectacle. Je suis très rigoureux et à l'écoute de tout le monde. Je me remets toujours en question pour atteindre la perfection.»

● *Famille:*
L'amour familial est très important. Sa famille lui a donné un sens de collectivité, de fraternité et de simplicité.

● *Look:*
Brun, yeux très noirs, peau mate. Il dit:
«Je dois dans mon travail suivre une certaine mode, et comme nous avons des soirées à thèmes, par exemple chinoises, je dois porter la tenue du pays.»

● *Qualités:*
«Je suis plutôt intuitif, rigoureux, sensible et bien sûr, j'ai une âme de leader. C'est très important dans ce que je fais tous les jours. Je dois donner l'exemple. J'ai aussi un sens de l'amitié, et ceci est essentiel.»

● *Avenir:*
«Je ne sais pas encore. Mon expérience est un tremplin pour beaucoup de choses.»

1 Écoutez la cassette et lisez le 'Scoop sur Jonathan'. Faites un résumé de son profil:
– ses premiers pas (passionné par les langues, aimait être chef de classe)
– son parcours (il est entré dans un club comme moniteur de sport)
– son travail
– sa famille
– ses qualités

ou rédigez un petit article sur Jonathan pour un magazine anglais.

2 *Selon vous?*
Quelles sont les qualités principales pour ce métier? Cochez ce qui vous semble essentiel!

Jonathan doit être:
  artistique
  constant
  organisé
  calme
  toujours de bonne humeur ☐

Il doit aussi:
  demander le maximum des moniteurs et des monitrices ☐
  aimer le sport ☐
  avoir de l'énergie ☐
  avoir de la patience ☐
  aimer les gens ☐

N'écrivez pas sur cette page

quarante-cinq **45**

MODULE 2 *Un avant-goût*

Aide-Mémoire

son parcours *his path, course*
une blessure *an injury*
faire un bilan *assess the situation*
des situations imprévues *unexpected situations*
plusieurs cordes à son arc *several strings to his bow*
la tenue du pays *national costume*
J'étais attiré par . . . *I was attracted by . . .*
J'ai enchaîné *I carried on*
Je suis devenu *I became*
Je gère *I manage, direct*
Je me donne des buts *I give myself goals*

1. Vous aimez la musique? Devenez DJ comme Toto!

2. Vous aimez chanter? Chantez tous les soirs comme Laurent!

3. Vous êtes fort(e) en sport? Devenez moniteur/ monitrice de sport . . .

O Les conseils de Jonathan

À vous maintenant!

1 Suivez les conseils de Jonathan pour votre stage pratique. Lisez les bulles et identifiez la bonne personne.

2 Avez-vous identifié la bonne personne? Si oui, relisez chaque bulle et décrivez chaque personne.

Exemple:

B Il a fait un stage comme DJ, et c'était super – c'est Toto.

4. Vous aimez tout ce qui est danse? Devenez danseuse comme Liliane!

5. Vous aimez cuisiner? Pourquoi ne pas faire votre stage pratique dans les cuisines?

Aide-Mémoire

Je m'occupe de . . . *I look after . . .*
Je m'éclate *I let myself go*
les fléchettes *(f) darts*
la mise en forme *keep-fit*
le tir à l'arc *archery*
la planche à voile *wind-surfing*
l'animation *(f) filming, show*
le montage *set*

A Dans la journée je m'occupe des fourneaux, et le soir je m'éclate à la disco. Ma première semaine a été difficile.

B J'ai fait un stage comme DJ pendant toute la saison. C'était super!

C Je m'occupe d'activités sportives après le déjeuner – par exemple, les fléchettes ou la danse orientale.

D Eh bien moi, je m'occupe de tout ce qui est danse ou mise en forme.

E Moi, je chante tous les soirs, plutôt musique de jazz!

46 quarante-six

Un avant-goût MODULE 2

P *Un peu d'oral!*

Vous pouvez choisir tous les secteurs et tous les sports pour votre stage dans un club de vacances.

> *Le tir à l'arc   La danse orientale*
> *Le mini-club pour les enfants de 4 à 8 ans*
> *La planche à voile   Les sports nautiques*
> *Secteurs cuisines/restaurants   L'animation*
> *Le décor/le montage   Monter un spectacle/la sono*

1 Selon vous, quelles qualités faut-il avoir pour faire ce genre de stage?
Travaillez en groupes de quatre. Dressez une liste.

Exemple:
Pour travailler dans le secteur cuisine, il faut être . . .
Pour gérer les sports nautiques, on doit . . .

2 Travaillez avec un(e) partenaire.
Voici des photos, prises dans des clubs de vacances. Imaginez que vous êtes un(e) des ados. Donnez une description de votre stage. Votre partenaire doit trouver la photo et vous demander plus de détails de votre stage. Utilisez les expressions données dans la boîte.

> *Combien de temps a duré ton stage?*
> *Quels étaient les horaires?*
> *Qu'est-ce que tu as fait le soir?*
> *Tu as rencontré d'autres stagiaires?*
> *Et après ton stage, tu aimerais être . . . ?*
>
> J'ai fait un stage de planche à voile. Je suis resté(e) deux mois. C'était stimulant!
>
> J'ai fait un centre aéré pour des enfants de quatre à huit ans. C'était intéressant, mais fatigant.
>
> Ma première semaine a été difficile. Je devais commencer tous les jours à cinq heures du matin . . .
>
> J'avais des journées chargées à la réception. Il fallait réveiller les clients de bonne heure et réserver des taxis. Mais c'était bien payé.
>
> J'ai monté un spectacle, 'Starmania'. J'ai dû faire tous les arrangements musicaux. C'était génial!

MODULE 2   Un avant-goût

🎧 Documents sonores et écrits

Écoutez et lisez les documents ci-dessous.
De quoi s'agit-il à chaque fois?
Donnez autant de détails possible.
Travaillez seul(e) ou en groupe.

A

"LYCÉENS FRANÇAIS: L'AFRIQUE VOUS ENVIE"

J'en ai un peu assez d'entendre les lycéens français se plaindre. J'ai 15 ans, j'habite en Afrique depuis 11 ans. Je connais donc la situation de l'éducation des jeunes dans le tiers-monde.
Le problème commence par le manque d'écoles, chères pour beaucoup. Alors les jeunes n'y vont pas ou peu. Les familles sont trop pauvres pour payer l'école à leurs 4, 8 ou 10 enfants qui souffrent de malaria, de polio, de sida. Alors, quand je vois le système français, avec l'école gratuite et des professeurs diplômés, je voudrais dire aux jeunes lycéens *"Vous avez de la chance, beaucoup de chance!"*

Zénobia

B

Nous recrutons un(e):
VENDEUR(SE) SPORTIF(VE) "PECHE"

MISSION :
• conseiller nos clients sportifs dans leur choix et leur vendre des produits adaptés à leurs besoins.

PROFIL :
• pratique régulière du sport • connaissance des produits • goût de la vente • sens du service (amabilité...) • bonne présentation • esprit d'équipe • disponibilité • large possibilité de travail à temps partiel.

Pour tout renseignement, s'adresser à l'Accueil.

C

C'est le temps des vendanges!

Fin septembre, c'est les vendanges en Bourgogne. La plupart des vignes sont en pente, donc les producteurs ne peuvent pas utiliser des machines pour vendanger – cela abîme le raisin. Alors, on coupe les grappes de raisin à la main. Ce sont les gens du pays et les étudiants qui font ce travail.
Au début de juillet il a beaucoup plu, ce qui n'est pas bon pour le raisin qui s'est rempli d'eau. Plus il y a d'eau dans le raisin, moins il y a de sucre, ce qui fait que le vin est moins alcoolisé. Mais heureusement, au mois d'août, le temps s'est amélioré, donc le vin devrait être assez bon.
Le vin est très important pour l'économie française – on en vend beaucoup à l'étranger, et on en produit dans à peu près toutes les régions de la France.

Aide-Mémoire

conseiller advise
la connaissance knowledge
l'esprit d'équipe (m) team spirit
le travail à temps partiel part-time work
J'en ai assez I've had enough
se plaindre complain
le tiers-monde developing countries
le manque de lack of
le sida Aids
l'école gratuite (f) free schooling
les vendanges (f) grape harvests
les vignes (f) vineyards
les grappes (f) **de raisin** bunches of grapes
il a plu it rained

48   quarante-huit

Un avant-goût MODULE 2

POUR VOUS AIDER

Objectifs

Parler du métier que l'on aimerait avoir plus tard et donner les raisons de son choix *Talk about the job you would like to have later and give reasons for your choice*

Discuter des options et exprimer une réaction personnelle *Discuss the possibilities and say what you think about them*

Discuter des obligations liées à certains métiers *Discuss the responsibilities involved in certain jobs*

Se présenter et parler de ses qualités *Introduce yourself and talk about your qualities*

de la page 28 à la page 32

Quel métier vous fait rêver? *What job do you dream of doing?*

Hésitez-vous entre plusieurs métiers? *Are you torn between several jobs?*

Pour chaque phrase, devinez de quel métier il s'agit *For each sentence, guess the job*

Que recherchez-vous dans la vie? *What are you looking for in life?*

... entourez la ou les lettres correspondant à ce qui est vrai pour vous ... *ring the letter or letters which match the way you feel*

Qu'aimerait-il franchement faire? *What would he really like to do?*

de la page 35 à la page 39

Lisez cette feuille-réponse et cochez vos intérêts *Read this answer sheet and tick your interests*

Quel métier vous convient le plus? *Which job suits you most?*

Le monde du travail bouge ... *The world of work is changing ...*

Quelles orientations allez-vous prendre? *What subjects are you going to specialise in?*

Choisir une filière d'étude qui correspond à vos talents ... et non pas à ce que veulent vos parents est une chose assez difficile! *Choosing a path of study which matches your abilities ... and not your parents' wishes is quite a difficult matter!*

Faites une liste des matières que vous avez laissées tomber *Make a list of the subjects you have dropped*

As-tu réfléchi à ce que tu veux faire? *Have you thought about what you want to do?*

Regardez l'éventail d'options et discutez de votre avenir *Look at the option fan and discuss your future plans*

de la page 41 à la page 45

Ces jeunes ont fait leur stage pratique dans des pays différents *These young people did their work placements in different countries*

Spirale a fait une enquête sur certains métiers et leurs obligations *Spirale has done an enquiry into the responsibilities involved in certain jobs*

Quand on a une idée de ce que l'on veut faire, ou que l'on est passionné(e) par certaines activités, on peut réaliser ses projets *When you have an idea of what you want to do, or there is something you are really keen on, you can carry out your plans*

Tel est le cas de Jonathan *That is how it was for Jonathan*

Cochez ce qui vous semble essentiel *Tick what you think is essential*

de la page 46 à la page 47

Suivez les conseils de Jonathan pour votre stage pratique *Follow Jonathan's advice for your work placement*

Selon vous, quelles qualités faut-il avoir pour faire ce genre de stage? *In your opinion, what qualities do you need to do this type of placement?*

C'est ton bilan

page

J'ai revu comment

- [ ] parler de mes passions et comprendre celles des autres — **7-9**
- [ ] décrire mon caractère et dresser une liste de mes défauts et de mes qualités — **10-11**
- [ ] parler de et décrire mon meilleur ami ou ma meilleure amie — **12-13**

J'ai appris à et je peux

- [ ] parler d'un événement dans un camp de vacances ainsi que de mes habitudes — **14-20**
- [ ] parler du type de vacances que j'aime ou n'aime pas — **21**
- [ ] réserver une chambre à l'hôtel, un emplacement au camping etc. — **22**
- [ ] demander des renseignements à l'office de tourisme — **23**
- [ ] donner mon opinion sur le choix de mes vacances — **23-26**
- [ ] parler de ce que j'aimerais faire plus tard, comprendre et interroger mes camarades — **27-34**
- [ ] discuter de mes options et de l'orientation choisie et aussi d'une expérience saisonnière dans un pays étranger — **36-41**
- [ ] faire des comparaisons et dire ce que j'ai aimé ou détesté dans mon travail — **42**
- [ ] décrire un stage pratique, et demander et dire qui devait faire quoi (vider les poubelles etc.) — **43-4**
- [ ] comprendre un résumé d'un profil et décrire mon profil — **45-7**

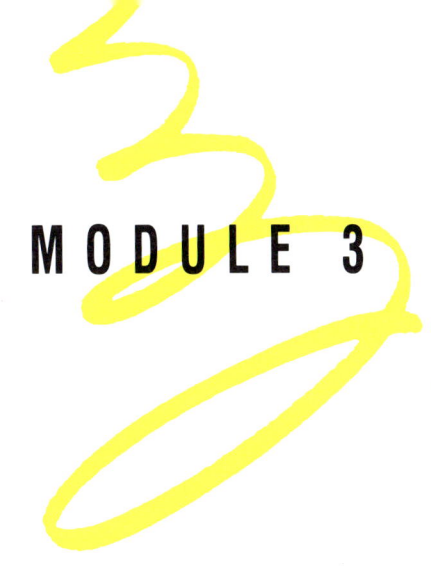

MODULE 3
Bonjour les dégâts!

Objectifs

Décrire, définir des situations inattendues en apportant des précisions sur des personnes et des choses.

Se plaindre de certaines situations et réagir.

Exprimer ses plaintes par écrit, par lettre officielle.

Parler de l'environnement et émettre des suggestions, des souhaits et des propositions pour contrôler la nature.

A

Écoutez ces jeunes. Ils vous parlent de leurs anecdotes!

> Je viens de terminer un super gâteau . . . et paf, le dessus du gâteau prend feu. Quel gâchis!

> Je viens de faire les courses du mois et devine ce qui s'est passé: en rentrant, l'ascenseur tombe en panne! J'ai dû faire quatre trajets!

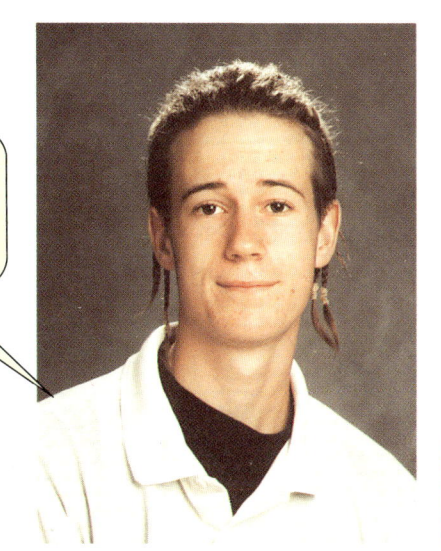

1.   2.

cinquante et un **51**

MODULE 3 *Bonjour les dégâts*

3. Je vais te raconter un truc marrant. Je viens d'acheter des chaussures géniales. En rentrant, je me rends compte que j'ai pris les deux pieds gauches! Quel cauchemar!

4. Je viens de réserver deux chambres dans un hôtel pour les vacances. En arrivant chez moi, je trouve une lettre – permis de conduire à cette période!

5. Moi, mon anecdote est simple comme bonjour. Je viens de fixer un rendez-vous super important. En allant à la gare – grève des transports! J'ai attendu le train comme un poireau.

6. Je viens de sortir de chez le coiffeur. Je porte un bel ensemble que j'ai acheté la veille. En sortant, c'est la tempête! La grêle, les éclairs . . .

7. On vient de s'installer dans un camping . . . En rentrant après notre baignade, plus de tente, plus de voiture, plus rien!

8. Je viens d'enregistrer toutes les adresses des copains et copines sur mon ordinateur. Tout à coup, un gigantesque orage décharge toute la mémoire. C'est la catastrophe!

Vous êtes-vous trouvé dans des situations pareilles? Prenez la parole!

Exemple:

Oui, cela m'est (déjà) arrivé (l'année dernière, il y a quelques mois, etc.).
Non, cela ne m'est jamais arrivé.

A*ide-M*é*moire*

Je viens de . . . *I've just . . .*
Je me rends compte que . . .
   I realise that . . .
J'ai dû . . . *I had to . . .*
tombe en panne *breaks down*
une grève *a strike*

Quel gâchis! *What a mess!*
Quel cauchemar! *What a nightmare!*
Quelle poisse! *What rotten luck!*

52 *cinquante-deux*

Bonjour les dégâts **MODULE 3**

B

1 Réécoutez la cassette et regardez les bulles aux pages 51–52.
Trouvez la bonne personne.
À qui est arrivé chaque anecdote?

a Théa   b Jean-Étienne   c Nadir   d Laure

e David   f Rémy   g Stéphanie   h Augustine

2 Donnez-leur la parole! Prenez la place de ces personnes et racontez votre petite anecdote.

Exemple: Je viens de sortir de chez le coiffeur et paf, c'est la tempête!

cinquante-trois **53**

MODULE 3 *Bonjour les dégâts*

*f*LASH-GRAMMAIRE

HOW TO SAY WHAT YOU'VE JUST DONE

To describe an action recently completed, use the verb **venir** in the *present tense*, and follow it with **de**. For example:

Je **viens de** sortir les poubelles. — *I have just put out the dustbins.*
Il **vient de** s'endormir. Baisse le son! — *He's just gone to sleep. Turn the sound down!*

Here is the present tense of the verb **venir**:

je viens	nous venons
tu viens	vous venez
il vient	ils viennent
elle vient	elles viennent

Don't forget to add the **de**!
Examples:

Ils viennent de quitter l'école. — *They've just left school.*
Nous venons de faire du shopping. — *We've just done the shopping.*

Testez votre mémoire!

Avez-vous une bonne mémoire?
Fermez vos livres, puis écrivez des phrases pour chaque personne dans Activité A.
Réécoutez la cassette si nécessaire.

Exemple:

Il vient de fixer un rendez-vous important. En allant à la gare – grève des transports. Quelle pouasse! (Nadir)

Elle vient de . . .

*E*ntraînement

1. Que disent ces jeunes?

a   b   c

2. Complétez les phrases avec la forme correcte de **venir**:
   a Elle ...... de me raconter toute l'histoire.
   b Vous ...... de le voir.
   c Je ...... de finir mes devoirs.
   d Ils ...... de se rencontrer.
   e Tu ...... de me le dire.

Bonjour les dégâts **MODULE 3**

ﬂLASH-GRAMMAIRE

HOW TO FORM THE PRESENT PARTICIPLE

Have you noticed these phrases in the stories of what happened to different people?

En rentrant à la maison ... *On returning home ...*
En arrivant chez moi ... *On arriving home ...*
En allant à la gare ... *While going to the station ...*

Rentrant, **arrivant** etc. are *present participles*, which describe what you are doing when something happens.
To form the present participle, take the part of the verb which goes with **nous**, remove the '**-ons**' ending and add **-ant**. For example:

Passer: pass**ons** → pass**ant**

En passant devant chez elle, elle entend un bruit bizarre. *While passing her house, she hears a strange noise.*

Finir: finiss**ons** → finiss**ant**
En finissant ses devoirs, il se rend compte qu'il n'a pas école le lendemain. *On finishing his homework, he realises there's no school the next day.*

Descendre: descend**ons** → descend**ant**
En descendant l'escalier, elle tombe. *While coming down the stairs, she falls.*

C On joue le jeu!

À tour de role!
Travaillez avec un(e) partenaire.
Partenaire A choisit une personne de l'Activité A et décrit son anecdote.

Exemple: Rémy – il vient de faire les courses et en rentrant il trouve que l'ascenseur est en panne.

Partenaire B répond par: Quel gâchis! Quelle pouasse! Quelle horreur! C'est pas de chance! Quel cauchemar!

Entraînement

1. Faites correspondre les deux moitiés de ces phrases:
   a En faisant mes devoirs,
   b En courant vers l'arrêt d'autobus,
   c En rendant visite à mes grands-parents,

   i ... je perds ma nouvelle montre.
   ii ... je m'endors.
   iii ... je tombe sur le trottoir.

2. Complétez les phrases en utilisant le participe présent.
   a En ...... la porte de la maison, tu trouves que tu n'as pas ta clé. (*fermer*)
   b En ...... mes chaussures, je vois une araignée sortir de l'armoire. (*mettre*)
   c En ...... la vaisselle, il laisse tomber une assiette. (*faire*)

MODULE 3 *Bonjour les dégâts*

D *Anecdotes – émotions*

1 Voici quelques situations. Lisez-les et écoutez les réactions sur cassette. Faites correspondre la réaction à la situation.

1. Tu viens de sortir de chez toi. Tu vois le bus. Tu lui fais signe de s'arrêter. Mais en arrivant, il te passe devant sans s'arrêter. Comment réagis-tu?

2. Tu as invité des amis à une soirée. Tu viens de préparer une bonne quiche au saumon, mais en allant ouvrir la porte, tu laisses le chat seul dans la cuisine. Il dévore la quiche . . . Comment vas-tu réagir?

3. Tu as fixé un rendez-vous. Tu viens de partir, mais en prenant l'autoroute, tu te trouves coincé(e) dans les embouteillages. Tu paniques?

4. Tu viens de passer tes examens et en sortant d'un examen, tu te rends compte que tu as oublié de mettre ton nom sur ta feuille. Que fais-tu?

56 *cinquante-six*

Bonjour les dégâts **MODULE 3**

E

À vous maintenant!

1 Vous êtes-vous trouvé(e) dans des situations un peu extraordinaires?
Si oui, racontez-les.
Si non, inventez deux ou trois anecdotes.

2 Puis, faites un petit scénario du genre 'Anecdotes–émotions'.
Partenaire A dit: Tu viens de . . .
Partenaire B réagit.

Regardez les illustrations et la boîte pour vous aider.

> Je garde mon sang-froid.
> J'essaie de me reprendre.
> Je panique.
> Je ne panique pas.
> En hurlant de rage, je . . .
> Je me détends.
> J'improvise.

5. Tu viens de te coucher après une journée horrible. La radio de tes voisins te dérange. Tu téléphones pour leur demander avec politesse de baisser le son, mais ils refusent. Gardes-tu ton sang-froid?

Aide-Mémoire

coincé(e) *stuck*
les embouteillages *(m) traffic jams*
te dérange *annoys, disturbs you*
baisser le son *turn the sound down*
ton sang-froid *your self-control*
Je me détends *I relax*

cinquante-sept **57**

MODULE 3 *Bonjour les dégâts*

Testez votre mémoire

Vérifiez ce que vous avez appris!
Parcourez l'Activité A et complétez les phrases:

a Je ...... réserver ...... dans un hôtel. En ...... je ......

b Je ...... de ...... de chez .... En ...... c'est la tempête!

c Je ...... de ...... les courses .... L'ascenseur ......

d Je ...... de ...... un rendez-vous important ...... des transports!

e En ...... après notre baignade, ... de tente, ... de voiture.

f Je ...... d'...... toutes mes adresses. Tout à coup un ...... orage ...... toute ......

Avez-vous une bonne mémoire? Il manque deux phrases. Récrivez-les.

F On n'a pas fini de se plaindre!

Il y a aussi d'autres situations où l'on dit 'Bonjour les dégâts.'
Écoutez. Notez le problème et trouvez le magasin ou le lieu où chaque personne se rendra.

1. Je viens d'acheter ce pantalon et en le mettant, j'ai trouvé un gros trou. **Ambroise**

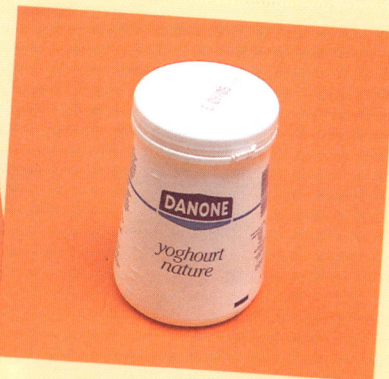

2. On vient d'acheter ce yaourt et la date est périmée. Ça ne va pas, ça! **Sidonie**

3. Nous venons de commander une soupe à l'oignon mais vous avez donné à ma fille une soupe à la tomate! **Marcel**

4. Mon frère vient d'acheter cette raquette. Je suis désolée, mais le manche est trop petit. **Martine**

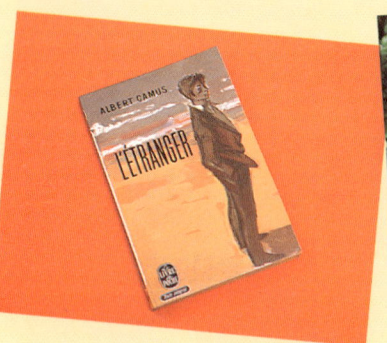

5. Ma mère vient d'acheter ce livre – elle l'a acheté pour mon anniversaire – mais je n'aime pas les romans. Je peux l'échanger, s'il vous plaît? **Gilda**

6. Mon père vient d'acheter ce poisson. Je suis désolé, mais il n'est pas frais. **Matthieu**

58 *cinquante-huit*

Bonjour les dégâts **MODULE 3**

G Scénarios

Imaginons des dialogues dans différentes situations.

Scénario 1
Entre un client acariâtre et un vendeur.

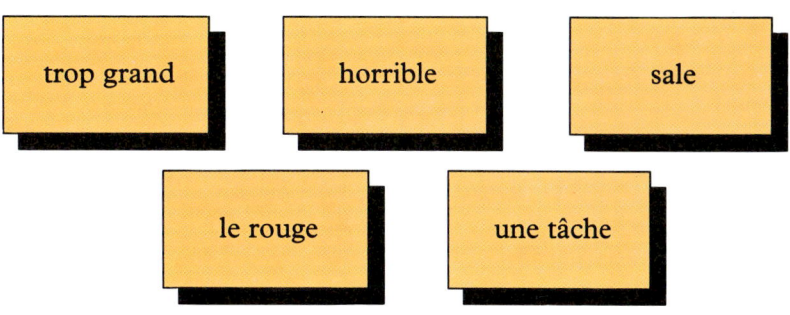

- trop grand
- horrible
- sale
- le rouge
- une tâche

Utilisez toutes les petites boîtes.

Exemple:

Partenaire A   Bonjour, je peux vous aider?
Partenaire B   Oui, je viens d'acheter ce pull et ça ne va pas!
Partenaire A   Qu'est-ce qui ne va pas?
Partenaire B   Il y a une tâche sur la poche...
Partenaire A   Désolé(e), je vais vous l'échanger tout de suite, Monsieur/Madame.
Partenaire B   Je vous remercie.

À vous maintenant! Jeu de rôles.
Jouez un petit scénario en utilisant d'autres petites boîtes.

Scénario 2: Dans un supermarché
Entre le directeur et vous.
Vous venez d'acheter quelque chose et voilà ce qui ne va pas:

- date périmée
- paquet ouvert
- erreur sur le reçu

---

7. Mes filles viennent d'acheter ces baguettes, mais regardez – elles ne sont pas bonnes. C'est du pain rassis!
Sébastien

- UNE LIBRAIRIE
- UN SUPERMARCHÉ
- UNE POISSONNERIE
- UN MAGASIN DE SPORT
- UNE BOUTIQUE
- UN RESTAURANT
- UNE BOULANGERIE

cinquante-neuf **59**

MODULE 3 *Bonjour les dégâts*

Scénario 3: À la boulangerie
Entre la vendeuse et vous.
Vous venez d'acheter quelque chose. Voilà ce qui ne vous plaît pas:

H

Pensez à d'autres situations, dans d'autres magasins ou endroits. Travaillez avec un(e) partenaire. Suivez le modèle ci-dessus:

Partenaire A explique ce qui vient de se passer.
Partenaire B réagit.

Voici une liste de magasins ou de lieux:

à la crémerie	chez le marchand	à la poissonnerie
au magasin	de fruits et	à la gare
d'alimentation	légumes	au restaurant
à la charcuterie	au supermarché	à la librairie
au café	à la fromagerie	à la pâtisserie
	à la teinturerie	

I *Publicité 'Super promo'*

1 Écoutez et lisez cette pub. Cochez la bonne proposition.

1. **Vous venez de placer dans votre chariot une conserve dont la DLUO* est dépassée.**
   a Vous allez voir le directeur.
   b Vous repartez sans rien dire.
   c Vous vous plaignez à la caisse.
   d Vous la mettez sur une étagère à côté.
   * date limite d'utilisation optimale

2. **Vous venez d'entendre à la radio que c'était le dernier jour des soldes.**
   a Vous profitez d'une heure creuse pour y aller.
   b Vous vous précipitez et vous faites la queue pendant des heures.
   c Vous téléphonez au magasin afin de vérifier qu'il reste encore l'article que vous cherchez.
   d Vous vous dites: Je m'en fiche, on n'y trouve que des choses sans valeur.

baguette trop cuite

croissants pas au beurre

tarte aux pommes au lieu de tarte aux fraises

Aide-Mémoire

un trou *a hole*
périmé(e) *out of date*
le manche *handle*
les romans (m) *novels*
frais *fresh*
rassis *stale*

acariâtre *grumpy*
sale *dirty*
une tâche *a stain*
le reçu *receipt*
trop cuit(e) *over-cooked*
au lieu de *instead of*

Bonjour les dégâts **MODULE 3**

Aide-Mémoire

un chariot a supermarket trolley
vous vous plaignez you complain
je me plains I complain
la caisse cash desk
les soldes (m) sales
une heure creuse a spare hour
éteindre switch off
faramineux astronomical
un contrôle de chariot a till receipt check

3. **Vous venez d'acheter de la confiture 'Bonne Maman'**
   a parce que la télévision dit que c'est la meilleure.
   b parce que vous adorez cette confiture.
   c parce que vous ne l'avez pas déjà essayée.
   d parce que la confiture – c'est la confiture, quoi!

4. **Vous venez de remarquer le néon rose qui donne une belle couleur à la viande.**
   a Vous allez vérifier à l'extérieur pour voir si la viande a la même couleur.
   b Vous vous dites que c'est joli!
   c Vous demandez au boucher d'éteindre la lumière.
   d Vous allez acheter votre viande ailleurs.

5. **La caissière vient de faire l'addition mais le total vous semble faramineux.**
   a Vous payez – la vie est chère!
   b Vous suspectez l'erreur et vous demandez un contrôle de chariot.
   c Vous laissez les achats à la caisse et vous sortez en hurlant de rage.
   d Vous n'avez pas assez d'argent – vous mettez à côté quelques achats.

2 *Table ronde*
Échangez vos réponses. Vérifiez oralement puis par écrit ce que vous avez coché.

Exemple:

– Qu'est-ce que tu as mis pour le numéro 1?
– Moi, je vais voir le directeur.
– Et toi, Peter?
– Moi, je me plains à la caisse.

soixante et un **61**

MODULE 3 *Bonjour les dégâts*

📼 Documents sonores et écrits

Consommateurs, vos droits . . . les arnaques à la mode!

Attention à ce que vous trouvez dans vos boîtes aux lettres! Vous devez savoir lire entre les lignes.

1 Écoutez et lisez ce qui est arrivé à chaque personne. Pour chaque personne, notez l'arnaque.

A

Un colis est prêt à vous être expédié par route! Renvoyez le document accompagné de 99 francs pour une livraison rapide.

B

Vous avez gagné un lave-linge et un réfrigérateur! Pour recevoir le prix, vous devez régler 59 francs pour les frais de traitement informatique et les frais d'emballage. Envoyez cette somme dans dix jours et vous vous qualifierez pour un prix extra mystère! Vite – le tirage aura lieu le 9 mars.

C

ATTENTION AUX PROMESSES–SOLEIL!

Suite à la loterie qui a eu lieu le 20 juin, vous avez gagné les vacances de vos rêves! Vous avez une chance formidable! Vous venez d'être sélectionnée pour gagner cinq jours dans un hôtel cinq étoiles.

D

Vous pouvez gagner une fortune au Loto. Vous devez remplir cinquante grilles. Mais avant de les remplir, vous devez envoyer six cents francs.

2 À vous maintenant!
Réécoutez la cassette et répondez par Vrai ou Faux.

Personne 1: Elle a envoyé 99 francs. Trois mois après, elle a reçu des babioles en plastique.
Personne 2: Il a écrit à son ami pour voir s'il a reçu la même publicité.
Personne 3: On lui a posé trois questions:
    1. Avec qui passez-vous vos vacances?
    2. Quelle somme d'argent consacrez-vous à vos vacances?
    3. Combien gagnez-vous par mois?
Personne 4: Elle a envoyé six cents francs et elle a gagné au Loto.

Bonjour les dégâts **MODULE 3**

3 Oralement, puis par écrit.
Et vous, avez-vous reçu des promesses cadeaux?
Connaissez-vous quelqu'un qui en a reçu?
a Si oui, discutez avec votre partenaire.

Exemple: Ma mère a reçu une invitation à une soirée. Il y avait beaucoup de monde. C'était pour acheter une maison en Espagne! Elle n'a pas accepté . . .

Aidez-vous des phrases parmi les notes A–D.

b Si non, jouez les rôles! Aidez-vous des exemples ci-dessous:

Le magot est au bout du fil!

Vous auriez dû répondre au téléphone, vous auriez gagné une fortune!

Mais vous l'avez laissé sonner . . . quel dommage!

1. Vous avez gagné la voiture de vos rêves . . .

2. On a téléphoné à vos parents pour dire que vous avez gagné des CD . . .

3. On vous a envoyé une carte postale pour vous dire que vous avez gagné des vacances au bord de la mer . . .

4. On a téléphoné pour dire que votre mère a gagné un réfrigérateur et un magnétophone . . .

Aide-Mémoire

les arnaques (f) cons, tricks, 'rip offs'
un colis a parcel
une livraison a delivery
les frais (m) cost, expense(s)
des babioles (f) 'freebies', knick-knacks
le tirage draw
J'ai envoyé I sent
J'ai reçu I received
J'ai tout perdu I lost everything
Je n'ai rien gagné I didn't win anything

un magnétophone a tape recorder
régler pay
envoyer send
la moitié half
s'abonner take out a subscription

Attention à l'arnaque!
Pour recevoir le prix, tu devais régler cent francs.
Pour recevoir les CD, tu devais envoyer dix timbres.
Pour les vacances au bord de la mer, tu devais payer la moitié.
Pour le réfrigérateur et le magnétophone, elle devait s'abonner à un magazine.

MODULE 3 *Bonjour les dégâts*

Testez votre mémoire!

À la loupe

Vérifiez ce que vous avez appris. Déchiffrez les dessins et remplissez les blancs. Récrivez les phrases dans votre cahier.

1. Je v...... de sortir de chez le [coiffeur]. Tout à coup, c'est la tempête!

2. On v...... de s'installer dans un camping. En rentrant, plus de [tente], plus de [voiture]!

3. Vous a...... gagné un lave-linge et un [frigo]! Pour recevoir votre prix vous devez régler 59 francs.

4. Je v...... d'acheter des [chaussures] et en rentrant je me rends compte que j'ai pris les deux gauches!

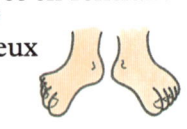

5. Mes filles v...... d'acheter ces [baguettes], mais ce pain est rassis.

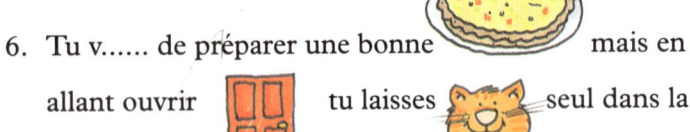

6. Tu v...... de préparer une bonne [quiche] mais en allant ouvrir [la porte] tu laisses [le chat] seul dans la cuisine ...

7. Nous v...... de commander une soupe à l'[oignon] mais vous avez donné à ma fille une [soupe].

Entraînement

Vous exprimez votre mécontentement oralement, mais vous pouvez aussi l'exprimer par écrit.
Voici un exemple qui vous aidera:

Images & Posters by FOTOGRAPHICA

36

Bonjour les dégâts **MODULE 3**

Rémy Auguste
12 rue des Capucines
Paris 75011

POSTERS DE RÊVE

Paris, le 18 avril

Monsieur ou Madame

J'ai bien reçu votre envoi du 11 avril à mon domicile le 15 avril. À l'ouverture du colis, j'ai constaté que le poster que vous m'avez envoyé était en très mauvais état, donc je vous le renvoie sous pli séparé.

(option 1)   Je voudrais me faire rembourser.
Je vous prie de me faire savoir, par retour de courrier, ce que vous comptez faire.

(option 2)   Je voudrais savoir, par retour de courrier, si vous pouvez me l'échanger. Veuillez trouver ci-joint la brochure et le numéro du poster (c'est le numéro 36). Si vous ne pouvez pas m'envoyer le même poster, je vous demanderai d'annuler ma commande et de me renvoyer mon argent.

Recevez, Monsieur ou Madame, mes salutations distinguées.

Rémy Auguste

1.

2.

3.

4.

Regardez les illustrations, choisissez un problème et, selon le modèle, exprimez votre mécontentement par écrit. Consultez l'Aide-Mémoire à la page 66.

Exemple: Je viens d'acheter un pantalon dans votre magasin. En rentrant, j'ai trouvé un gros trou. Je voudrais me faire rembourser.

soixante-cinq 65

MODULE 3 *Bonjour les dégâts*

Aide-Mémoire

Monsieur ou Madame Dear Sir or Madam
J'ai bien reçu ... I confirm receipt ...
À l'ouverture du colis On opening the packet
en très mauvais état in a very poor state
Je vous le renvoie I'm sending it back
sous pli séparé under separate cover
Je voudrais me faire rembourser I'd like a refund
Je voudrais savoir I'd like to know
par retour de courrier by return of post
ce que vous comptez faire what you are going to do about it
Veuillez trouver ci-joint Please find enclosed
annuler ma commande cancel my order
Recevez ... mes salutations distinguées polite formula for ending a letter

J Spirale *vert – spécial 'Environnement'*

Quelquefois, il suffit d'un rien pour blesser la nature. Êtes-vous concerné(e)?

1 De quel dégât s'agit-il? De quelle partie d'Europe s'agit-il? Écoutez la cassette et choisissez la bonne illustration.

"Dix marées noires par an? "Bah!" disiez-vous, "des avaries, des accidents, on n'en mourra pas!" "La pêche industrielle? "Ok, ben, quand il n'y aura plus de poissons, on mangera des frites!"

"La couche d'ozone? "Ben quoi, ça réchauffe le climat!" "L'amazonie? "Ouais, c'était plein de moustiques, et puis, ça prenait de la place, hé! ho!"

Bref, je vous remercie! C'est grâce à des balourds comme vous que nous en sommes là!

a

b

Bonjour les dégâts **MODULE 3**

c   d   e

f   g   h

Voici quelques mots pour vous aider: les puits, les déchets, la réserve naturelle, les déverses, les déchets ménagers/urbains, les substances toxiques.

2 Réécoutez la cassette et notez dans votre cahier les mots qui manquent.

1. En Belgique, ... des eaux par des substances toxiques provenant des industries.
2. En Grande-Bretagne, au pays de Galles, ... puits sur ...... sont contaminés par les ...... acides.
3. Au Portugal, pollution des ...... Des gros problèmes de ......
4. ......, la réserve naturelle de Donana qui accueille ...... migrateurs est ......
5. La ......: urgence ...... – 650 000 ...... de produits ...... sont déversés chaque ......, ainsi que des déchets ......
6. En Grèce, à Athènes, la pollution atmosphérique due à ...... et à ...... est inquiétante. La ville est souvent mise en état d'......
7. En Tchécoslovaquie, les ...... sont les plus atteintes. Ceci est causé par les ......
8. En Romanie, dans certaines régions, les émissions ...... ont atteint la santé de la population. Elles ont mené à des ...... bronchiques très sérieux.

Aide-Mémoire

une marée noire *an oil slick*
la couche d'ozone *ozone layer*
les puits (m) *wells*
les déchets (m) *waste*
la réserve naturelle *natural reserve*
les déverses (f) *dumping*
les déchets ménagers
  (m) *household waste*
les déchets urbains (m) *urban waste*
les substances (f) **toxiques** *toxic substances*
les rejets (m) **des chauffages** *waste from heating systems*

soixante-sept **67**

MODULE 3 *Bonjour les dégâts*

*f*LASH-GRAMMAIRE

RAPPEL: ADJECTIFS!

Remember that when you are describing something, adjectives have to agree with what they are describing.
For example:

la réserve naturel**le**	natural reserve
les déchet**s** ménager**s**	household waste
les plage**s** pollué**es**	polluted beaches

*E*ntraînement

Trouvez des adjectifs pour décrire ces noms. Mettez-les à la forme correcte. Relisez les pages 66–67 pour vous aider.

les puits ....   la pollution ....
les pluies ....   les substances ....

N'écrivez pas sur cette page

K Dossier vert

1 Lisez les points de vue de Maude, Sophie, Benjamin, Julien et Patrick et donnez au moins trois points importants.

2 Vous rendez-vous compte des dangers qui menacent notre 'planète bleue'? Que pensez-vous de ce que l'on a fait à la terre? Donnez votre opinion.

« J'HABITE À MEXICO... »

J'habite au Mexique depuis trois ans et demi, dans la ville la plus polluée du monde : Mexico.

Il est vrai que le record du taux de pollution est très haut, et que cela n'arrête pas. Mais depuis la France, les gens voient Mexico comme une ville sombre.

Certaines revues parlent de sortes de "cabines téléphoniques", où l'on prend une bouffée d'air quand cela nous est utile.

J'ai vu aussi une photographie prise à la tombée de la nuit, on disait qu'elle était prise à midi.

Tout cela pour faire paraître Mexico comme une ville invivable. Moi, j'ai rarement été gêné par la pollution.

C'est sûr, certains matins, en partant à l'école, le ciel est gris de poussières et de fumées chimiques. C'est pollué d'accord, mais pas autant que le décrivent les Français.

C'est pour cela que je voudrais que tu fasses un dossier sur la pollution, mais sans exagération… Merci ! »

Sébastien, 13 ans, Mexico

« ON VEUT RÉAGIR, MAIS C'EST TROP TARD! »

« Je crois que ta question est très importante. Grâce aux médias, on apprend tous les dangers qui menacent notre Terre. (Par exemple : les agriculteurs, à cause des engrais chimiques; les automobilistes, à cause des gaz d'échappement.)

Vingt ans auparavant, on ne se posait pas la question pour la couche d'ozone et, maintenant, alors que c'est très important, on veut réagir. Mais c'est trop tard! Si l'on interdit certains usages de produits pour l'agriculture, comment va-t-on se nourrir? Si l'on empêche de faire telle ou telle chose, comment allons-nous vivre? »

Maude, Rennes (35)

Bonjour les dégâts **MODULE 3**

« IL NE FAUT PAS BAISSER LES BRAS! »

« Certains disent que la Terre a encore environ 150 ans à vivre. D'autres pensent que la Terre peut encore vivre des milliers d'années. Si belle, mais si fragile!

Personnellement, je pense qu'il faut prendre la situation bien en main, car si l'on continue comme cela, notre planète n'ira pas bien loin! Mais nous avons fait quelques progrès : l'essence sans plomb, par exemple, ou certaines « bombes » qui ne détruisent pas la couche d'ozone.

Quant au défrichement de la forêt amazonienne, je trouve cela révoltant. Nous avons besoin des plantes pour vivre! La situation n'est pas désespérée, mais il ne faut pas baisser les bras! »

Sophie, Sanvignes-les-Mines (71)

« NOUS SOMMES EN TRAIN DE NOUS AUTODÉTRUIRE! »

« Oui, je me rends compte des dangers qui menacent notre Terre! Et pour tout avouer, ça me fait peur... Pas seulement peur pour moi, ma famille, mais pour ces milliers d'oiseaux, de phoques qui vont mourir englués, asphyxiés dans les nombreuses marées noires, dont celle de l'Alaska.

Si tu veux mon avis, même s'il est très pessimiste, nous sommes en train de nous autodétruire!... Salut! »

Benjamin, Martigues (13)

« UN DÉBAT GRAVE QUI NOUS CONCERNE TOUS »

« À mon avis, si tout le monde faisait attention à acheter des produits marqués « protège la couche d'ozone », si on prenait des précautions pour que les pétroliers ne déchargent plus leurs saletés dans la mer, et si on ne coupait plus les forêts qui nous procurent l'oxygène, nous aurions moins de soucis!

Ce débat est un débat grave qui nous concerne tous, même si certains voudraient l'ignorer! »

Julien, Lyon (69)

« TOUS LES PAYS DOIVENT, ENSEMBLE, SE METTRE D'ACCORD »

« Ce qu'il faut, c'est que tous les gens décident ensemble d'utiliser moins leurs voitures, que les industriels adaptent leurs usines pour qu'elles polluent moins, qu'il y ait plus d'usines de récupération, et que les pays industrialisés rachètent des pétroliers qui ne risquent pas de couler au moindre choc.

À notre époque, où la pollution inquiète beaucoup, il n'y a qu'une solution : tous les pays doivent, ensemble, se mettre d'accord sur une politique de dépollution. J'espère que nous entendrons parler prochainement de tels projets. Salut! »

Patrick, Ville-d'Avray (92)

Un paysage défiguré par les usines

Les usines géantes de pâte à papier, comme ici en Alaska, confisquent de grandes portions de territoire, défigurant le paysage. Les transports de résineux sur les rivières acidifient celles-ci, entraînant une raréfaction de la faune et de la flore aquatiques.

SCIENCES
La Terre sans eau

Voici notre planète, comme vous ne l'avez jamais vue : vidée de toutes ses eaux océaniques. Tous ses reliefs sont visibles, y compris les fosses les plus profondes et les failles de l'écorce terrestre. Sur cette photo (centrée sur l'océan Atlantique), repérez la longue faille tectonique qui s'étend, telle une balafre sur toute la longueur de l'Atlantique.

C'est en combinant, par traitement informatique, des images satellites de la Terre, avec une maquette topographique des fonds marins (établie par le US Geological Survey), que des chercheurs américains ont obtenu cette image saisissante.

soixante-neuf 69

MODULE 3 *Bonjour les dégâts*

Aide-Mémoire

les engrais *(m)* **chimiques** *chemical fertilisers*
les gaz *(m)* **d'échappement** *exhaust fumes*
l'essence *(f)* **sans plomb** *lead-free petrol*
les bombes *(f)* *aerosols*
détruire *destroy*
le défrichement *clearing*
on interdit *we ban*
les pétroliers *(m)* *oil tankers*
leurs saletés *(f)* *their filth*
les soucis *(m)* *worries*
des phoques *(m)* *seals*
englués *sticky*
autodétruire *'autodestruct'*
des usines *(f)* *factories*
couler *sink*
se mettre d'accord *agree*

2 À vous maintenant!
Travaillez en groupe et répondez aux deux questions.

1. Pourquoi a-t-on donné ce nom: la planète bleue?
2. Que pensez-vous de ce que l'on a fait à la terre?

Lisez les pages 68–70 pour vous aider.

Exposez vos réponses devant la classe.

Exemples:
Il ne faut pas baisser les bras. Nous avons besoin de plantes pour vivre.
Il ne faut pas acheter de produits dangereux (des vaporisateurs).
Il faut surtout acheter les produits marqués 'Protège la couche d'ozone'.
Il faut informer les gens.
Il faut discuter d'une politique de dépollution.

L *Pour vous rendre service*

Avez-vous un ordinateur?
Si oui, rédigez un paragraphe.
Intitulez-le 'Un dossier vert.'
Si non, rédigez-le sur papier.
Faites comme Benjamin ou Maude. Donnez votre avis par écrit.

Bonjour les dégâts **MODULE 3**

M Écologie – notre environnement

Voici ce qu'Isabelle pense! Lisez. Écoutez. Notez les points essentiels.

Un geste d'écologie

Le gâchis de papier devient chaque jour plus important. Aussi, pensez-y! Un simple panier pour récolter les vieux papiers placés sous votre bureau peut faire l'affaire! Le recyclage du papier économise des tonnes de bois. Seulement je me demande où porter les vieux papiers. Au nom de notre patrimoine commun, pouvez-vous me répondre?

Isabelle

LE SAVIEZ-VOUS?

Ce n'est que récemment que l'on a commencé à recycler et récupérer les déchets?

NON!

Au Moyen Age déjà, on récupérait tout ce qui pouvait resservir, les ressources étant limitées. Ce n'est que bien plus tard, après la deuxième guerre mondiale, que les industries de recyclage professionnel ont créé leur propre fédération, le Bureau International de la Récupération. A présent, plus d'un million de personnes sont employées par l'industrie du recyclage de par le monde. Une industrie qui traite environ 400 millions de tonnes de matériaux par an!

N Flash sur le papier recyclé

Utilisez du papier recyclé et vous contribuerez à sauver les arbres.
Écoutez la cassette et fournissez les renseignements demandés.

PAPIER RECYCLÉ

Acheter du papier recyclé, c'est participer à la préservation de notre environnement.
- Pour produire 1000 kg de papier normal, il faut 4 m³ de bois, 300 m³ d'eau et 5000 kWh (équivalents à 440 kg de fuel).
- Pour produire 1000 kg de papier recyclé, il suffit de 1 m³ de vieux papier, 2 m³ d'eau et 3000 kWh (équivalents à 260 kg de fuel).
L'utilisation du papier recyclé contribue à limiter la consommation de bois, l'utilisation d'eau et celle d'énergie.

ON PENSE À DEMAIN TOUS LES JOURS.

1. Combien de papiers usagés récupère-t-on?
   Réponse: ....
2. Une tonne de papier recyclé économise combien d'arbres?
   Réponse: ....
3. Une tonne de papiers économise combien de litres d'eau et de pétrole?
   Réponse: ....
4. Quel autre facteur nous est donné?
   Réponse: ....

Aide-Mémoire

le gâchis *waste*
un panier *a basket*
le patrimoine *heritage*
le bois *wood*
récolter *collect*
usagés *used*

MODULE 3 *Bonjour les dégâts*

Une page d'actualité

🎧 Des talents de journaliste!

Écoutez la cassette et suivez.
Regardez les illustrations tirées d'une page d'actualité.
Trouvez le texte qui correspond à la bonne illustration.

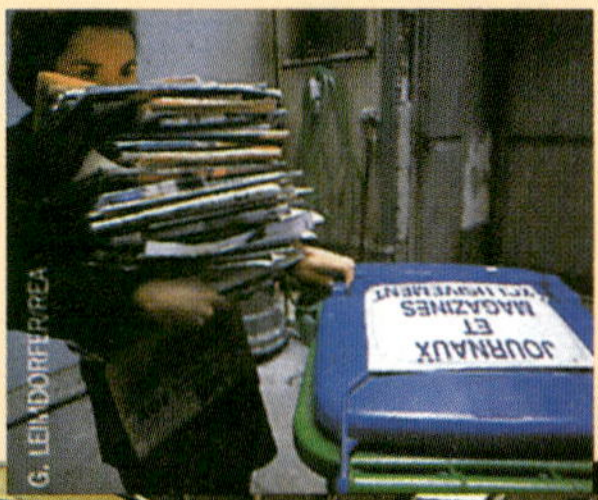

A

B

C

D

2.

Que mettre dans la poubelle bleue ?

De plus en plus de communes mettent en place dans chaque immeuble une seconde poubelle, souvent bleue, pour collecter les vieux papiers. Mais attention : on ne peut y mettre n'importe quoi ! À Paris, seuls les journaux et magazines sont récupérés. Si vous jetez des cartons ou du papier blanc, vous avez tout faux. Pour être valorisés à bon compte, les papiers doivent être triés à la source. Certaines villes comme Dunkerque ont étendu la récupération à tous les matériaux. Aussi, dans le doute, adressez-vous à la mairie pour savoir ce que votre poubelle bleue peut accueillir.
L'Europe se trouve avec des centaines de milliers de tonnes de surplus de papiers-cartons.

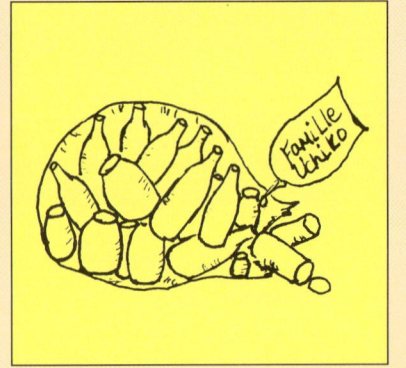

1.

À Tokyo, au Japon, les gens doivent trier les ordures et les jeter – sur l'ordre du Maire – dans des sacs poubelles transparents. Pour vérifier que les gens ont bien trié, chaque sac doit avoir une étiquette qui porte le nom de son propriétaire.

72 *soixante-douze*

Bonjour les dégâts **MODULE 3**

3.
22 septembre 1992. En quelques heures, à Vaison-la-Romaine, dans le sud de la France, le niveau de la rivière est monté de 7 mètres.

4.
Les criquets attaquent!
Les criquets sont des insectes. Ils ressemblent à de grosses sauterelles. En ce moment, ils envahissent plusieurs pays d'Afrique et dévorent toutes les plantes partout où ils passent.

O L'actualité expliquée pour les Spiraliens et les Spiraliennes

1 Lisez les journaux du mois et trouvez des petits dégâts.

Exemple: Des inondations, un incendie, une grève, une tempête de neige/une avalanche, un tremblement de terre, une tempête.

Écrivez une ou deux phrases pour illustrer vos photos et créez votre 'page à sensation'.
Placez le sujet le plus important en tête.
Écrivez les titres en gros caractères.
Si vous travaillez sur ordinateur dans votre collège, il y a des programmes qui vous aideront à présenter votre page d'actualité.
Voici des exemples:

— TEMPÊTE —
Des vents à 162 km/h
Nouveau coup de tabac sur l'Ouest de la France. Et encore un lourd bilan: six morts, dont quatre en région parisienne. Aujourd'hui, c'est le Sud qui risque d'être touché.

4,70F le Parisien

— ENCORE DES MORTS ET DES BLESSÉS —
Tempête: c'est la troisième en moins d'un mois

15 h 30, place du Général-Catroux

Aide-Mémoire

trier sort out
les ordures (f) rubbish
récupérés recycled
des cartons (m) cardboard
le niveau level
est monté rose
les sauterelles (f) grasshoppers
ils envahissent they're invading

soixante-treize **73**

MODULE 3 *Bonjour les dégâts*

2 Étudiez attentivement ces trois photos et dégagez les idées essentielles, oralement puis par écrit.

74 *soixante-quatorze*

Bonjour les dégâts **MODULE 3**

POUR VOUS AIDER

Objectifs

Décrire, définir des situations inattendues en apportant des précisions sur des personnes et des choses   *Describe and define unexpected situations and give information about people and things*
Se plaindre de certaines situations et réagir   *Complain about certain situations and react to them*
Exprimer ses plaintes par écrit, par lettre officielle   *Make your complaints in written form, in an official letter*
Parler de l'environnement et émettre des suggestions, des souhaits et des propositions pour contrôler la nature   *Talk about the environment and put forward suggestions, wishes and proposals for keeping nature under control*

de la page 52 à la page 60

Vous êtes-vous trouvé dans des situations pareilles?   *Have you been in similar situations?*
À qui est arrivé chaque anecdote?   *Who did each incident happen to?*
Notez le problème et trouvez le magasin ou le lieu où chaque personne se rendra   *Note the problem and find the shop or place to which each person is going*
Entre un client acariâtre et un vendeur   *Between a grumpy customer and a salesperson*
Partenaire A explique ce qui vient de se passer. Partenaire B réagit   *Partner A explains what has just happened. Partner B reacts to it*

de la page 62 à la page 64

Consommateurs, vos droits ... les arnaques à la mode!   *Consumers, your rights ... fashionable swindles!*

Pour chaque personne, notez l'arnaque   *For each person, note down the swindle*
Et vous, avez-vous reçu des promesses cadeaux?   *Have you received promises of free gifts?*
Vérifiez ce que vous avez appris. Déchiffrez les dessins et remplissez les blancs   *Check what you have learnt. Decode the drawings and fill in the gaps*
Vous exprimez votre mécontentement oralement, mais vous pouvez aussi l'exprimer par écrit   *You express your dissatisfaction orally but you can also do it in a written form*

de la page 66 à la page 71

Quelquefois, il suffit d'un rien pour blesser la nature   *Sometimes it only takes a little thing to harm nature*
De quel dégât s'agit-il?   *What is the disaster concerned?*
Que pensez-vous de ce que l'on a fait à la terre?   *What do you think of what we have done to the earth?*
Utilisez du papier recyclé et vous contribuerez à sauver les arbres   *Use recycled paper and you will be helping to save trees*
... fournissez les renseignements demandés   *... give the information requested*

de la page 72 à la page 73

Regardez les illustrations tirées d'une page d'actualité   *Look at the illustrations taken from a newspaper page*
Lisez les journaux du mois et trouvez des petits dégâts   *Read the papers for the month and find some examples of little disasters*
Écrivez les titres en gros caractères   *Write the headlines in large print*

soixante-quinze

MODULE 4

Étourderies

Objectifs

Décrire ce que l'on porte toujours sur soi.

Parler de ce que l'on a perdu et réagir en conséquence.

Donner des détails de sa perte par correspondance officielle.

Se débrouiller à la poste, et comprendre les innovations dans les communications.

Connaissez-vous ce dicton: videz vos poches ou vos sacs et on vous dira qui vous êtes...?

A Videz vos poches ou vos sacs!

1 Nous avons mené notre petite enquête...
Écoutez ces personnes. Identifiez la personne qui parle.

J'ai toujours sur moi un baladeur! Par contre, je n'ai jamais ni argent ni mouchoir.

J'ai toujours tout: mon objet fétiche, mon chéquier...

1.    2.

Étourderies **MODULE 4**

3. Je trimballe toujours mon argent en vrac... Il y a encore deux jours, j'ai perdu deux cents francs...

4. J'ai toujours cinq choses. Je n'ai jamais ni carte d'identité ni carte scolaire.

5. On trouve toujours de tout: un mini-ordinateur, un jeu vidéo, une carte de bus...

6. J'ai toujours mes papiers d'identité. Je n'ai jamais ni porte-monnaie ni portefeuille.

7. J'ai toujours deux mini-torches. J'en ai une dans chaque poche!

soixante-dix-sept **77**

MODULE 4 *Étourderies*

2 Réécoutez la cassette et trouvez une phrase qui correspond à chaque illustration.

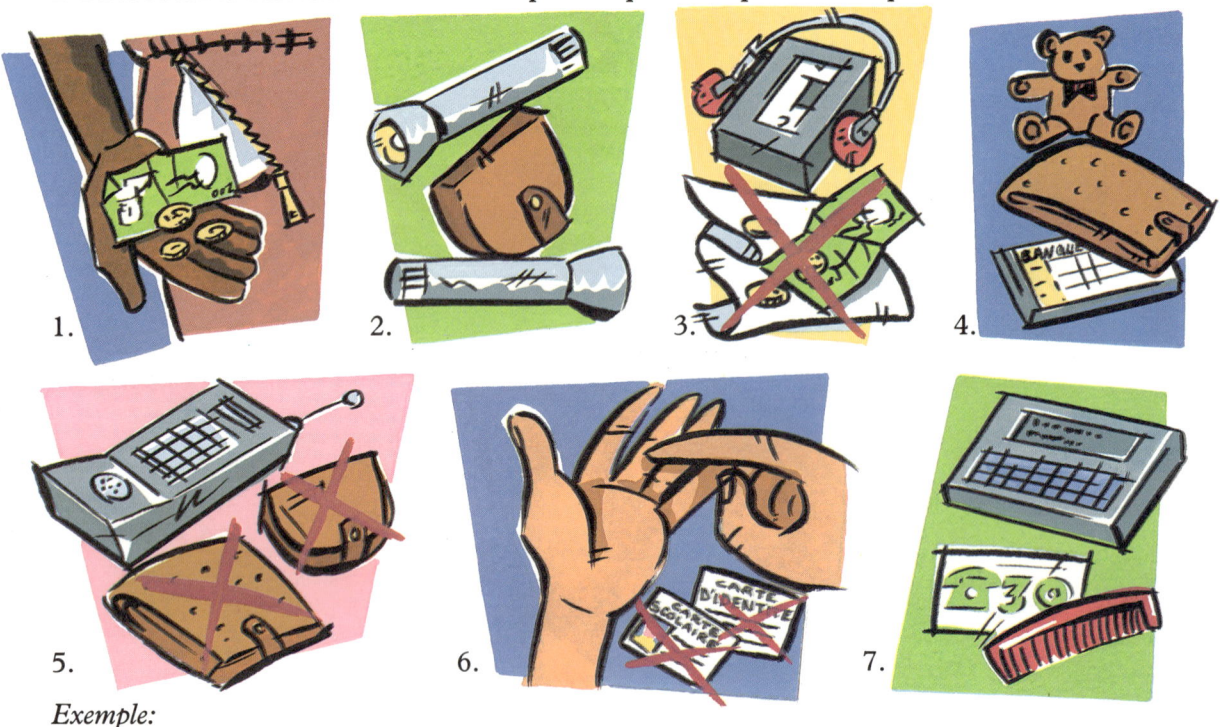

1. 2. 3. 4.

5. 6. 7.

Exemple:

3. J'ai toujours sur moi mon baladeur. Je n'ai jamais ni ... ni ...

B *À vous maintenant!*

Travaillez à deux. Regardez les indices ci-dessous.
Partenaire A pose la question: Qu'est-ce que tu as dans tes poches ou dans ton sac?
Partenaire B répond:

- J'ai toujours ......
- Je trimballe toujours ......
- Dans mes poches/mon sac j'ai toujours tout ......
- Par contre, je n'ai jamais ni [peigne] ni [brosse] ......
- On trouve toujours de tout: j'ai ......

Puis changez de rôle!
Voici des exemples pour vous aider.

a   b   c

d   e   f

une écharpe	des pommes
un porte-clés	des sucettes
une lime	des chewing-gums

Étourderies **MODULE 4**

C Passons de 'je' à 'il' ou 'elle'!

Regardez ces illustrations et dressez une liste de ce que ces personnes ont dans leurs sacs ou leurs poches.

1.   2.   3.   4.

Exemple: Elle a toujours ses lunettes
          Il a toujours ......

Qu'est-ce qu'ils ont oublié? Écrivez des phrases.

Exemple: Elle n'a jamais ni lunettes ni ......
          Il ......

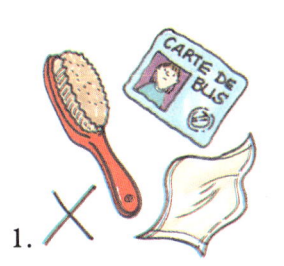

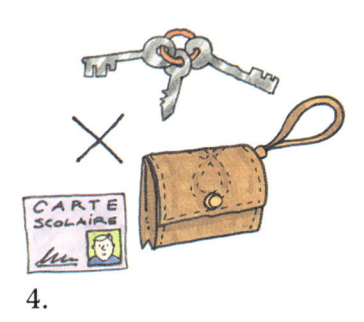

1.   2.   3.   4.

Aide-Mémoire

J'ai toujours sur moi ... *I always have on me ...*
Je n'ai jamais ni ... ni ... *I never have either ... or ...*
Je trimballe ... *I cart around ...*
Je ne sors jamais sans ... *I never go out without ...*
J'ai toujours tout *I always have everything*
Je ne porte jamais ... *I never carry ...*
nickel *in tip-top condition*
en vrac *loose*
il y a encore deux jours *just two days ago*

CATHERINE LARA

❝ Je ne porte jamais de sac. Mon sac, ce sont mes poches. Résultat: aucune de mes vestes ne reste nickel plus de quarante-huit heures! Dans mes poches, il y a un mini-ordinateur et mes papiers d'identité. Je n'ai jamais sur moi ni peigne ni brosse. N'ayant pas de porte-monnaie, je trimballe toujours mon argent en vrac – ce qui me vaut d'en perdre régulièrement! Il y a encore deux jours, j'ai perdu cinq cents francs. ❞

D Indiscretion ...

1 Lisez l'article de Catherine Lara et prenez des notes. Catherine Lara est une chanteuse très connue en France. On lui a posé la question suivante: Qu'avez-vous dans votre sac ou vos poches? Dégagez les points essentiels.

soixante-dix-neuf **79**

MODULE 4 *Étourderies*

2 Cet élève a mal lu l'article de Catherine Lara. Lisez ses réponses, relisez l'article à la page 79. Puis, corrigez les erreurs.

1. Elle met son sac dans sa poche.
2. Ses vestes commencent à être fatiguées après deux jours.
3. Elle a toujours sur elle des stylos et une télécarte.
4. Elle n'est jamais sans peigne.
5. Elle met son argent dans un porte-monnaie.
6. Il y a encore deux jours, elle a perdu cinq cents francs.

3 À vous maintenant! Oralement, puis par écrit. On vous pose cette question: Qu'avez-vous dans vos sacs ou vos poches? Répondez. Relisez l'article à la page 79 pour vous aider. N'oubliez pas de noter ce que vous n'avez jamais sur vous.

Exemple: Je n'ai jamais ni . . . ni . . .

Rédigez un petit paragraphe.

*f*LASH-GRAMMAIRE

HOW TO MAKE NEGATIVE SENTENCES

Rappel: To make a sentence negative, you need two words, one on either side of the verb. The words are **ne . . . pas**. For example:
   Je **ne** porte **pas** de clés sur moi. *I don't carry any keys on me.*
Don't forget that **ne** becomes **n'** in front of verbs beginning with a vowel or **h**. For example:
   Je **n'**ai pas de poches. *I don't have any pockets.*
Remember also that you have to use **de** or **d'** after **ne . . . pas** instead of **du, de la, de l'** or **des**. For example:
   Je n'ai pas **de** mouchoirs. *I haven't any hankies.*
   Je n'ai pas **d'**argent. *I haven't any money.*
There are some more words that you can use for negative sentences. These words also go round the verb. For example:

ne . . . jamais *(never)*
   Je **ne** sors **jamais** sans argent. *I never go out without money.*

ne . . . rien *(nothing, not anything)*
   Je **ne** trouve **rien** dans mon sac. *I can't find anything in my bag.*

ne . . . plus *(no more, no longer)*
   Je **n'**achète **plus** ces bonbons. *I don't buy those sweets any more.*

ne . . . personne *(no one, nobody)*
   Je **ne** vois **personne**. *I don't see anyone.*

ne . . . que *(only)*
   Je **n'**ai **que** ma carte d'identité dans mon sac. *I only have my identity card in my bag.*

ne . . . ni . . . ni *(neither . . . nor)*
   Je **n'**ai **ni** chéquier **ni** portefeuille dans mon sac. *I have neither a cheque-book nor a wallet in my bag.*

You can use more than one of these words together in a sentence. For example:
   Je **n'**ai **jamais ni** porte-monnaie **ni** portefeuille. *I never have either a purse or a wallet.*

Negatives in the perfect tense
In the perfect tense, when you are describing something which happened in the past, the negative words generally go round the **être** or **avoir** part of the verb. For example:
   Je **ne** suis **jamais** allé(e) en France. *I have never been to France.*
   Je **n'**ai **rien** trouvé dans ma poche. *I haven't found anything in my pocket.*

Attention! **Ne . . . personne** and **ne . . . que** go round both parts of the verb. For example:
   Je **n'**ai perdu **que** mes lunettes. *I've only lost my glasses.*
   Je **n'**ai vu **personne**. *I haven't seen anyone.*

Étourderies **MODULE 4**

Entraînement

1. Rendez ces phrases négatives:
   a Je trimballe toujours mon argent en vrac.
   b J'ai un baladeur dans ma poche.
   c J'ai toujours sur moi un portefeuille.
   d J'ai trouvé ma carte d'identité.
   e J'ai des clés sur moi.

2. Trouvez les mots qui manquent. Écrivez les phrases.
   a Elle ... trouve ... son petit carnet.
   b Il ...' a jamais ... sa carte d'identité ... sa carte de bus.
   c Je ...' ai ... mon chéquier. Je ne sais pas où il est!
   d Elle n'a ... ni peigne ... brosse dans son sac.
   e 'Tiens, tu vois ces garçons-là?' – 'Non, je ... vois ...!'

Aide-Mémoire

de toutes les couleurs multi-coloured
en plastique plastic
fait de toile made of cloth
en cuir leather
en or gold
en argent silver
plein de full of
rond(e) round
poilu(e) hairy

E Écoutons ces objets

On perd, on égare beaucoup d'objets dans notre vie quotidienne!

1 Écoutez ces objets – ils vous parlent! Devinez à chaque fois de quel objet il s'agit. Regardez les illustrations et complétez la grille.

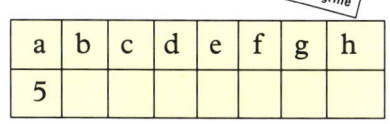

N'écrivez pas sur cette grille

a	b	c	d	e	f	g	h
5							

a une clé

b un porte-monnaie

c un chien

d un appareil-photo

e une montre

f une balle

g un parapluie

h un portefeuille

2 *Travail à deux*
Partenaire A réécoute la cassette et choisit un objet.
Partenaire B dit, par exemple: C'est rond? C'est en plastique?
Partenaire A répond par 'Oui' ou 'Non.'
Partenaire B doit deviner l'objet.

quatre-vingt-un **81**

MODULE 4 *Étourderies*

F Voilà ce que l'on dit de moi!

1 Écoutez et lisez. De quoi parlent-ils?
Choisissez le bon mot parmi la liste dans le sac.

1. J'ai perdu mon _____.
   Je l'ai perdu vers 19h 30.
   Je crois que je l'ai laissé dans le bus.
   Il est bleu et en plastique.

2. J'ai perdu _____.
   Je l'ai perdu hier.
   Il était en toile et assez grand.

3. J'ai perdu _____.
   Je les ai perdues au collège.
   Je les ai laissées au vestiaire.
   Elles étaient sur un porte-clé argent.

4. J'ai perdu _____.
   Je l'ai perdu il y a un mois au cinéma.
   C'était un _____ en cuir rose.

5. Moi, c'est _____. Je l'ai perdue en vacances l'été dernier.
   Elle était en argent. C'était un cadeau.
   Je l'ai laissée au restaurant.

6. J'ai perdu _____.
   Je l'ai envoyé par avion dans un bureau de poste du dixième arrondissement.
   Mes parents ne l'ont pas reçu.
   Dans _____, il y avait tous les cadeaux de Noël.

7. J'ai perdu mes _____.
   Je les ai laissées sur un banc en attendant le bus.
   C'était la semaine dernière...

Aide-Mémoire

Je l'ai perdu(e) *I lost it*
Je l'ai laissé(e) *I left it*
Je l'ai envoyé(e) *I sent it*

vers... *about...*
hier *yesterday*
il y a un mois *a month ago*
l'été (m) **dernier** *last summer*
la semaine dernière *last week*

mon parapluie *my umbrella*
mon imperméable *my raincoat*
mon portefeuille *my wallet*
mon porte-monnaie *my purse*
ma sacoche *my bag*
ma montre *my watch*
mon chapeau *my hat*
un galon tressé *a plaited hatband*

Dans le sac: clés, parapluie, montre, appareil-photo, paquet-colis, porte-monnaie, affaires de sport

2 *Un peu plus de détails*
Fermez vos livres. Réécoutez la cassette et fournissez les renseignements suivants: l'objet perdu, l'endroit de la perte, la date et la description.

Étourderies **MODULE 4**

fLASH-GRAMMAIRE

LE, LA, LES
When you describe where you lost or left something, you usually refer to the object as *it* **(le/la)** or *them* **(les)** rather than repeating the name of the object. This is called the *direct object pronoun*. For example:

J'ai perdu mon portefeuille. Je **l'**ai laissé dans l'autobus. *I've lost my wallet. I left it in the bus.*

The ending of the *past participle* **has to agree** with the object you are talking about. If the object is *feminine*, then you add an **-e** to the past participle ending. Once you have done this, add an **-s** if there is more than one object. For example:

J'ai perdu **ma montre**. Je **l'**ai laissé**e** dans le train.
I've lost my watch. I left it in the train.
J'ai perdu **mes papiers d'identité**. Je **les** ai perdu**s** au collège.
I've lost my identity papers. I lost them at school.
J'ai perdu **mes clés**. Je **les** ai laissé**es** au restaurant.
I've lost my keys. I left them in the restaurant.

Attention: When you are talking about these objects, the endings are not pronounced.

Entraînement

1. Travaillez avec un(e) partenaire.
   Partenaire A choisit un objet et dit: J'ai perdu ma montre.
   Partenaire B pose des questions.

   Exemple:
   Partenaire A J'ai perdu **ma montre**
   Partenaire B Où l'as-tu perdu**e**?
   Partenaire A Je l'ai perdu**e** dans le train.
   Partenaire B Quand l'as-tu perdu**e**?
   Partenaire A Je l'ai perdu**e** hier matin.
   Partenaire B Comment l'as-tu perdu**e**?
   Partenaire A Je l'ai laissé**e** sur la banquette.

   Changez de rôle.

2. Maintenant, imaginez que vous êtes à la bibliothèque. Il est interdit de parler. Passez des notes à vos camarades avec vos questions et vos réponses en silence.

G 'C'est quoi donc?'

Formez deux équipes. Connaissez-vous ce jeu? Alors, jouez avec nous au jeu du 'C'est quoi donc?'
L'équipe A choisit un objet perdu.
L'équipe B pose des questions selon le modèle:

— Est-ce que le 'c'est quoi donc?' est rond?
— Est-ce que je peux mettre de l'argent dans le 'c'est quoi donc?'?
— Est-ce que le 'c'est quoi donc?' est en plastique?
— Est-ce que le 'c'est quoi donc?' peut être utile?
— D'habitude, se trouve-t-il dans/sur . . . ?
— On s'en sert tous les jours?
— C'est plus grand/petit que ce livre?
— Il coûte cher, le 'c'est quoi donc?'?
— On peut le mettre dans une poche?

Équipe B doit deviner et dire:
— J'ai trouvé! C'est ......

Puis, changez de rôle. L'équipe qui trouve le plus d'objets gagne.
Pour vous aider, consultez les mots et les phrases utiles dans les boîtes à la page 84.

quatre-vingt-trois **83**

MODULE 4 *Étourderies*

Comment décrire un objet

La couleur

blanc/blanche
bleu/bleue
châtain *(inv.)*
doré/dorée
gris/grise
jaune
marron *(inv.)*
noir/noire
orange
rose
rouge
transparent/transparente
vert/verte
violet/violette

La taille

petit/petite
assez petit/assez petite
de taille moyenne
grand/grande
assez grand/assez grande
large
étroit/étroite
long/longue

La matière

en argent   en métal
en bois   en nylon
en carton   en or
en coton   en plastique
en cuir   poilu/poilue
en pure   en vinyle
   laine   en toile

H Avez-vous déjà perdu quelque chose?

Écoutez ces jeunes.
On leur a posé la question suivante: Avez-vous déjà perdu quelque chose?
Notez ce qu'ils répondent.

	Objet(s) perdu(s)
Isabelle	
Marc	
Amina	
Pierre	
Tarick	
Nathalie	
Jonathan	

N'écrivez pas sur cette grille

I

À vous maintenant!
Selon le modèle sur cassette, dites à vos camarades ce que vous avez perdu.
N'oubliez pas de dire *quand* et *dans quel endroit!*
Voici des expressions utiles:

Quand?

le mois dernier
il y a deux semaines
il y a deux jours
avant-hier
hier
hier matin
hier après-midi
hier soir
aujourd'hui
ce matin
à midi
tout à l'heure
à l'instant

Dans quel endroit?

dans le bus
dans le métro
dans le train
au cinéma
au parc
au théâtre
à la gare
à la maison
à la piscine
près du club
en route pour le collège
entre ma maison et le collège

Étourderies **MODULE 4**

J Avec précision!

Quand vous perdez quelque chose, vous devez être précise(e)!

1 Écoutez ces jeunes et suivez. Notez les détails dans la grille.

1. À 15h 15, dans un autobus ligne numéro 20, à 100 mètres de la gare. Eh bien oui, j'ai perdu mon imperméable. Il était en vinyle avec de grandes poches. Il était bleu.

2. Un jour, vers une heure de l'après-midi, j'ai perdu mon portefeuille. C'était à la gare de l'Est. Mon portefeuille est assez petit, en cuir marron.

3. J'ai perdu ma montre. Voyons . . . ah, oui . . . je l'ai perdue dans un autobus. Ah non, c'était sur la plate-forme d'un autobus, à 13h 30 précises. Elle était en or et à l'intérieur du bracelet il y avait deux initiales . . .

4. Dans le train, en allant déjeuner, j'ai perdu mon chapeau. Il était exactement cinq heures de l'après-midi quand, en quittant le restaurant, je me suis aperçu que je l'avais perdu. Il était jaune avec un galon tréssé autour.

Objet perdu	Heure	Endroit	Description de l'objet
imperméable	15.15	autobus ligne no. 20	bleu en vinyle

2 Réécoutez la cassette et complétez les phrases:

1. Il ...... son imperméable bleu dans ......
2. Elle ...... son ...... vers 13h. C'était à la ...... de l'Est.
3. Elle ...... sa ...... sur la plate-forme d'un ...... La montre était en ...... À l'intérieur du bracelet il y avait ......
4. Dans ......, en allant déjeuner, il ...... son ...... Il était ...... avec un galon tressé autour.

K

Relisez Activité J et notez les expressions essentielles pour être précis ou précise. En voici d'autres.

> le 10 mai, l'autre jour
> à environ … heures, vers … ,
> à … heures précises
> je l'ai perdu(e)
> devant/en face de/près de/ entre … et …

Puis servez-vous de vos notes pour décrire *avec précision* ce que vous avez perdu. Consultez les boîtes à la page 84 pour vous aider!

2 Travaillez avec un(e) camarade. Fermez le livre et essayez de vous rappeler avec précision tous les objets que vous avez perdus.
Dites avec précision:
- ce que vous avez perdu
- où exactement
- quand exactement
- à quelle heure précise

Rédigez un petit paragraphe!

quatre-vingt-cinq **85**

MODULE 4 *Étourderies*

L *Incroyable, mais vrai*

Faites une liste de tout ce que vous avez perdu jusqu'à présent. Vous souvenez-vous de l'endroit/de la date/de l'heure?
Comparez votre liste avec celle de votre camarade.

Liste des objets perdus.

---

20 rue des Acacias
94260 Fresnes

Monsieur le directeur
Bureau des objets trouvés
Paris 75019

Fresnes, le 2 décembre

Monsieur,

Le mois dernier, le deux novembre, j'ai pris le bus numéro 30 pour rentrer chez moi. Malheureusement, j'ai laissé mon sac et mon parapluie sur la banquette. C'est un sac en cuir rouge, qui contient tous mes papiers d'identité. Mon parapluie est aussi rouge.

Je vous serais très reconnaissante de me contacter dès que vous aurez des nouvelles.

En vous remerciant d'avance, veuillez croire, Monsieur, à l'expression de mes sentiments les meilleurs.

_____ ?

M *Correspondance*

Quand vous perdez quelque chose, vous pouvez aussi contacter par écrit le bureau des objets trouvés.
Lisez ces deux lettres, réécoutez l'Activité H à la page 84 et trouvez qui a écrit chaque lettre.
Est-ce Isabelle, Marc, Amina, Pierre, Tarick, Nathalie ou Jonathan?

Bureau des objets trouvés de la SNCF
2 rue des Cheminots
75107 Paris

33 avenue Mourigué
Caen

Caen, le 3 septembre

Monsieur, Madame

Je voudrais vous signaler que j'ai perdu ma sacoche. Celle-ci contenait: mon passeport, mon carnet d'adresses, un paquet de chewing-gums et ma carte orange. La sacoche était en cuir noir munie d'une fermeture éclair, avec un pin's Tour Eiffel. Il y avait à l'intérieur une pochette.

Je l'ai perdue le mercredi 16 août, dans le train Paris–Caen de 14 heures 35. Pourriez-vous avoir la gentillesse de me contacter par téléphone au 81.689.4362 ou par courrier à l'adresse ci-dessus.

Mes salutations distinguées.

_____ ?

86 *quatre-vingt-six*

Étourderies **MODULE 4**

N *Votre petit guide: correspondance officielle*

```
20 rue des Acacias        Monsieur le directeur
94260 Fresnes             Bureau des objets trouvés
                          Paris 75019
                          Fresnes, le 2 décembre

Monsieur,

   Le mois dernier, le deux novembre, j'ai pris le bus numéro
30 pour rentrer chez moi. Malheureusement, j'ai laissé mon
sac et mon parapluie sur la banquette. C'est un sac en cuir
rouge, qui contient tous mes papiers d'identité. Mon parapluie
est aussi rouge.
   Je vous serais très reconnaissante de me contacter dès que
vous aurez des nouvelles.
   En vous remerciant d'avance, veuillez croire, Monsieur, à
l'expression de mes sentiments les meilleurs.

   _____        ?
```

Vous devez mettre:

1. Votre adresse à gauche.
2. L'adresse du destinataire à droite, ainsi que la date.
3. En tête de lettre: *Monsieur* ou *Madame*.
4. Le texte doit être clair. Qu'avez-vous perdu/laissé? Quand? Où?
5. Formule finale: *sincèrement votre/mes sentiments distingués/sincères salutations/mes salutations distinguées.* Ou une formule plus longue: *Je vous prie de croire, Monsieur/Madame, à l'expression de mes sentiments distingués/de mes sentiments les meilleurs.*

1 Avez-vous bien compris? Écoutez et lisez les différents extraits de cette lettre et remettez-les dans le bon ordre!

a Si quelqu'un l'a retrouvé, puis-je vous demander de me contacter?
b ... j'ai laissé mon mini-ordinateur dans le car qui a quitté Dieppe le 20 mars.
c 157 rue des Lilas, 75013 Paris.
d Samedi dernier,
e Je veux bien offrir une récompense.
f Monsieur,
g Mon ordinateur était dans une pochette noire.
h Je vous remercie d'avance,
i Nathalie Clérand
j À: Monsieur le directeur, Bureau des objets trouvés, 75027 Paris.
k ... et je vous prie d'agréer, Monsieur, l'expression de mes sentiments distingués.
l Paris, le 30 mars.

2 Vous avez tout remis dans le bon ordre?
À vous maintenant! Entraînez-vous et écrivez une lettre au bureau des objets trouvés. Aidez-vous des deux scénarios.

Aide-Mémoire

le bureau des objets trouvés *lost property office*
la banquette *seat*
une fermeture éclair *a zip*
une pochette *a case, wallet*
une récompense *a reward*

A GARE MONTPARNASSE 14:30 12 MAI

B 11:15 5 JUILLET

quatre-vingt-sept **87**

MODULE 4 *Étourderies*

O Révision

Vérifiez ce que vous avez appris!
Avec un(e) camarade de classe, jouez au jeu des objets trouvés.
Regardez cette 'pyramide communication' pour vous aider.

A J'ai perdu mes affaires de sport.
B Vous les avez perdues/laissées où?
A Je les ai perdues dans le car.

B C'était quelle ligne?
A C'était la ligne 143.

A Quand les avez-vous perdues?
B Hier matin.

A Pouvez-vous les décrire?
B Il y avait mes tennis, mon short bleu . . .

A Je regrette, nous ne les avons pas retrouvées.
B Je vous remercie.

À vous maintenant!
Reproduisez un dialogue en changeant les mots en couleur.

Exemple: J'ai perdu mon sac à dos. Je l'ai perdu au collège . . .

P Retraçons nos pas à la poste!

Cet ado a perdu un colis qu'il a envoyé à Noël à sa famille. À la poste, on lui demande de retracer ce qu'il a fait quand il a envoyé son colis.
Écoutez-le et mettez les illustrations dans le bon ordre.

a

b

c

d

88 *quatre-vingt-huit*

Étourderies **MODULE 4**

e    f    g

📼 Q *Guichet 'Toutes opérations'*

Pour éviter de faire la queue et vous faciliter la vie, vous pouvez maintenant faire toutes vos opérations dans tous les guichets 'Toutes opérations'.
Vous ne verrez plus les grilles:

MANDATS-LETTRES

ENVOI-COLIS

COMPTES-CHÈQUES

TÉLÉPHONES

LA POSTE BOUGEZ AVEC LA POSTE

① Vous voulez envoyer une lettre au Maroc? Alors, adressez-vous au guichet numéro 1 'Toutes opérations' et demandez: Pour envoyer une lettre au Maroc c'est un timbre à combien, s'il vous plaît?

1 Écoutez cette pub et notez les points essentiels.

Pour votre confort et toujours à votre service, suivez notre guide 'Ne perdez plus votre temps'.

LETTRE

Nadia Rachid
2 rue du Mausolée
Rabat
Maroc

quatre-vingt-neuf **89**

MODULE 4 *Étourderies*

② Vous voulez ouvrir un compte chèque postal, un livret d'épargne? Vous verrez la grille 2. Vous vous adressez au guichetier, guichet 2 'Toutes opérations' et vous demandez: Je voudrais ouvrir un Compte Swing, s'il vous plaît.

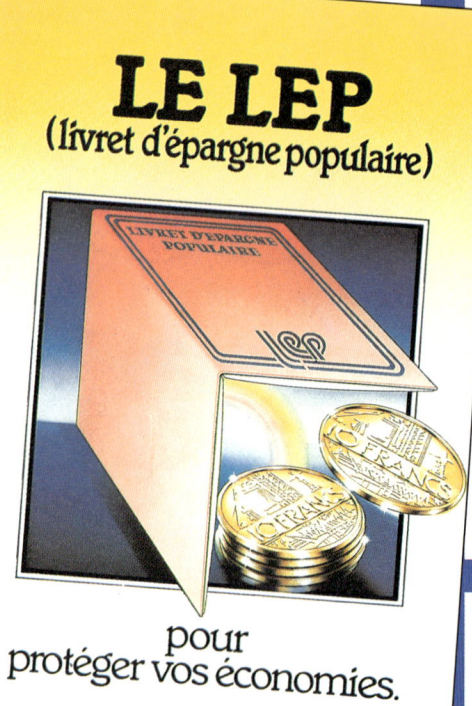

③ C'est Noël! C'est le temps des cadeaux... Vous voulez envoyer en tarif urgent un paquet-colis? Adressez-vous au guichet numéro 3. Mettez votre paquet-colis sur la balance et ça marche tout seul.

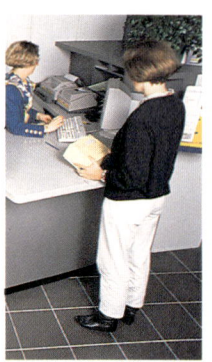

quatre-vingt-dix

Étourderies **MODULE 4**

4 C'est l'anniversaire de votre nièce et vous voulez envoyer un mandat-carte. Rien de plus simple! Allez au guichet numéro 4 et demandez votre mandat-carte personnalisé.

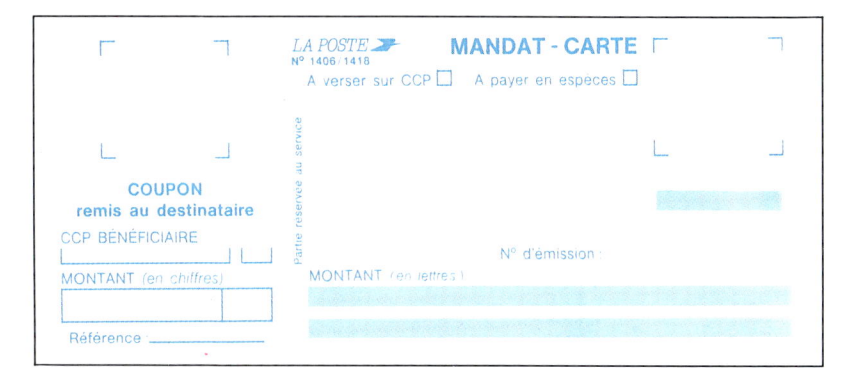

5 Vous êtes un(e) grand(e) philatéliste. Vous collectionnez des timbres du monde entier. Adressez-vous au guichet numéro 5 'Toutes opérations' et demandez des renseignements sur le point philatélie.

6 Vous voulez téléphoner à votre famille? Adressez-vous au guichet numéro 6 'Toutes opérations' car il n'y a plus de cabines téléphoniques à l'intérieur du bureau de poste. Elles sont toutes à l'extérieur et vous devez acheter une télécarte.

7 Vous avez perdu ou égaré une lettre ou un colis? Vous avez changé d'adresse? Demandez à votre guichetier des formulaires. N'oubliez pas: guichet numéro 7 'Toutes opérations'.

quatre-vingt-onze **91**

MODULE 4 *Étourderies*

2 Réécoutez la cassette. Sans regarder le texte, numérotez le guichet 'Toutes opérations'.

	Guichet 'Toutes opérations' no.
Pour ouvrir un compte chèque postal	
Pour envoyer une lettre au Maroc	
Pour envoyer un mandat-carte	
Pour envoyer un colis	
Pour vous procurer des timbres	
Pour téléphoner à votre famille	
Pour signaler un changement d'adresse	

Aide-Mémoire

un guichet *a counter*
un timbre *a stamp*
un compte chèque postal *a Girobank account*
un livret d'épargne *a savings account*
le/la guichetier(-ière) *counter clerk*
un mandat-carte *a money order*
un(e) philatéliste *a stamp collector*
en PCV *with reversed charges*
une télécarte *a phonecard*

R À retenir

Vous êtes à la poste. Écoutez toutes ces personnes et lisez les bulles. Inscrivez le numéro de chaque dialogue dans la case appropriée.

A

J'ai une lettre pour le Maroc. C'est combien, s'il vous plaît?

Pour le Maroc, c'est cinq francs.

B

Un timbre à deux francs cinquante, s'il vous plaît.

Voilà.

C

J'ai un colis à envoyer par avion.

Posez-le sur la balance . . . Il pèse 650 grammes. Vous voulez l'envoyer en tarif normal ou urgent?

Normal.

92 *quatre-vingt-douze*

Étourderies **MODULE 4**

D

Je voudrais envoyer de l'argent à mon petit-fils.

Oui. Voilà! Remplissez ce mandat-carte.

E

Je voudrais ouvrir un compte postal.

Voici des dépliants . . .

N'écrivez pas sur cette page

F

Je voudrais appeler ma famille.

Oui. De quel pays s'agit-il?

De l'Angleterre.

Allez au guichet 'Toutes opérations'.
On passera par l'opérateur ou l'opératrice.

Trouver le plus grand choix de télécartes?

Télécarte 120

S

Réécoutez la cassette, Activité R.
Avec un(e) partenaire, jouez au jeu de la poste. Regardez les bulles et la BD aux pages 94–95 pour vous aider.

G

Je voudrais une télécarte de cinquante unités.

Désolé, je n'ai que des télécartes de vingt unités.

C'est bon . . .

A*ide-M*émoire

Il pèse . . . *It weighs . . .*
en tarif *rate*
des dépliants *(m) leaflets*
Je n'ai que . . . *I've only got . . .*
la monnaie *change*
des pièces *(f) coins*

Combien pèse . . . ? *How much does . . . weigh?*
C'est quoi dedans? *What's in it?*
un coup de tampon *a (rubber) stamp*

H

Je voudrais faire de la monnaie.

Oui. Vous voulez des pièces de cinq francs?

Non – de dix francs, s'il vous plaît.

quatre-vingt-treize **93**

MODULE 4 *Étourderies*

T

Lisez cette bande dessinée. Jouez les rôles!
Partenaire A demande quelque chose.
Partenaire B prend le rôle de l'employé(e), selon le modèle sur la BD.

Exemple:
Partenaire A Combien pèse ce paquet?
Partenaire B 3,5 kilogrammes. Qu'avez-vous à l'intérieur?

Étourderies **MODULE 4**

Dossier

1 Lisez l'article, puis choisissez une des tâches proposées à la page 96.

COMMUNICATION • innovation

Avec Eo, le bureau se met en poche

Deux Français lancent aux États-Unis un appareil révolutionnaire: le communicateur personnel. Téléphone, fax, ordinateur, il sait tout faire ...

Au bord d'une piscine de Palo Alto (États-Unis), deux Français, Bernard Lacroute et Alain Rossman, rêvent d'un appareil capable de remplacer à lui seul toutes les fonctions d'un bureau. À la fois fax, téléphone, carnet de notes et micro-ordinateur, il faut de plus qu'il soit portable.

C'est pourquoi ils créent leur propre entreprise: Eo. Installée à Silicon Valley, la "Mecque" de l'informatique, elle est rapidement devenue pionnière en matière de "communicateurs personnels".

Des Minitel portatifs

Les Eo 440 et 880, d'un poids respectif de 1 et 1,9 kg sont avant tout des outils de communication, de véritables Minitel portatifs, mais beaucoup plus puissants et sophistiqués.

De multiples usages

Leurs applications laissent rêveur! Ils disposent de mini-radio-téléphones pour parler à un interlocuteur ou pour composer le numéro d'un service de messagerie électronique. Les deux machines permettent également à leurs utilisateurs de vérifier leur courrier électronique où qu'ils soient, dans une voiture ou un train, à Paris ou à San Francisco.

Ils pourront également envoyer un fax en écrivant quelques lignes sur l'écran de l'appareil et en cochant la case devant le nom du destinataire sur le carnet d'adresses intégré au téléphone.

Rester en contact

Plus tard, vers 1999, les communicateurs personnels pourront emmagasiner des messages vocaux et vidéo, vus sur un petit écran couleur sur lequel s'afficheront des livres électroniques grâce à un lecteur intégré de mini-disques compacts. Quant aux communications, jusqu'alors transmises par voie cellulaire ou même par fil, elles se feront par satellites.

'Les communicateurs personnels permettront aux personnes en déplacement de rester en contact,' dit Alain Rossmann, PDG d'Eo. Selon les dirigeants de cette société, 100 millions de communicateurs personnels, Eo et autres, seront vendus d'ici à l'an 2000.

Jacques Gauchey

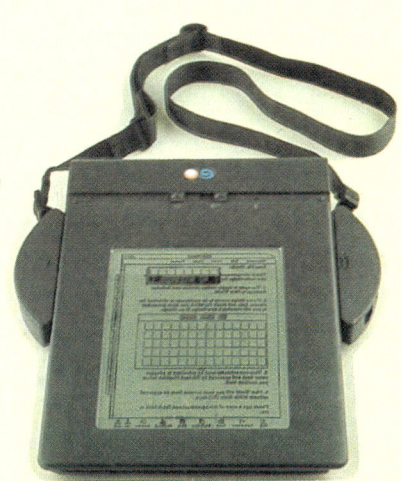

À la fois fax, téléphone, carnet de notes et micro-ordinateur. Eo permet de communiquer n'importe où dans le monde.

quatre-vingt-quinze **95**

MODULE 4 *Étourderies*

Choisissez une des tâches proposées.

Tâche 1: De quoi s'agit-il?

Tâche 2: Fournissez les renseignements demandés:

1. Qui a eu l'idée d'un appareil capable de remplacer toutes les fonctions d'un bureau?
2. Combien pèsent les Eo 440 et 880?
3. Que permettent les deux machines?
4. Vers 1999, que pourront emmagasiner ces communicateurs personnels?
5. Combien de communicateurs seront vendus d'ici l'an 2000?

Aide-Mémoire

des outils (m) tools
puissants powerful
composer dial
un service de messagerie électronique an electronic messenger service
leurs utilisateurs their users
le courrier électronique electronic mail
un écran a screen
emmagasiner store
par voie cellulaire by cellular transmission
à cœur joie to their heart's content
procurer get, obtain
preuves (f) **d'achat!** proofs of purchase

2 Lisez 'Infos express'. De quoi s'agit-il?

Infos express

Actu, vie practique, loisirs, news d'ici et d'ailleurs

Télécartes Tic Tac formule BD . . .

Sur le thème de la fraîcheur et de l'évasion, Tic Tac a demandé à quatre jeunes talents de la bande dessinée de créer des illustrations pour cartes téléphoniques. Labiano, Lamy, Heliot et Parme s'en sont donné à cœur joie pour le plus grand plaisir des amateurs de BD et des collectionneurs de cartes.
Ces derniers pourront se les procurer en envoyant 12 preuves d'achat et un chèque de 55 F à "Fraîcheur Évasion Tic Tac", BP 4315, 76724 Rouen Cedex, sans oublier de préciser leur nom, prénom et adresse ainsi, bien sûr, que leur choix.

VIDÉOPOSTE
VOS COMPTES PAR MINITEL.

POSTÉCLAIR
SPÉCIAL ENTREPRISE
LA TÉLÉCOPIE AU SERVICE DE TOUTES LES ENTREPRISES
LA POSTE

Pour prendre un appel quand vous êtes déjà en ligne.

Pour vous abonner, contactez votre agence France Télécom (14, appel gratuit) ou composez sur Minitel le 3614 France Télécom.

Signal d'Appel.
Vous pouvez recevoir un nouvel appel, même si vous êtes déjà en ligne. En effet, quand vous êtes en communication, un signal sonore (bip) vous avertit que l'on cherche à vous joindre. Vous pouvez alors, si vous le souhaitez, prendre cet appel puis passer d'un correspondant à l'autre.

Abonnement : 10 F par mois.

France Telecom

96 *quatre-vingt-seize*

Étourderies **MODULE 4**

3 Comment utiliser une télécarte? Lisez les instructions et fournissez les renseignements suivants:

1. Où se trouvent les cabines téléphoniques?
2. Vous devez utiliser des cartes de combien d'unités?
3. Où se vendent-elles?
4. Pour téléphoner 'Home direct', que faut-il faire?
5. Trouvez en anglais les mots ou les expressions correspondants:
    a Décrochez.
    b Introduire la carte.
    c Attendre la tonalité.
    d Composer votre numéro.
    e Communication.

SIGNAL D'APPEL
TELECARTE 50
FRANCE TELECOM

Comment utiliser votre télécarte?

DECROCHER

INTRODUIRE LA CARTE

ATTENDRE LA TONALITE

COMPOSER VOTRE NUMERO

COMMUNICATION

Vous voulez téléphoner? Deux moyens simples sont à votre disposition.

Vous trouverez des cabines téléphoniques dans les principaux lieux publics (gares, aéroports, rues, etc …).
Pour appeler, utilisez les télécartes de 60 ou 120 unités.
Elles sont en vente dans les bureaux de tabac, les bureaux de La Poste, chez les revendeurs agréés reconnaissables à l'affichette "TELECARTE EN VENTE ICI" et dans les Agences France Télécom.

Vous pouvez bénéficier également du service HOME DIRECT!

Composez le numéro indiqué et vous êtes directement mis en relation avec un opérateur de votre pays. Après lui avoir précisé votre mode de paiement, il établira la communication avec votre correspondant.

Aide-**M**émoire

décrocher *pick up the receiver*
la tonalité *dialling tone*
les lieux publics *(m) public places*
en vente *on sale*
l'affichette *(f) notice*

quatre-vingt-dix-sept **97**

MODULE 4 *Étourderies*

POUR VOUS AIDER

Objectifs

Décrire ce que l'on porte toujours sur soi *Describe what you always carry with you*
Parlez de ce que l'on a perdu et réagir en conséquence *Talk about what you have lost and express a reaction as a consequence*
Donner des détails de sa perte par correspondance officielle *Write an official letter giving details of what you have lost*
Se débrouiller à la poste, et comprendre les innovations dans les communications *Get by at the post office, and understand what's new in the field of communications*

de la page 76 à la page 82

Videz vos poches ou vos sacs! *Empty your pockets or bags!*
Qu'est-ce qu'ils ont oublié? *What have they forgotten?*
N'oubliez pas de noter ce que vous n'avez jamais *Don't forget to note down what you never have*
On perd, on égare beaucoup d'objets dans notre vie quotidienne! *We lose or mislay a lot of things in everyday life!*
Voilà ce que l'on dit de moi! *Here's what people say about me!*
Choisissez le bon mot parmi la liste dans le sac *Choose the right word from the list in the sack*
... fournissez les renseignements suivants: l'objet perdu, l'endroit de la perte, la date et la description ... *give the following information: missing object, where it was lost, date and description*

de la page 85 à la page 88

Quand vous perdez quelque chose, vous devez être précis(e)! *When you lose something, you have to give an accurate description!*
Puis servez-vous de vos notes pour décrire avec précision ce que vous avez perdu. *Then use your notes to give a precise description of what you have lost*
... essayez de rappeler avec précision tous les objets que vous avez perdus ... *try and remember in detail all the objects you have lost*
Entraînez-vous et écrivez une lettre au bureau des objets trouvés *Practise by writing a letter to the lost property office*
... on lui demande de retracer ce qu'il a fait quand il a envoyé son colis ... *he is being asked to go over what he did when he sent his parcel*

de la page 89 à la page 97

Pour éviter de faire la queue et vous faciliter la vie, vous pouvez maintenant faire toutes vos opérations dans tous les guichets 'Toutes opérations' *To avoid queues and make life easier, now you can conduct all your transactions at all the windows marked* 'Toutes opérations'
Choisissez une des tâches proposées *Choose one of the suggested activities*
Lisez les instructions et fournissez les renseignements suivants *Read the instructions and give the following information*

98 *quatre-vingt-dix-huit*

C'est ton bilan

J'ai appris à et je peux

	page
☐ parler de et comprendre ce qui vient de se passer	**51-56**
☐ décrire et comprendre une anecdote en donnant des précisions sur des choses ou des personnes	**57-58**
☐ manifester mon mécontentement dans différents magasins, oralement et par écrit	**59-61, 65**
☐ comprendre et discuter des cadeaux promesses reçus	**62-63**
☐ dire ce que je pense de l'environnement et comprendre l'avis des autres	**66-74**
☐ parler de et décrire ce que je porte toujours sur moi ou ne porte jamais sur moi	**76-80**
☐ décrire un objet et donner des précisions sur la perte d'un objet: le lieu, l'heure exacte, le jour	**81-85**
☐ demander des renseignements par écrit en suivant le 'petit guide: correspondance officielle'	**86-87**
☐ me renseigner sur les tarifs postaux et certaines transactions à la poste (envoyer un paquet-colis, ouvrir un compte etc.)	**88-97**

quatre-vingt-dix-neuf **99**

MODULE 5
Évasion

Objectifs

Demander et dire ce que l'on pense de l'apprentissage d'une ou plusieurs langues étrangères.

Discuter des avantages de posséder deux cultures, et des expériences des enfants des pays en guerre.

Évoquer où l'on aimerait partir si l'on vous offrait un voyage, et décrire le climat dans ce pays.

Parrainer un pays ou une ville et décrire ce lieu.

A Bonjour la francophonie!

Pourquoi est-il important d'apprendre et de parler le français?
Nous avons fait un sondage. Voici les réponses.

1 Écoutez ces jeunes et notez les idées essentielles.

– Pourquoi apprenez-vous le français?
– J'apprends le français…

a Parce que j'aime la langue et cela me permet de rencontrer plus de gens.

b Parce que j'ai l'intention de travailler en France ou dans un pays francophone et c'est un atout pour l'avenir.

Évasion MODULE 5

B
Quelles langues parlent-ils/elles à la maison?

1 Écoutez et complétez le tableau.

> Nom: . . . .
> Âge: . . . .
> Né(e): . . . .
> Langues parlées: . . . . .
> . . . .
> Autres renseignements:
> . . . .
> . . . .

N'écrivez pas sur cette grille

2 Réécoutez la cassette. Dites si les affirmations suivantes sont vraies ou fausses:

1. Fatima parle l'arabe chez elle. Elle sait mieux le parler que l'écrire.
2. Stéfan n'habite pas en Guadeloupe. Il ne parle que le français chez lui.
3. Renata ne sait pas très bien parler l'italien. Elle le comprend mieux.
4. Maude sait parler et écrire aussi bien l'anglais que le français.
5. Rachna sait parler l'hindi, mais elle ne sait pas l'écrire.
6. Théolista comprend un peu le grec mais elle ne sait pas le parler...
7. Kim et Joe savent parler le japonais.

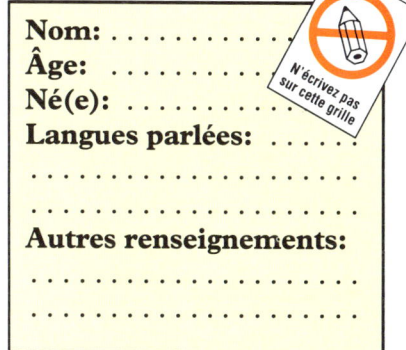

Parce que c'est toujours utile de savoir parler une autre langue – cela peut servir dans le monde du commerce.

c *Nous apprenons le français car l'un de nos parents est français.*

d

Parce que cela fait partie de mes loisirs et que je suis aussi fascinée par la littérature française et le cinéma français.

Parce que j'ai déménagé le mois dernier. C'est donc par nécessité!

e   **f**

2 Et vous?
Prenez la parole! Travaillez avec un(e) partenaire.

Partenaire A Pourquoi apprends-tu le français?
Partenaire B Parce que c'est un atout pour l'avenir...

Réécoutez la cassette et lisez les bulles pour raffraîchir votre mémoire.

cent un **101**

MODULE 5 *Évasion*

C

À vous maintenant! Quelles langues apprenez-vous ou parlez-vous à la maison?

1 Dressez une liste.

Exemple: Au collège, j'apprends l'espagnol. À la maison, mes parents parlent le gallois. Je le parle assez bien mais je ne sais pas l'écrire!

2 Cochez ce qui correspond le mieux à vos connaissances.

- Je parle ...... un peu
                  assez bien
                  couramment
- J'apprends ...... parce que ...... [Donnez au moins trois raisons]
- Je sais mieux parler ...... que l'écrire
- Je comprends mieux le/l' ...... que je ne le parle

D *Sondage-classe*

Posez des questions à vos camarades de classe. Sont-ils tous nés dans le même pays. Demandez:

- Où es-tu né(e)?
- Tu parles quelle(s) langue(s) à la maison?
- Tu sais lire le grec/l'allemand?
- Tu sais l'écrire?
- Tu le comprends assez bien?
- Quelle langue parles-tu le plus souvent chez toi?

Choisissez une autre langue et posez ce genre de questions.

Coin lecture

A Lisez ces cartes d'identité et notez les idées essentielles. N'oubliez pas de nous dire combien de langues on parle dans chaque pays.

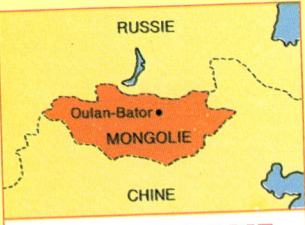

LA MONGOLIE

La République de Mongolie (ancienne "Mongolie extérieure") est entourée par deux pays géants : la Russie et la Chine.
- **Superficie :** 1 565 000 kilomètres carrés (soit trois fois la France). Deux tiers de steppe (forestière, au nord ; herbeuse, au centre). Un tiers de désert, au sud.
- **Population :** 2,3 millions d'habitants (dont la moitié de nomades). 500 000 Mongols vivent aussi en Russie, et 3,4 millions en Chine (surtout dans la "Région autonome de Mongolie intérieure").
- **Capitale :** Oulan-Bator.
- **Langue :** le mongol.
- **Religion :** le bouddhisme.
- **Monnaie :** le tughrik.
- **Ressources :** élevage (moutons, chèvres, chevaux, bœufs, yaks, chameaux...) ; minerais (cuivre, charbon, fluor...).

a

Il faut 17 heures de vol pour parcourir 12 000 kilomètres entre Paris et Hanoï.

REPÈRES
- **Superficie :** 329 566 km².
- **Population :** 70 millions d'habitants.
- **Capitale :** Hanoï (2 millions d'habitants).
- **Langue officielle :** le vietnamien.
- **Principales religions :** bouddhisme (50% de la population), catholicisme (25% de la population).
- **Monnaie :** le dong (10 000 dongs = 1 dollar = 5,80 francs).

b

Carte d'identité
- **Superficie :** 587 041 km².
- **Population :** 12,4 millions d'habitants.
- **Capitale :** Antananarivo.
- **Principales productions :** riz, manioc, café
- **Langues :** malgache, frança

c

102 cent deux

Évasion **MODULE 5**

Aide-Mémoire

J'aime ... *I like ...*
J'ai l'intention de ... *I intend to ...*
J'en ai besoin pour... *I need it for...*
J'aimerais ... *I'd like ...*

le manioc *cassava*
géant *giant*
l'élevage *(m) breeding*
le chameau *camel*
le cuivre *copper*
milliards *(m) billions*
se comprendre *understand each other*
découvrir *discover*
lointain *faraway*
les ondes *(f) radios radio waves*
... en ont fait autant *... have done the same*

LES GALAPAGOS

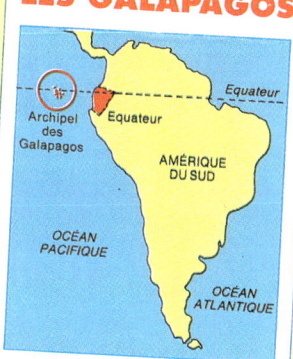

- **Nom officiel** : l'archipel de Colomb. Il appartient à l'Équateur depuis 1832.
- **19 îles et 42 îlots volcaniques**, situés à l'équateur, à 1100 kilomètres de l'Amérique du Sud.
- **Superficie** : 8000 km² environ (soit, à peu près, la surface de la Corse).
- **Sommet le plus haut** : le volcan Wolf (1707 mètres).
- **Langue officielle** : l'espagnol.
- **10 000 habitants**, qui peuplent seulement 4 îles.
- **40 000 touristes** par an, venus d'Équateur, et du monde entier.

d

B *Bonjour le monde*
Lisez ce petit article et répondez aux questions:

1. Combien de langues sont parlées à travers le monde?
2. Comment peut-on découvrir la langue d'autres pays sans y aller?
3. Est-ce qu'on peut lire et comprendre les aventures de Tintin si on ne parle pas le français? Justifiez votre réponse.

Bonjour le monde

● Que de monde sur terre! Il y aura bientôt 6 milliards d'êtres humains sur la planète et ce n'est pas toujours facile de se comprendre quand on ne parle pas la même langue: plus de 6 000 langues sont parlées à travers le monde. Pourtant, les hommes ont besoin de se parler, d'écrire, d'échanger des idées. Écouter les radios du monde, apprendre à dire bonjour dans une autre langue, écrire de haut en bas, lire de droite à gauche..., sont des façons de découvrir la diversité des êtres humains.

● **Langues du monde**
Des milliers de langues sont parlés dans le monde. S'il n'est pas possible de les parler toutes, voici une occasion d'apprendre à dire «Bonjour, soyez les bienvenus!» dans une autre langue que la sienne.

● **Radios du monde**
Une façon rapide de découvrir la langue de pays lointains sans se déplacer: c'est de capter leurs émissions radios. Les ondes radios parcourent à toute vitesse de très longues distances. Imaginez l'émotion quand le premier message a été transmis par radio, il y a à peine cent ans. Mais à l'époque, les deux postes n'étaient distants que de trois kilomètres!

● **Tintin à travers le monde**
Dans ses aventures, Tintin a fait le tour du monde. Ses albums de bandes dessinées en ont fait autant. Ici, Tintin au Tibet a été traduit en 27 langues.

Partez à la découverte du monde avec Tintin
30 questions-clés sur le pays visité – Tintin présente les hommes, les régions, l'histoire, la culture de manière synthétique et claire. Les photos sont dues pour la plupart à des conférenciers de *Connaissance du Monde*.

casterman

cent trois **103**

MODULE 5 *Évasion*

E Reportage: Posséder deux cultures, c'est chouette!

Trois personnes donnent leur avis.

1 Écoutez et lisez ces extraits de lettres et prenez des notes sous les titres suivants: *nom, âge, mère, père, sœurs/frères, avantages, inconvénients.*

Aide-Mémoire

J'ai de la chance *I'm lucky*
J'appartiens à ... *I belong to ...*
Je réponds du tac au tac *I give as good as I get*
Je viens de ... *I come from ...*
J'ai des réflexions *I get comments*
métis, métisse *of mixed race*
maghrébin(e) *North African*
Je pratique *I practise*
l'ambiance (f) *atmosphere*

a
Bonjour!
Je m'appelle Lorraine. J'ai quatorze ans et demi. Je suis fille unique. Mon père est français et ma mère est thaïlandaise. Je pense que j'ai de la chance, car j'appartiens à deux pays. Si on me fait des réflexions, je réponds du tac au tac en disant aux autres qu'ils n'ont pas ce que j'ai.

b
Bonjour!
Moi, c'est Laurent. J'ai deux sœurs. J'habite dans une petite ville près de Nice, dans les montagnes. Je viens de l'Europe de l'Est et mon nom est difficile à prononcer. À l'école, j'ai des réflexions et cela m'énerve. Mais je me suis dit: c'est mon originalité. Maintenant, on m'appelle par mon prénom alors que l'on appelle tout le monde par leur nom, et ça j'en suis fier.

c
Salut!
Je m'appelle Chiala et j'ai quinze ans. Je suis métisse. Mon père est antillais et ma mère est chinoise. J'ai deux frères et une sœur. Moi, je trouve que l'on a des richesses et que l'on possède deux cultures différentes. Je trouve cela merveilleux!

2 Vous avez lu ces trois lettres?
Alors maintenant, écoutez bien. Notez les détails supplémentaires que donnent Lorraine.

104 *cent quatre*

Évasion MODULE 5

📼 F *D'autres jeunes nous donnent leur avis*

Écoutez la cassette et identifiez la personne qui parle.
De quelle boîte s'agit-il?
(Attention! Il y a quatre personnes et six boîtes!)

A	Nationalité:	canadienne
	D'origine:	anglaise
	Habite:	au Québec depuis cinq ans
	Parle:	le français et l'anglais

B	Nationalité:	française
	D'origine:	italienne
	Habite:	à Dakar depuis dix ans
	Parle:	le français, l'italien et l'anglais

C	Nationalité:	tunisienne
	D'origine:	française
	Habite:	en France depuis huit ans
	Parle:	le français et l'arabe

D	Nationalité:	française
	D'origine:	guadeloupéenne
	Habite:	en Guadeloupe depuis onze ans
	Parle:	plusieurs langues

E	Nationalité:	tunisienne
	D'origine:	française
	Habite:	en Tunisie depuis quatorze ans
	Parle:	le français, l'arabe et l'anglais

F	Nationalité:	canadienne
	D'origine:	française
	Habite:	au Canada depuis huit ans
	Parle:	le français et l'anglais

Q Quelle importance ont pour vous les traditions de votre famille?

Naima Boussag: Je pratique le Ramadan comme la plupart des jeunes d'origine maghrébine, j'ai le cœur arabe et j'aime donc l'ambiance qui entoure nos traditions. Mais je suis née en France et j'ai la mentalité française. La culture française, c'est cool.

Farida Ouad

Farida Ouad: C'est surtout important pour nos parents que l'on perpétue les traditions. Mais notre génération est entre deux cultures, qu'elle aime autant l'une que l'autre.

cent cinq **105**

MODULE 5 *Évasion*

G

À vous maintenant!
1 Faites l'exercice à deux ou en groupes. Suivez le modèle.

Partenaire A
Où es-tu né(e)?

Tu vis à *(domicile)* depuis combien de temps?

Tu parles quelle langue chez toi?

Partenaire B
Je suis né(e) en/au/aux *(pays)*
à *(ville)*
Je vis à … depuis …

Je parle / Nous parlons …
Mes parents parlent …

Puis, programmez vos données sur ordinateur.

Exemple:
Amandine est née en France.
Elle vit à Londres depuis dix ans.
Elle parle le français et l'anglais chez elle.

2 Faites un petit résumé de cet article.

NENEH CHERRY

Ses origines
Neneh Cherry (c'est son vrai nom), a vu le jour en Suède, d'une maman suédoise et d'un père africain

Adolescence
A 14 ans, Neneh se sent suffisamment sûre d'elle pour affronter New York et la Suède : elle laisse tomber l'école. "Cette décision n'est pas quelque chose dont je suis particulièrement fière, et je pense que c'est par faiblesse que je n'ai pas persévéré." Mais j'année

"Je suis métisse. Mais je me sens noire."

Enfance
L'enfance de Neneh ne fut pas des plus faciles. Bringuebalée entre New York et la Suède, elle fréquente, une année, l'école de Manhattan et, l'année suivante, elle et son demi-frère se retrouvent seuls élèves noirs d'une école suédoise. (*"Je sais,* dit-elle, *je suis métisse. Mais je me sens noire."*)

suivante, c'est le grand choc : celui où elle découvre l'Afrique, la Sierra Leone, terre de son père. Là, elle fait connaissance avec son père et tous les membres de sa famille paternelle, mais aussi avec cette terre qui lui semble familière dès le premier abord. "La première nuit là-bas, je l'ai passée à pleurer, parce que c'était tellement "vrai". Je me disais : "Tu es en Afrique", et l'odeur, la chaleur, l'air qu'avaient les gens me donnaient l'impression bizarre que je les connaissais déjà."

Traits de caractère
Indépendante, intelligente, débordante d'énergie, débrouillarde, Neneh est aussi une jeune femme tendre et affectueuse (faisant passer ses enfants au premier plan de ses préoccupations). Forte et terriblement volontaire, elle se soucie énormément des problèmes humains, militante acharnée qu'elle est de la lutte contre le racisme ou toute autre forme de ségrégation.

Évasion **MODULE 5**

FRANÇAISES FRANÇAIS DE TOUTES LES COULEURS

Que l'on soit né en France ou non, que l'on ait des parents français ou non, il y a vraiment mille façons d'être français. Voici un petit inventaire ; vous reconnaîtrez peut-être au passage l'un de vos copains...

Jean, 12 ans, a une mère suisse et un père français. Il est français.

Koffy a 20 ans. Il est né au Kenya. Depuis un an, il est marié à Bénédicte, jeune fille de Normandie. Il a choisi d'être français.

Nadia, 16 ans, a des parents étrangers. Elle est née dans la banlieue lyonnaise. Elle a demandé la nationalité française qu'elle obtiendra certainement.

Maria, 15 ans est née en France, de parents espagnols. Elle ne sait pas si elle demandera la nationalité française entre 16 et 21 ans. Elle pourra l'obtenir après 21 ans, mais beaucoup plus difficilement.

Khrishna, 12 ans, a des parents d'origine indienne. Il n'a jamais vu la France métropolitaine, mais il est français. Il est né et vit à la Réunion, une île de l'océan Indien, qui est un département français d'outre-mer.

*f*LASH-GRAMMAIRE

HOW TO SAY HOW LONG YOU'VE BEEN DOING SOMETHING

To describe how long you've been doing something, you need to use the *present tense* followed by **depuis**.
For example:

J'habite en France **depuis** quatre ans.
I've been living in France for four years.
Je parle l'arabe **depuis** huit ans.
I've been speaking Arabic for eight years.

Entraînement

1. Les phrases sont toutes mélangées.
   Mettez-les dans le bon ordre:
   a du ans. Je trois depuis piano joue
   b ans. Tunisie habite dix en depuis J'
   c mois. joue depuis Je rugby six au
   d italien un parle depuis Je an. l'

2. Travaillez avec un(e) partenaire. Partenaire A pose des questions. Partenaire B répond aux questions. Suivez ce modèle:

Partenaire A Tu fais du sport?
Partenaire B Oui, je joue au tennis.
Partenaire A Tu joues au tennis depuis combien de temps?
Partenaire B Je joue au tennis depuis deux ans.

Maintenant, changez de rôle. Voici quelques questions pour vous aider:

Tu parles une langue étrangère?
Tu voyages beaucoup?
Tu joues d'un instrument?
Tu collectionnes un tas de choses?
Depuis quand?

Inventez d'autres questions.

cent sept **107**

MODULE 5 *Évasion*

H Correpondants de guerre

Trois personnes décrivent leurs expériences.

A

Micheline: "Ma passion, c'est la danse..."

Micheline a quatorze ans. Elle habite à Ain-Kah-Robé, un petit village de montagne à une dizaine de kilomètres de Beyrouth.

Avec ses deux sœurs et ses parents, Micheline vit au rez-de-chaussée d'une maison de trois étages accrochée à la montagne. *"Mon père et ses frères se partagent cette grande maison. Chacun a son étage. Ça se fait beaucoup au Liban, parce que c'est moins cher!"* m'explique Micheline en me faisant visiter.

La chambre qu'elle partage avec Marie, sa sœur jumelle, et Patricia, leur petite sœur, est miniscule. Près de l'armoire décorée de posters de chanteurs libanais, le grand lit où elles dorment toutes les trois occupe tout l'espace.

Soudain un ronronnement de moteur envahit la maison. *"C'est le groupe électrogène"*, me dit-elle en souriant timidement. *"Il se met automatiquement en marche quand l'électricité est coupée."* Les centrales électriques du Liban ont été durement touchées pendant la guerre, l'électricité est donc distribuée par tranches d'heures et par région. Une seule solution pour les familles: produire elles-mêmes leur électricité ou s'abonner à une société privée. *"C'est surtout mon père qui a besoin d'électricité pour faire tourner ses machines."* Il a installé un atelier de réparation automobile de fortune.

Micheline m'offre des petits gâteaux qu'elle a préparés elle-même. Elle adore faire la cuisine et expliquer les recettes qu'elle connaît. *"Mon plat favori, c'est le taboulé"*, me dit-elle.

Micheline consacre une grande partie de son temps libre à la danse orientale. Une véritable passion. Ses yeux s'ouvrent en grand et pétillent de bonheur lorsqu'elle en parle. *"La musique orientale est la plus belle musique au monde!"* affirme-t-elle avec fierté et conviction. *"On ne peut pas l'écouter sans danser. Attends, tu vas voir..."*

Micheline réapparaît cinq minutes plus tard. Elle a troqué son survêtement pour une jupe noire, un pull rouge et des collants blancs. Sur une musique un peu magique, elle se met à danser. Ses mains et son corps se meuvent au rythme du violon et de la lyre ... Nous sommes vraiment en Orient ...

B

Wissam: "Skier le matin et nager l'après-midi..."

Wissam a quinze ans. Il parle l'arabe, le français et l'anglais comme la plupart des jeunes de son âge. Depuis un an il apprend aussi l'allemand! Son rêve est de voyager partout dans le monde ...

Wissam habite un petit appartement dans la banlieue de Beyrouth. Sa famille n'est ni riche, ni pauvre. Comme beaucoup d'autres Libanais, son père a deux emplois à la fois pour faire vivre sa famille. Il est professeur dans une agence d'orientation pour les étudiants.

108 cent huit

Évasion **MODULE 5**

La crise économique du Liban de l'après-guerre rend la vie difficile pour de nombreuses familles. *"Mes parents économisent pour construire notre maison dans le village natal de papa en montagne"*, me confie Wissam. *"La montagne c'est bien, mais l'avantage de vivre à Beyrouth c'est que tu es à vingt minutes de la plage et de la montagne. Au printemps, tu peux aller skier le matin et te baigner l'après-midi!"* ajoute-t-il un grand sourire aux lèvres.

C

Nadim: "Plus tard, je vivrai au Liban"

Nadim est né au Liban il y a treize ans. Il vit à Paris depuis l'âge de six ans. Il fait partie des huit millions de Libanais qui vivent à l'extérieur de leur pays. Chaque année, le temps des vacances, il retrouve ses grands-parents et ses cousins à Beyrouth.

Pourquoi vis-tu en France?

- Lorsque j'avais deux ans ma mère a décidé de quitter le Liban à cause de la guerre. On a vécu en Jordanie pendant quatre ans, puis on est venu à Paris.

Tu retournes souvent à Beyrouth. Quelles différences ressens-tu entre la France et le Liban?

- Ce qui me frappe le plus à Beyrouth ce sont les immeubles détruits et les débris qui encombrent certaines rues. J'ai vraiment hâte de voir Beyrouth complètement reconstruite, redevenue une belle ville comme Paris.

Y a-t-il d'autres différences que les destructions?

- Oui; la famille! Elles sont si grandes au Liban. Mon grand-père, par exemple, a huit frères et sœurs, ma grand-mère en a dix. Certains de mes cousins vont voir mes grands-parents jusqu'à six fois par semaine ...

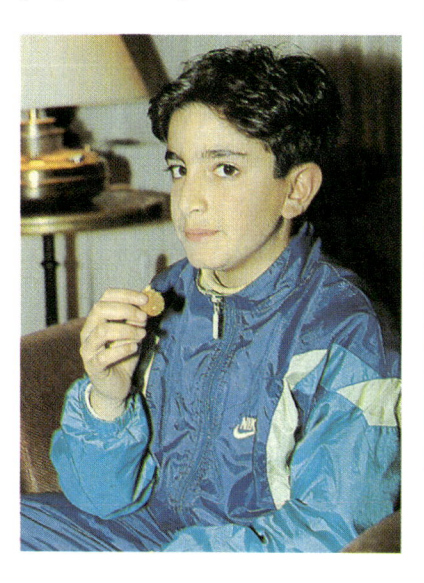

Te sens-tu Français ou Libanais?

- Un peu les deux! Pour l'instant, ça me convient assez bien de vivre en France pendant l'année scolaire et d'aller au Liban pendant les vacances. À Paris, j'ai beaucoup d'activités: je joue au foot et au tennis, je suis un cours d'arabe et un autre de solfège. À Beyrouth, j'ai une vie plus calme. Je visite ma famille et je m'amuse avec mes cousins. Mais plus tard, j'aimerais vraiment vivre et m'installer au Liban. Peut-être devenir architecte ...

La religion est-elle importante pour toi?

- Pour moi, la religion ne fait pas de différence entre les gens. Ma mère est musulmane, moi je suis grec orthodoxe, certains de mes cousins sont musulmans, d'autres orthodoxes, d'autres maronites! Je crois que la religion doit aider à s'aimer, pas à haïr, sinon, ça ne sert à rien de croire en Dieu!

Aide-Mémoire

jumelle *twin*
s'abonner à *subscribe to*
un atelier *a workshop*
les recettes *(f) recipes*
consacre *dedicates*
la fierté *pride*
elle a troqué *she's changed*

la plupart *most*
une agence d'orientation *a careers advice centre*
la crise *crisis*

On a vécu *We lived*
encombrent *clutter*
J'ai hâte de ... *I'm dying to ...*
un cours de solfège *a music lesson*
musulman(e) *Moslem*
haïr *hate*

cent neuf **109**

MODULE 5 *Évasion*

1 Lisez les trois textes (pages 108–109) et identifiez chaque illustration.

a

b

c

2 Relisez les témoignages.
a Repérez les mots que vous connaissez.
b Cherchez les mots que vous ne connaissez pas dans un dictionnaire.
c Donnez au moins six points importants sur Micheline, sur Wissam et sur Nadim.

3 Maintenant, écoutez les six points importants sur cassette. Est-ce que, avec vos camarades, vous avez choisi les mêmes points?
Vérifiez par écrit ce que vous avez compris.

4 À l'aide de vos notes, préparez un exposé sur une des jeunes personnes et présentez leur vie.

Exemple: Micheline habite au rez-de-chaussée. Son père et ses frères se partagent cette maison …

Enquête 'Spirale'

Un peu d'oral!
1 Répondez à ces questions:

1. Consacrez-vous comme Micheline une bonne partie de votre temps à la danse?
2. Avez-vous comme Nadim beaucoup d'activités?
3. Pratiquez-vous un sport? Faites-vous partie d'un club?
4. Suivez-vous des cours de langues ou de musique après l'école?
5. Que faites-vous le week-end? Allez-vous voir des ami(e)s ou de la famille?

2 Choisissez un(e) des adolescents et écrivez une petite lettre pour devenir leur correspondant(e) de l'espoir.
N'oubliez pas de donner les détails suivants:
Votre nom . . . .
Votre prénom . . . .
Votre adresse . . . .
Votre âge . . . .

Décrivez-vous:
Vos passe-temps . . . .
Vos études . . . .

Parlez de vous et de votre famille. Posez des questions. Illustrez vos lettres.

N'écrivez pas sur cette page

Évasion **MODULE 5**

J *Les petites annonces*

Renseignez-vous. Essayez de trouver un(e) correspondant(e) et écrivez-lui. Les petites annonces 'mode d'emploi' vous donnent quelques conseils.

20-1 Florence, 13 ans et demi, aimant animaux, nature, connaître d'autres peuples, cherche une correspondante étrangère parlant français.

20-2 Paul, 19 ans, aimant sport, musique, amitié, voyages, cherche correspondant(e)s parlant français.

20-3 François, 14 ans, cherche correspondant vivant à l'étranger, aimant sport, musique, amis, parlant français ou anglais.

20-4 Céline, 17 ans, aimant cinéma, sculpture, nature, cherche correspondants parlant anglais, 17 à 20 ans.

20-5 Sophie, 15 ans, aimant théâtre et nature, cherche correspondants parlant anglais, 15-17 ans.

20-6 Ivane et Audrey, 14 et 15 ans, cherchent correspondants parlant français, tous pays.

20-7 Richard, 18 ans, cherche correspondants tous pays, parlant français.

20-8 Marc, 16 ans, désire correspondre avec garçons et filles du monde entier.

20-9 Marie-Pascale, 13 ans, cherche correspondants tous pays, aimant voyager et lire.

20-10 Maria, 14 ans, cherche correspondant(e)s habitant Amérique du Sud, parlant français, espagnol, aimant aventure, animaux, équitation.

20-11 Sylvie et Jessie, 15 ans, aimant chansons, danse, promenade, cinéma, cherche correspondant(e)s monde entier.

MODE D'EMPLOI

Tu recherches un ou une correspondant(e)? On t'invite à choisir ton correspondant/ta correspondante préféré(e) et à nous écrire en précisant le prénom. Envoie le tout, avec une enveloppe timbrée à ton adresse, et on t'enverra son adresse.

le club de l'amitié
10 rue des Cidres, Paris

Prête-moi ta plume ...
le club des correspondants

K *Prélude: Être né quelque part*

Parcourez cette chanson:

On choisit pas ses parents, on choisit pas sa famille
On choisit pas non plus les trottoirs de Manille
De Paris ou d'Alger
Pour apprendre à marcher

Être né quelque part
Être né quelque part
Pour celui qui est né
C'est toujours un hasard,
Nom 'inqwando yes qxag iqwahasa

Est-ce que les gens naissent
Égaux en droits
À l'endroit où ils naissent
Nom 'inqwando yes qxag iqwahasa

Est-ce que les gens naissent
Égaux en droits
À l'endroit où ils naissent,
Que les gens naissent
Pareils ou pas
Nom 'inqwando yes qwag iqwahasa

   MAXIME LE FORESTIER

Parmi les trois phrases proposées, cochez celle qui correspond le mieux à la chanson:

1. C'est une chanson sur le bonheur.
2. C'est un message: que l'on soit né ici ou là, c'est la même chose.
3. C'est une chanson d'amour.

cent onze **111**

MODULE 5 *Évasion*

L *Le monde des voyages!*

Si l'on vous posait la question: *Si l'on vous offrait un voyage, où aimeriez-vous aller?*, que répondriez-vous?

Nous avons posé cette question à plusieurs adolescents. Voici les réponses obtenues.

1 Écoutez la cassette. Qui dit quoi?

a Moi, je voudrais aller en Australie. J'y suis déjà allé avec ma famille.

b Je crois que si l'on m'offrait un voyage, je partirais en Guadeloupe.

c Eh bien moi, j'irais en Angleterre. C'est un pays si beau et si vert.

d Je crois que j'irais au Sahara. Le désert m'attire.

e Moi, ce serait les grands espaces! Le Québec, avec ses immenses forêts et ses grands fleuves.

f Moi, je choisirais un pays du tiers-monde. Beaucoup de gens meurent de faim et j'aimerais les aider. J'ai trouvé un petit article sur la faim - très intéressant!

g Le pays où je partirais serait la Grèce. C'est un pays fabuleux qui m'attire.

1 **Stéphane**

2 **Luc**

3 **Maryline**

4 **Alain**

Évasion MODULE 5

Nicole

Michèle

Mustapha

2 Où voudraient-ils aller?
Regardez les illustrations et dites où chaque ado voudrait aller.
Réécoutez la cassette si nécessaire.

Exemple: Stéphane choisirait un pays du tiers-monde pour aider les gens.

Planète tiers-monde

Le tiers-monde représente la plus grande partie de notre planète : 120 pays et plus de trois milliards d'habitants. Parmi eux, 800 millions de personnes souffrent de la faim et de la misère : c'est plus de treize fois la population française.

3 Vérifiez ce que vous avez compris. Dites si ces phrases sont vraies ou fausses:

Ado numéro 1 voudrait aller en Australie. Il y est déjà allé avec sa famille.
Ado numéro 2 choisirait la Martinique.
Ado numéro 3 pense que l'Angleterre est un pays si beau et si vert.
Ado numéro 4 est attiré par la mer.
Ado numéro 5 – pour elle ce serait les espaces. Le Québec, quoi!
Ado numéro 6 aimerait aider le tiers-monde.
Ado numéro 7 choisirait l'Italie.

Corrigez les réponses fausses.

4 *Jeu de rôle*
Travaillez avec votre partenaire.
Partenaire A demande: Si on t'offrait un voyage, où aimerais-tu aller?
Partenaire B répond: Je crois que j'irais au ...

cent treize **113**

MODULE 5 *Évasion*

flash-GRAMMAIRE

WHAT IF...?

If something really exciting or surprising happened to you, what would you do?

To describe what you would do, you need to use **si** *(if)* + the imperfect tense + the conditional. For example:

Si l'on m'**offrait** un voyage, je **partirais** au Maroc. *If someone offered me a trip, I'd leave for Morocco.*

Si je **gagnais** à la loterie, je **donnerais** une grande somme d'argent à une institution humanitaire. *If I won the lottery, I'd give a lot of money to a charity.*

Entraînement

Complétez les phrases avec ce que vous feriez dans chaque situation:

1. Si l'on m'offrait un voyage ...
2. Si je gagnais à la loterie ...
3. Si je pouvais apprendre une langue étrangère ...
4. Si j'étais astronaute ...
5. Si je ne devais pas aller au collège ...
6. Si j'étais président(e) ...

Partagez vos réponses avec votre partenaire.

Coin lecture

Lisez les extraits de lettres.
Pour chacun des ados, notez les motifs de leur choix.

Exemple: Antoine choisirait les États-Unis parce qu'il y a beaucoup de cultures différentes.

« J'IRAIS EN INDE OU AU NÉPAL »

«Chère Carine. Moi, ce serait en Inde ou bien au Népal que j'irais. Ces deux pays me passionnent, et cela fait maintenant longtemps que j'aimerais y aller.

C'est surtout leurs religions qui me séduisent, et leur façon de vivre. Pour moi, et pour pas mal de personnes, ce sont des pays sacrés. Je pense que ces pays sont moins développés sur le plan industriel, mais par contre, côté religieux ou spirituel, ils sont bien plus développés que nous.»

Stéphanie, 13 ans, Pertuis (84)

« JE RÊVE DES GRANDS ESPACES DU QUÉBEC »

« Salut Carine! Moi, je rêve plutôt des grands espaces du Québec, de ses étendues glacées, de ses forêts immenses, de ses fleuves puissants et de sa beauté. C'est un gigantesque petit bout de France de l'autre côté de la Terre, qui me semble être un véritable paradis.

Mais je ne suis pas non plus indifférent aux pays chauds, comme la merveilleuse Guadeloupe ou l'Australie. Mais c'est loin, très loin, trop loin!»

Jocelyn, 15 ans, Redon (35)

Évasion **MODULE 5**

Aide-Mémoire

Je voudrais aller *I'd like to go*
Je choisirais *I'd choose*
J'irais *I'd go*
J'aimerais *I'd like*

le tiers-monde *developing countries*
la faim *hunger*
leur façon de vivre *their way of life*
sacrés *holy*
ses étendues (f) glacées *its frozen plains*
ses fleuves (m) puissants *its powerful rivers*
la chaleur *heat*
parcourir *travel, tour*
les pharaons (m) *pharaohs*
d'ailleurs *moreover*

M

1 Vérifiez par écrit ce que vous savez dire.
Écrivez un paragraphe sur: si l'on vous offrait un voyage, où aimeriez-vous aller?
Justifiez votre choix.

2 Travaillez en groupes.
Faites un sondage dans votre classe. Posez la question suivante:

Si l'on t'offrait un voyage, où aimerais-tu aller?

Notez les réponses et programmez vos données sur ordinateur, ou faites un petit compte-rendu par écrit.

Exemple: Peter aimerait aller au Canada.
Nadia choisirait l'Égypte, car…

« J'AIMERAIS VIVRE EN GRÈCE »

« Chère Carine. Moi, le pays où je voudrais vivre serait la Grèce. Surtout pour la chaleur, les îles, les maisons blanches, les beaux rochers.

Mais j'adore aussi la manière de vivre des habitants, car il y a beaucoup de sympathie entre les gens.»

Loïc, 14 ans, Noailles (81)

« MON RÊVE: PARTIR EN POLYNÉSIE »

« Salut Carine! Ma famille est une grande voyageuse: j'en ai en Guyane, en Polynésie, à Hong Kong … Je suis d'ailleurs partie en Guyane, l'année dernière, et maintenant, j'ai le "virus" de la découverte d'un pays, et je ne peux plus m'arrêter.

Un voyage nous permet de parcourir la Terre et de découvrir plein de choses nouvelles. Nous nous ouvrons au monde, nous nous épanouissons. Mon rêve serait de partir en Polynésie, car je suis fascinée par les îles et les atolls. »

Angèle, 16 ans, Paris

« L'ÉGYPTE EST UN PAYS FABULEUX »

« Salut Carine! Le pays où je partirais serait, sans hésiter, l'Égypte. C'est un pays fabuleux, qui m'attire par ses pyramides de pharaons. J'ai lu de nombreux livres sur ce pays magnifique.

Découvrir le secret des pharaons et leurs "malédictions", visiter les temples, tels que Karnak et Abou Simbel, gardés par les colossales statues de Ramsès II serait passionnant. C'est pour cela d'ailleurs que je voudrais devenir archéologue. »

Zoé, 14 ans et demi, Vottem (Belgique)

« LES ÉTATS-UNIS, C'EST VRAIMENT LE RÊVE »

« Chère Carine. Je crois que si l'on m'offrait un voyage, je choisirais de partir aux États-Unis, car là-bas, il y a beaucoup de cultures différentes, selon les régions où l'on se trouve. Chaque état a sa 'personnalité'. Pour moi, les États-Unis, c'est vraiment le rêve!»

Antoine, 15 ans, Strasbourg (67)

cent quinze **115**

MODULE 5 *Évasion*

N Préparez votre interview

Aidez-vous des questions ci-dessous:

Partenaire A Tu t'appelles comment?
Partenaire B Je m'appelle …
Partenaire A Tu as un pays préféré?
Partenaire B Non, pas spécialement.
Partenaire A Et si l'on t'offrait un voyage, où aimerais-tu aller?
Partenaire B Je ne sais pas! Je crois que j'irais en Inde …
Partenaire A Ah bon? Pourquoi?
Partenaire B Parce que c'est un pays fabuleux.
Partenaire A As-tu déjà voyagé?
Partenaire B Oui, je suis allé(e) au Maroc.

Reportez-vous à la section 'Bloc-notes' pour préparer votre interview.

*f*LASH-GRAMMAIRE

RAPPEL: HOW TO SAY WHAT YOU WOULD DO

To describe what you would do, use the *conditional*. To form the conditional, take the *infinitive* and add these endings:

choisir (*to choose*)

je choisir**ais**	nous choisir**ions**
tu choisir**ais**	vous choisir**iez**
il choisir**ait**	ils choisir**aient**
elle choisir**ait**	elles choisir**aient**

For example:

Si l'on m'offrait un voyage, **je choisirais** d'aller en Australie. *If I were offered a trip,* **I'd choose** *to go to Australia.*

J'aimerais travailler en Afrique. *I'd like to work in Africa.*

ATTENTION!

There are some irregular verbs in the conditional. You have already learnt how to use **vouloir** (*to want*). For example:

Je **voudrais** aller aux États-Unis. *I'd like to go to the United States.*

Here are some more verbs which have an irregular stem in the conditional. Don't forget that the endings are always the same.

aller (*to go*)

j'**ir**ais	nous **ir**ions
tu **ir**ais	vous **ir**iez
il **ir**ait	ils **ir**aient
elle **ir**ait	elles **ir**aient

être (*to be*)	je **ser**ais
avoir (*to have*)	j'**aur**ais
faire (*to do/make*)	je **fer**ais
pouvoir (*to be able*)	je **pourr**ais
voir (*to see*)	je **verr**ais

Évasion **MODULE 5**

BLOC-NOTES
Aidez-vous des expressions ci-dessous.

Pourquoi?

Parce que...

Où?

C'est mon rêve!
Il y a des tas de choses à voir!
J'y suis déjà allé(e)
C'est fabuleux!

Je partirais en/au/aux/à la ...
J'aimerais aller ...
Je choisirais ...
Sans hésiter, j'irais ...
Moi, ce serait ...
Je voudrais aller ...
Le pays où je partirais serait ...

J'aime découvrir plein de choses nouvelles
J'aime aider les gens qui chaque jour meurent de faim
Je suis attiré(e) par les habitants
J'aime la chaleur, la nourriture, la musique
J'aime voyager, j'aime l'aventure
J'en ai entendu beaucoup parler
J'aimerais voir mes cousins
J'ai vu un documentaire à la télé

O *Jouez le jeu!*

Ça y est - vous êtes là-bas! On vous a offert un voyage. Vous envoyez des cartes postales à vos ami(e)s.

1 Trouvez sur la carte la ville ou le pays qui correspond à chaque carte postale. ➤

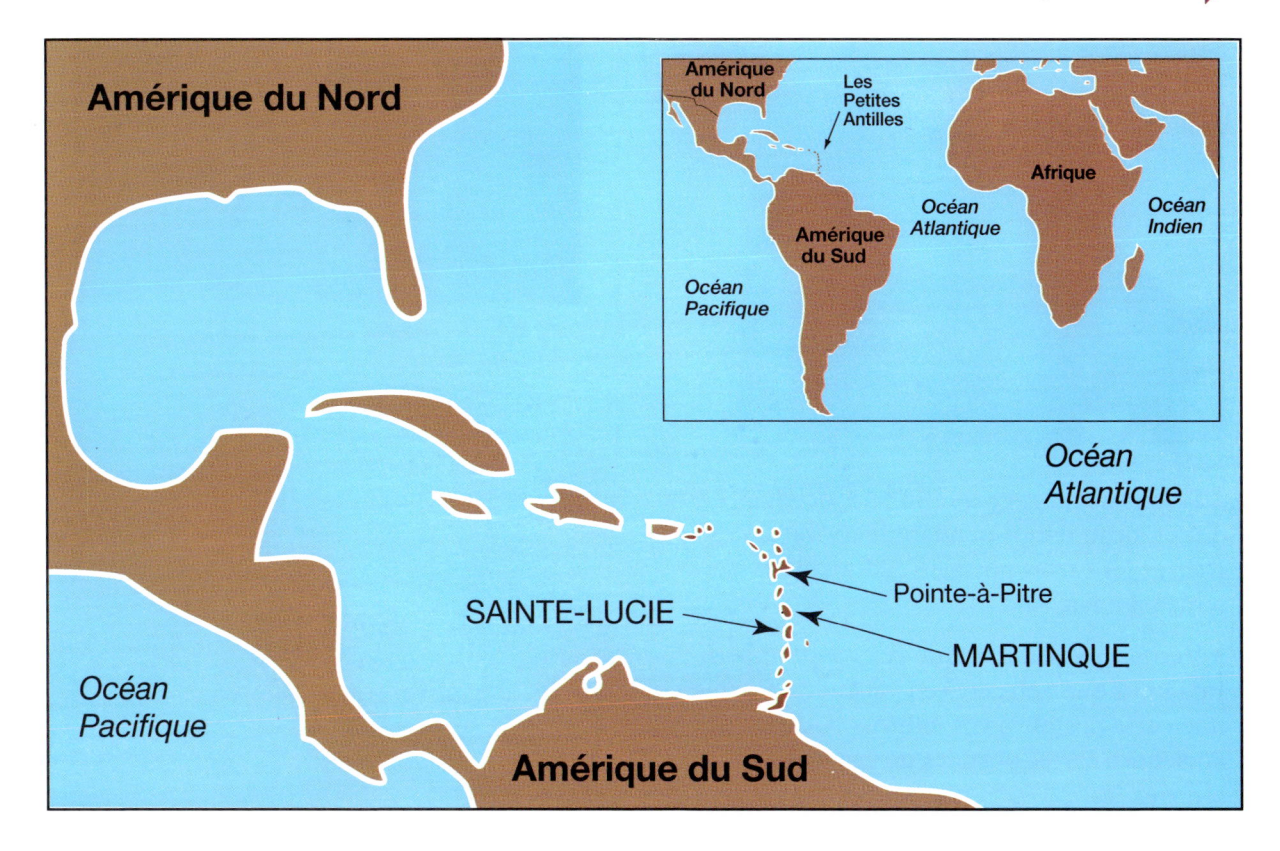

cent dix-sept **117**

MODULE 5 *Évasion*

Bonjour,
Me voici à Fort de France ! J'ai passé une semaine extraordinaire. Il a fait très beau. Les gens sont très gentils, et c'est la fête tous les jours.
Amicalement, June

Salut !
Un grand bonjour de la Guadeloupe. Je me suis baigné tous les jours. Hier, nous sommes allés au restaurant et j'ai mangé une assiette Méridien. Je t'envoie la recette.
À part la chaleur, tout va bien !
Bisous, Lucien.

Assiette créole Méridien

Pour 4 personnes
8 morceaux de boudin antillais   *1 avocat*
8 morceaux de boudin de lambis   *200 gr de chou coco*
8 crabes farcis   *100 gr de laitue*
8 écrevisses du pays   *100 gr de trévise*

Préparation
1. Faire gratiner les crabes
2. Chauffer les boudins à l'eau tiède
3. Faire un lit avec les salades
4. Dresser les crabes gratinés et les boudins sur le lit de salade comme indiqué sur la photo
5. Décorer avec de petits piments et des cives

LES SAINTES
Terre-de-Haut

Lundi
Youpi ! J'ai passé des vacances, c'était la folie ! Le voyage a duré deux heures en avion. Je suis ici à Madagascar depuis une semaine. C'est la saison des pluies, mais il fait quand même chaud. Aujourd'hui, on va aller à la pêche. Hier, nous avons fait une grande excursion. C'est un voyage super génial !
Amicalement, Zouk

2 Selon vous, est-ce que June, Lucien et Zouk ont eu beau temps pendant leurs vacances ? Relisez les cartes postales et dites-nous quel temps il a fait.

3 Vérifiez par écrit ce que vous avez appris. Imaginez que vous êtes en vacances. Envoyez une carte postale à vos ami(e)s. Utilisez des anciennes cartes postales de vacances et rénovez-les.

Évasion **MODULE 5**

P Climats du monde

Vous avez maintenant de meilleures connaissances sur les pays francophones. Quel est le type de climat? Écoutez ces trois interviews et notez le climat.

Nom	Pays	Climat
Gilda		
Yvette		
Nadir		

N'écrivez pas sur cette grille

Q 24 heures sur 24, la météo de vos vacances!

'Allô météo!' En vacances, le téléphone sonne toute la journée. Pourquoi? Eh bien, écoutez et trouvez la bonne illustration.

1.

*Allô météo?
Je pars en vacances. Quel temps fera-t-il demain à l'Île Maurice?*

Eh bien, des vagues de chaleur sont prévues. Les températures vont être assez élevées. Il est prévu 40 degrés à l'ombre.

2.

*Allô météo?
Je suis en vacances au Canada depuis une semaine. Voilà déjà trois jours qu'il neige. Cela va-t-il durer?*

Malheureusement oui! On annonce une grande vague de froid et des gelées. Et en fin de semaine, des tempêtes de neige …

3.

*Allô météo?
Nous sommes en vacances en Guadeloupe et nous devons rentrer sur Paris demain. Quel temps fera-t-il?*

En ce moment, il pleut à Paris. Demain, un temps nuageux et assez frais est prévu - alors, n'oubliez pas vos manteaux!

a   b   c   d   e

cent dix-neuf **119**

MODULE 5 *Évasion*

R *Le téléphone sonne*

À vous maintenant! Vérifiez ce que vous avez compris. Entraînez-vous à poser des questions sur le temps.

Vous téléphonez à la météo:

– Est-ce qu'il fait froid au Maroc en hiver?
– Est-ce qu'il risque de pleuvoir au mois de mai?
– À quelle époque de l'année y a-t-il beaucoup de pluies?
– Quelle est la meilleure saison au Canada?
– Quel temps fait-il en Australie à Noël?

Inventez d'autres questions. Prenez la parole. Travaillez en groupes.

S

1 À l'aide de ces titres d'articles de journaux, décrivez le climat.

LA MÉTÉO DE VOS VACANCES

Tempêtes

AVERSES ET ORAGES

TEMPÉRATURE EN HAUSSE!

Beau temps prévu

LE SOLEIL REVIENT

Encore de la grisaille…

2 Lisez 'Alarme, alarme! La météo de l'urgence.' Notez les idées essentielles.

Aide-Mémoire

Le temps

geler *freeze*
neiger *snow*
prévu *forecast*
une vague *a wave*
la chaleur *heat*
la pluie *rain*
la grisaille *greyness, dullness*

ALARME, ALARME! LA MÉTÉO DE L'URGENCE

"Alerte au cyclone, alerte au cyclone!" Une fois de plus, le signal d'alarme retentit sur toutes les radios de la Réunion, ce 18 janvier 1993, vers 18 heures. Les radios locales interrompent leurs programmes, car la météo vient de les prévenir de l'arrivée imminente d'un cyclone baptisé Colina. **Alerte n°1,** les responsables de la sécurité civile font fermer les écoles.
À minuit, **alerte n° 2,** le plan d'organisation des secours, le plan Orsec, est déclenché.
Le lendemain, 19 janvier, à 10 heures, **alerte n°3** : interdiction générale de circuler!
"Avis aux populations, restez chez vous, éloignez-vous des fenêtres." Pour cette fois, il n'y aura pas de victimes.

Évasion **MODULE 5**

T *La franco-vision*

1 Chacune de ces personnes a choisi de parrainer un pays ou une ville.
Écoutez chaque personne et notez les idées essentielles.
a De quel pays s'agit-il?
b Quelles sont les caractéristiques de chaque pays ou ville?

1 J'ai choisi de parrainer Bruxelles, une ville très importante pour la musique, son théâtre, ses monuments.

2 Les marchés sont nombreux, ainsi que les petits commerces.

3 On s'y baigne 365 jours par an. Il y a six cent mille habitants.

4 Il y a beaucoup de couleur dans leurs costumes, dans la nourriture, et il fait toujours chaud.

5 C'est une ville très animée! Il y a beaucoup de ruelles, de maisons blanches. On peut respirer le jasmin, la fleur d'oranger et écouter une musique orientale.

6 Il y a beaucoup d'activités culturelles, un folklore très connu et des marchés avec les fruits juteux, les mangues et les letchis.

7 Il y a beaucoup de ponts et de viaducs. C'est la cinquième ville en Suisse.

8 Il y a des petites rues pleines de monde et les palmiers surplombent la mer.

cent vingt et un **121**

MODULE 5 *Évasion*

2 Lisez ces huit groupes de mots:

a ruelles

b commerces

c Les marchés sont nombreux.

d six cents mille habitants

e On cultive les orchidées.

f La cuisine est épicée.

g un grand théâtre et sa musique

h Il y a beaucoup de musées et de cinémas.

Ces groupes de mots figurent sur cinq extraits dans la cassette. Notez-les dès que vous les aurez repérés au cours de l'écoute.

3 Écoutez encore une fois les extraits sur cassette. De quel endroit s'agit-il?

Aide-Mémoire

parrainer promote, adopt
la baie bay
la pêche fishing
J'ai la chance de ... I'm lucky to ...
J'ai harpenté I explored
les épices (f) spices
les letchis (m) lychees
juteux juicy

les ponts (m) bridges
le siège headquarters
les palmiers (m) palm trees

4 À vous maintenant!
Rédigez quelques phrases pour présenter les autres endroits francophones.
Voici un extrait pour vous aider:

❛ Moi, j'ai choisi de parrainer Casablanca – c'est en Afrique du Nord. Il y a beaucoup de petites ruelles, de couleurs et une nourriture épicée, délicieuse! ❜

U

À vous maintenant! Parrainez une ville ou un pays francophone. Faites des recherches à la bibliothèque de votre collège ou demandez des renseignements, soit à votre professeur de géographie, soit à l'office de tourisme.

FORT DE FRANCE

au cœur de la ville

autour de la cathédrale les petites rues se croisent serrées les unes contre les autres regorgeant de monde entrant, sortant, traversant en tous sens jusqu'à l'heure du déjeuner.

La cathédrale en tôle peinte. sur la façade en tôle clouée ou rivetée, on a repeint en trompe-l'œil un décor architectural peut être déjà existant comme support entre les tôles et les planches intérieures de l'église.

La rue de la cathédrale

122 cent vingt-deux

Évasion **MODULE 5**

Commencez par:
J'ai choisi ... C'est une ville ...
Dans cette ville ...

Exemple: Si vous choisissez la Martinique, vous pouvez commencer par:
Au cœur de la ville, il y a beaucoup de petites ruelles, etc.

Regardez la petite brochure pour rédiger votre paragraphe.

Cherchez des mots et des expressions à la page 121.

des ruelles
une cathédrale
une bibliothèque
des théâtres
un port
des marchés
des commerces
Il y a beaucoup d'animation.
On peut faire des activités nautiques.
Il y a beaucoup de plantes, de fleurs, de légumes et de fruits frais.

V Associations d'idées

Parcourez la carte ci-dessous et ce qui caractérise chaque endroit. Associez les caractéristiques aux villes ou aux pays.

Exemple: À Tunis, ce sont les parfums et c'est la cuisine épicée et piquante.

Avec un(e) partenaire, trouvez d'autres mots pour chacun des endroits.

Le Québec
Le Maroc
La Tunisie
L'Île Maurice
La Réunion
La Suisse
Fort de France

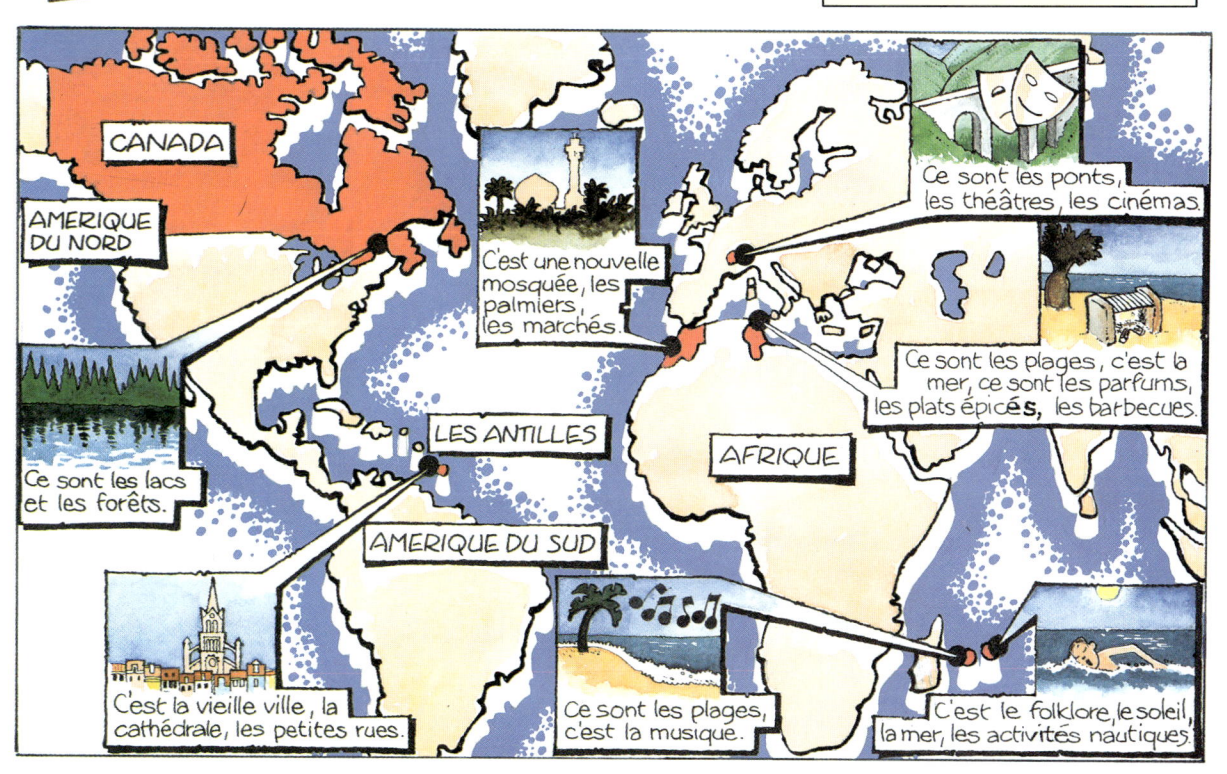

CANADA
AMERIQUE DU NORD
Ce sont les lacs et les forêts.

C'est une nouvelle mosquée, les palmiers, les marchés.

Ce sont les ponts, les théâtres, les cinémas.

Ce sont les plages, c'est la mer, ce sont les parfums, les plats épicés, les barbecues.

LES ANTILLES
AFRIQUE
AMERIQUE DU SUD

C'est la vieille ville, la cathédrale, les petites rues.

Ce sont les plages, c'est la musique.

C'est le folklore, le soleil, la mer, les activités nautiques.

cent vingt-trois **123**

MODULE 5 *Évasion*

Coin lecture

Vivre à Madagascar

Voici ce que Véro écrit sur Madagascar:

Madagascar est une grande île tropicale. Il y a à peu près douze millions d'habitants. On parle le malgache et le français. Les gens vivent au rythme du soleil! Le soleil se lève à six heures et se couche à dix-huit heures.

Le plat national est composé de riz. On mange du riz tous les jours à tous les repas. Il y a un 'marché flottant' où l'on peut acheter des régimes de bananes et des branches d'eucalyptus. Les gens ont toujours le sourire. Certains vivent dans de simples cases. Il n'y a ni table ni chaise, ni armoire, juste une cuisinière.

Pour vivre à Madagascar, il faut savoir marcher ... Tous les matins avant d'aller à l'école, à sept heures, mes deux amies vont vendre au bord de la route des petits pains ronds qui ressemblent à des beignets. Les voici sur la photo. Sur l'autre photo, c'est moi avec mon père.

Oui, Madagascar est un endroit merveilleux, rempli d'épices et de soleil ...

1 Lisez cet article et repérez les mots que vous connaissez. Essayez de comprendre le sens des mots inconnus en vous aidant des photos que Véro a envoyées.

2 Donnez les idées essentielles.

3 En vous inspirant de l'article de Véro, choisissez un pays ou une ville et faites-nous partager l'histoire magique de ce lieu. Présentez le lieu de votre choix, soit oralement soit par écrit.

W Saveurs du monde

'Avez-vous déjà voyagé?'
'Quel a été votre plat préféré?'

Nous avons posé ces questions à deux ados.

124   cent vingt-quatre

Évasion **MODULE 5**

1 Écoutez les interviews et notez les idées essentielles.

2 Vous allez réécouter une des interviews. Certains mots et expressions ont été effacés et remplacés par un 'bip' sonore. Complétez les phrases.

'Quand je ...1... en vacances dans la ...2...., j'ai été invité chez ...3... Il ...4.... de tout; du ...6... , du riz ...7..., du ...8... rôti et des bananes ...9... Il ...10... aussi ...11... , mais je n'aime pas trop ça! Et toi? Quel est ...12...?'

3 Et vous? Avez-vous déjà voyagé?
Si vous avez déjà voyagé, quel a été votre repas préféré?
Si vous n'avez jamais voyagé, décrivez votre repas préféré à la maison. Pour vous aider, écoutez la lettre de Tarick.

X On lit, puis on s'exprime ...

Vous n'avez pas besoin d'aller trop loin pour organiser entre copains et copines un repas plein de couleurs et délicieux! Lisez 'On s'fait une bouffe?'

1 Repérez les mots que vous connaissez et notez-les dans votre cahier.

2 Notez les idées essentielles. De quoi s'agit-il?

3 Composez votre menu entre copains et copines.

Exemple:

– Si on se faisait un menu indien?
– Super, je suis allé(e) au restaurant indien le mois dernier et j'adore ça!
– Alors, tu vas nous conseiller!
– Comme entrées, des samosas ...
– Comme plat principal, du poulet tikkah ...
– Comme dessert, une glace.

Et voilà!

EN RAYON — ON S'FAIT UNE BOUFFE ?

Et si vous vous faisiez une petite bouffe entre copains ? D'accord, personne n'a envie de se prendre la tête avec des recettes compliquées. D'ailleurs aujourd'hui tout est prévu pour une cuisine rapide et simple, ce qui n'exclut ni la qualité ni l'exotisme.

L'Inde, la Chine, la Thaïlande à votre table avec les premières "Saveurs du monde", au rayon frais.

Le **menu indien** pour deux personnes comprend : poulet tikka, poulet jafrezi, curry de légumes et riz basmati, prix 79 F. Au même rayon frais, on trouve des barquettes de samoussas (sorte de petits raviolis frits) à 19,90 F, des beignets d'oignons à 14,90 F et des popadums (galettes plates et parfumées qui font office de pain) à 12,90 F.

Dans le **menu chinois**, vous avez droit à du porc aigre-doux, du poulet chow-mein, une côtelette d'agneau, des raviolis de crevettes (avec une bonne portion de riz blanc cuisiné à la maison), c'est prévu pour une personne, mais cela peut très bien aller pour deux, prix : 45 F.

Quelques continents plus loin, voilà le Mexique et son brûlant **chili con carne** (viande épicée cuisinée avec haricots rouges). On en trouve en boîte tout prêt à partir de 15,50 F. On peut l'agrémenter d'un bol de guacamole (crème d'avocat), 24 F au rayon frais des grandes surfaces, accompagné de tortilla chips à 16,50 F le paquet. Si les gringos ont un gros appétit, un gaspacho (succulente soupe froide vendue en brique) complétera le menu.

Les Saveurs du monde sont vendues par "Mark and Spencer".

Ces plats se réchauffent au micro-ondes, au bain-marie (dans une casserole d'eau bouillante) ou au four.

Si vous êtes new age, le **menu végétarien** est pour vous. Choisissez des produits de l'agriculture biologique comme ces menus céréales de Mont Pilat, au rayon frais de Monoprix. Pour 14,40 F, deux galettes nourrissantes de graines et céréales. Au dessert, la marque Bjorg propose les briques de crèmes caramel, chocolat ou vanille préparées au lait de soja, à 8 F. C'est... comment dire ? Différent !

Parmi les nouveaux plats surgelés, retenez aussi le parmentier de poisson, les torsades à la bolognaise, et les macaronis sauce Alfredo, à... 10 francs chez Findus.

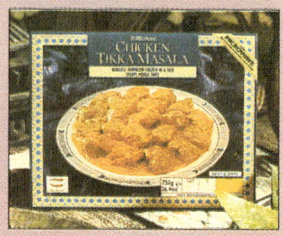

cent vingt-cinq **125**

MODULE 5 *Évasion*

Document sonore et écrit

🔊 *L'Europe et ses coutumes*

Connaissez-vous les coutumes? Voici un petit guide qui vous évitera de faire un faux pas!

1 Écoutez et lisez. Pour chaque pays, notez les coutumes.

---

1. Dans tous les pays d'Europe, si parlant de quelqu'un vous tournez l'index sur le côté de votre tempe, cela signifie: il est fou celui-là!

2. En France, le moment de vérité arrive avec le plateau de fromage. Quand pour la seconde fois on vous passe le plateau, vous ne devez pas vous resservir. Cela voudrait dire que vous n'avez pas assez mangé. (Il faut dire: Non merci, c'était délicieux!)

3. *Fini ou pas fini?*
Couverts croisés en Italie ou en Espagne signifie: 'Merci, j'ai fini', et l'assiette est enlevée.

En Allemagne, cela signifie 'J'en voudrais encore'.

Couverts parallèles en France et en Angleterre traduit 'J'ai fini'.

Le plat ne repasse pas en France si vous répondez 'Merci'. En fait, cela veut dire 'Non merci'.

4. Quels sont les pays d'Europe où l'on peut, sans honte, tremper sa tartine dans son café ou son thé? Eh bien, c'est l'Espagne et la France!

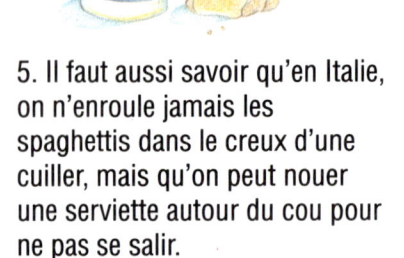

5. Il faut aussi savoir qu'en Italie, on n'enroule jamais les spaghettis dans le creux d'une cuiller, mais qu'on peut nouer une serviette autour du cou pour ne pas se salir.

6. *Les couteaux*
En France, on ne coupe jamais sa salade avec un couteau.

En Allemagne, ce sont les pommes de terre, les boulettes et les croquettes qu'on ne doit pas couper.

En Italie, ce sont les spaghettis.

En Allemagne et en Autriche, on n'ouvre jamais les œufs à la coque avec un couteau.

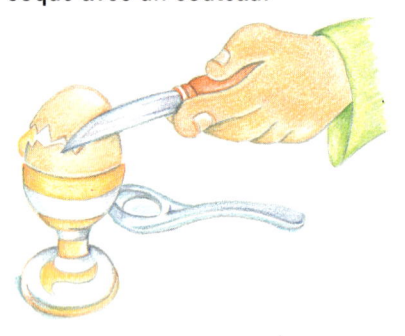

7. *Les superstitions*
Au nord de l'Europe, le sel renversé porte malheur. Pour conjurer le sort, voici le remède: trois pincées de sel jetées dérrière son épaule.

126 cent vingt-six

Évasion **MODULE 5**

2 À vous maintenant!
Faites un petit scénario. Vous devez faire un exposé sur les coutumes en Europe. Relisez 'L'Europe et ses coutumes' et présentez à votre classe votre travail.
Dites, par exemple:
En France, on ne coupe jamais sa salade avec un couteau.
Ou vous pouvez changer le texte et vos camarades doivent vérifier si c'est vrai ou faux. Puis, enregistrez votre exposé sur ordinateur ou sur cassette. Illustrez votre travail.

3 Connaissez-vous d'autres coutumes? Si oui, discutez-en avec vos camarades et dressez une liste.

Dans d'autres pays, c'est le vin ou l'huile d'olive.

Le vendredi 13 est lourd de menaces partout, sauf en Italie où c'est un jour de chance.

En Angleterre, on ne regarde pas la nouvelle lune à travers une vitre, et on tourne le pudding de Noël dans le sens des aiguilles d'une montre.

En Italie, on ne posera jamais une chaussure sur la table - cela risquerait de provoquer une dispute.

En Autriche, si lors d'un dîner vous êtes assis au coin de la table, vous aurez une méchante belle-mère!

8. *Les jours de fête*
Le 8 janvier, dans certains villages grecs, c'est la journée des femmes: les hommes font le ménage, les femmes vont au café, et tout se finit par une grande fête.

Au Luxembourg, la veille du Mardi gras, les femmes ont tous les droits.

En Islande et en Angleterre, tous les 29 février, les femmes peuvent demander un homme en mariage.

Le 1er mai en France, c'est la tradition du brin de muguet.

En Espagne, pour le réveillon du jour de l'an, au douze coups de minuit, pour un bonheur sans nuage vous devez manger douze grains de raisin. Attention! Cela doit être fait au rythme des douze coups!

En Écosse, le jour de l'an, on frappe à la porte des voisins en apportant comme cadeau du charbon. Cela porte bonheur!

Aide-Mémoire

Les superstitions

si parlant de ... *if you're talking about...*
l'index *(m) index finger*
les couverts *(m) knives and forks*
la honte *shame*
tremper *dip*
nouer *knot*
les boulettes *(f) meatballs*
les œufs *(m)* **à la coque** *boiled eggs*
renversé *spilt*
le malheur *misfortune, unhappiness*
la chance *luck*
une vitre *a window (pane)*
le sens des aiguilles d'une montre *clockwise*
une échelle *a ladder*
une belle-mère *a mother-in-law*
la veille *eve*
les grains *(m)* **de raisin** *grapes*
du charbon *coal*

cent vingt-sept **127**

MODULE 5 *Évasion*

POUR VOUS AIDER

Objectifs

Demander et dire ce que l'on pense de l'apprentissage d'une ou plusieurs langues étrangères *Ask and say what you think about learning one or more foreign languages*

Discuter des avantages de posséder deux cultures, et des expériences des enfants des pays en guerre *Discuss the advantages of belonging to two cultures, and the experiences of children in war-torn countries*

Évoquer où l'on aimerait partir si l'on vous offrait un voyage, et décrire le climat dans ce pays *Decide where you would like to go if someone offered you a trip, and describe the climate in that country*

Parrainer un pays ou une ville et décrire ce lieu *Adopt a country or town and describe it*

de la page 102 à la page 111

N'oubliez pas de nous dire combien de langues on parle dans chaque pays *Don't forget to say how many languages are spoken in each country*

Puis, programmez vos données sur ordinateur *Then key in your details on computer*

Repérez les mots que vous connaissez *Pick out the words that you know*

… pour devenir leur correspondant(e) de l'espoir *… to become their penpal of hope*

Parmi les trois phrases proposées, cochez celle qui correspond le mieux à la chanson *Of the three sentences, tick the one which best matches the song*

de la page 114 à la page 120

Complétez les phrases avec ce que vous feriez dans chaque situation *Complete the sentences saying what you would do in each situation*

… faites un petit compte-rendu par écrit *… write a short account*

Relisez les cartes postales et dites-nous quel temps il a fait *Re-read the postcards and say what the weather was like*

Utilisez des anciennes cartes postales de vacances et rénovez-les *Use old holiday postcards and recycle them*

À l'aide de ces titres d'articles de journaux, décrivez le climat *With the help of these newspaper article headlines, describe the climate*

de la page 121 à la page 125

Chacune de ces personnes a choisi de parrainer un pays ou une ville *Each of these people has chosen to adopt a country or a town*

Essayez de comprendre le sens des mots inconnus en vous aidant des photos que Véro a envoyées *Try to understand the sense of the words you don't know with the help of the photos Véro has sent*

Choisissez un pays ou une ville et faites-nous partager l'histoire magique de ce lieu *Choose a country or a town and share with us the magical story of this place*

Certains mots et expressions ont été effacés et remplacés par un 'bip' sonore *Certains words and expressions have been missed out and replaced with a 'bleep' sound*

MODULE 6
Entretiens

Objectifs

Apprendre à se présenter.

Se décrire et répondre d'une façon convaincante aux questions d'un interviewer.

Donner son avis sur les examens ou le contrôle continu.

Des jeunes ont leurs entrevues préparatoires

Voici les questions posées:

- Parlez-nous de vos années au collège... et de votre situation de famille.
- Que faites-vous actuellement?
- Comment vous décririez-vous?

MODULE 6 *Entretiens*

A *Vos années de collège ... votre situation de famille*

Écoutez et identifiez chaque personne. Donnez les renseignements suivants:

	famille	entre au collège	matière préférée	autres renseignements
Stéphanie				
Nathalie				
Laurent				
Claude				

N'écrivez pas sur cette grille

B

Écoutez encore une fois la cassette et écrivez les détails qui manquent.

1. Stéphanie

Je suis entrée ...., puis je suis allée au lycée à 15 ans. Le collège, ..., ... et j'avais .... Ma matière préférée était .... C'est toujours .... Il y a ...., c'est tout!

> ma matière préférée   c'était amusant
> beaucoup d'amis   ma mère, mon frère qui a 8 ans et moi
> au collège   l'anglais
> Ma famille n'est pas grande   à l'âge de 11 ans
> c'était bien ...

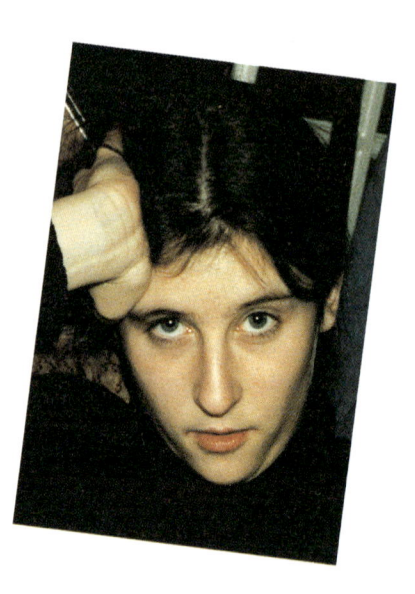

2. Nathalie

Moi, aussi .... à l'âge de 11 ans et j'avais 15 ans quand .... Ma matière préférée? .... et d'habitude ....
Dans ma famille .... Mon frère travaille chez Renault et ....

> il a 20 ans   C'est toujours l'histoire-géo
> il y a mon père, mon frère et moi
> j'ai commencé au lycée   j'ai de bonnes notes
> je suis entrée au collège   J'aime bien le prof

N'écrivez pas sur cette page

130 *cent trente*

Entretiens **MODULE 6**

3. Laurent

Moi, je suis entré au collège à l'âge de 11 ans. ……… à Trouville, très sympa. ……… avec mes parents et mes deux frères. Puis, il y a six mois ………, mon père, mes frères et moi, donc je suis nouveau-venu ici à Paris. ………, bien sûr. Je suis ……… Mais ……… Je me sens déjà bien dans ma peau!

---

je me suis fait facilement des amis
J'habitais tout près du collège   nous avons déménagé
C'était un collège mixte   C'est différent
dans un collège de garçons, assez grand et assez loin de chez moi.

---

4. Claude

Moi, j'ai commencé au collège quand j'avais 11 ans, ………, puis je suis entré au lycée à l'âge de 15 ans. ……… et je rentre à la maison ……… Comme matière, j'aime surtout les sciences – le prof est assez sympa, ……… Je n'aime pas beacoup l'anglais parce que ………!
J'ai un frère jumeau qui s'appelle Marc. ……… Ma sœur, Claudine, est ……… Elle a 13 ans. J'ai aussi une sœur aînée qui est mariée. Elle travaille comme vétérinaire. Ma grand-mère habite chez nous. ………

---

en cinquième   Il est dans la même classe que moi
comme tout le monde   un peu sévère quelquefois
Nous sommes donc six à la maison
le week-end   le prof donne énormément de devoirs
Je suis pensionnaire

---

2 Écoutez encore une fois les entrevues. Prenez la parole.

À l'aide de la grille (Activité A), donnez le profil de Stéphanie, Nathalie, Laurent et Claude. *Exemple:*

Dans la famille de Stéphanie, il y a ...
Elle est entrée au collège à l'âge de ...
Sa matière préférée est ...
Elle avait ...

N'écrivez pas sur cette page

Aide-Mémoire

de bonnes notes *good marks*
un nouveau-venu *a newcomer*
Je me sens bien dans ma peau *I feel great, settled*
se faire des amis *make friends*
déménager *move house*
pensionnaire *boarder*
un frère jumeau *a twin brother*
une sœur aînée *an elder sister*

J'habite à ... depuis ... *I've lived in ... for ...*
nombreux/-euse *big*
remarié(e) *remarried*
mon demi-frère *my stepbrother*
s'entendre bien *get on well*
se débrouiller *get by*
doué(e) *gifted, talented*
il n'y a que ... *there's only*

cent trente et un **131**

MODULE 6 *Entretiens*

C

1 Écoutez et lisez ces lettres. Répondez aux questions en inscrivant dans la case la première lettre du prénom de l'ado approprié.

1. Qui est au collège depuis 5 ans?
2. Qui aime avoir beaucoup de camarades à l'école?
3. Qui a deux sœurs et un frère?
4. Qui aime bien les maths?
5. Qui n'est pas très forte en langues?
6. Qui fait partie d'une équipe de sport dans sa ville?

2 Choisissez des phrases parmi les lettres pour décrire votre situation de famille et vos années de collège. N'oubliez pas de vous présenter:

- Où habitez-vous?
- Vous entendez-vous bien avec vos frères et vos sœurs?
- Parlez des matières que vous aimez, que vous n'aimez pas ou n'aimez plus.
- Pratiquez-vous un sport? Lequel?
- Faites-vous partie d'un club? Si oui, lequel?

Maintenant, travaillez avec un(e) camarade. Comparez vos notes et ajoutez d'autres détails.

---

1. Salut!
Je m'appelle Cyril. J'habite à Dijon depuis quatre ans, donc je suis entré au collège Charles de Gaulle à l'âge de 12 ans. Ma matière préférée, c'est les maths. Nous faisons aussi science physique, histoire-géo, anglais et musique ... J'adore le sport – le football est mon sport préféré.
Ma famille est très nombreuse. Mes parents sont divorcés. Mon père s'est remarié et il a eu un fils vec sa nouvelle femme. Il s'appelle Olivier et il a quatre ans. C'est mon demi-frère. Avant de divorcer, mes parents ont eu trois enfants: Nathalie, Mélanie et Cyril (c'est moi!). On se dispute de temps en temps, mais en général on s'entend très bien. Voici mes deux sœurs sur la photo.

Bisous,

2. Bonjour! Je suis au lycée Jules Ferry depuis un an. J'aime bien les matières scientifiques, mais je me débrouille assez bien en anglais, en français et en musique. Je joue du jazz! Je fais partie de l'équipe de rugby. J'aime bien les sports d'équipe mais on ne peut pas tout faire!

Nous sommes six à la maison: Jules, mon petit frère qui a douze ans et qui va au collège; ma sœur Catherine, qui vient de commencer son travail de chauffeur de taxi; ma grand-mère, qui a 89 ans; et puis il y a ma mère, mon père et moi.
Amicalement, Frédéric

3. Salut! Moi, je suis au Collège Jules Verne depuis cinq ans. Je ne suis pas très douée en langues, mais en maths et en science physique ça va! J'aime bien l'anglais mais je trouve ça assez difficile. Au collège, j'ai beaucoup de copains et on s'amuse bien ensemble. Mon passe-temps préféré, c'est de jouer aux échecs. Je fais partie d'un club d'échecs et on joue tous les mercredis. Ma famille n'est pas grande. Moi, je suis fille unique et chez nous il n'y a que ma mère et moi. C'est pour ça que j'aime bien avoir beaucoup d'amies à l'école!
A bientôt   Karina

Entretiens **MODULE 6**

D *Un peu d'oral!*

1 Travail à deux. Suivez le modèle. Partenaire A joue le rôle de l'interviewer. Puis, changez de rôle!

Partenaire A

Vous êtes au collège Langdale depuis quand?

Comment trouvez-vous la vie au collège?

Et votre situation de famille avez-vous des frères ou des sœurs, par exemple?

Partenaire B

J'y suis depuis … ans.

En général, je m'amuse bien.

J'ai beaucoup d'ami(e)s.

Au collège, j'ai beaucoup de copains et on s'amuse bien ensemble.

J'aime bien les matières scientifiques – mais je me débrouille bien en … aussi.

Nous faisons aussi histoire-géo, anglais et musique …

Je ne suis pas très doué(e) en … , mais en …

Je fais partie de l'équipe de rugby. J'aime bien les sports d'équipe … mais on ne peut pas tout faire!

Oui, j'ai …
J'ai un frère qui s'appelle …

Mon frère aîné s'appelle …
Ma sœur aînée s'appelle …

Il/Elle a … [*âge*]

Je suis le cadet/la cadette/le petit dernier/la petite dernière.

Mon frère/ma sœur travaille …

Il est grand/petit; Elle est grande/petite, etc.

On se dispute de temps en temps, mais en général on s'entend très bien.

On s'entend très bien la plupart du temps.

Je suis fils/fille unique.

Chez nous il n'y a que mon père, ma mère et moi.

cent trente-trois **133**

MODULE 6 *Entretiens*

2 Maintenant, écrivez une description personnelle. Ne mettez pas votre nom. Donnez vos descriptions au professeur qui doit les distribuer. La classe doit deviner qui est chaque personne. Quand vous avez deviné, rédigez le profil de votre camarade.

Exemple:

Elle s'appelle . . .
Elle a quatorze ans.
Elle est assez petite.
Elle a les cheveux châtain et les yeux gris.

E Que font-ils actuellement?

Que font-ils pendant leurs heures libres?

1 Écoutez ces gens. Ils décrivent ce qu'ils font pendant leurs heures libres.
Avec un(e) ou deux partenaires, à l'aide des dessins et de la cassette, rédigez des notes sur chaque personne. Comparez vos résultats et ajoutez des détails si nécessaire. Regardez l'exemple pour vous aider:

```
NOTES       Laurent
            essaie de sortir
            doit s'occuper de son petit frère
            va au cinéma (pas très souvent)
            sait jouer de la guitare

PARAGRAPHE  Laurent est bien occupé par son
            travail au collège.
            Il doit également s'occuper de
            son petit frère quand il rentre à
            la maison. Il essaie quand même
            de sortir.
            Il va au cinéma avec ses copains,
            mais pas très souvent.
```

1.

LAURENT

Je m'occupe de mon petit frère.

LAURENT

J'aime sortir . . . je vais au cinéma.

2.

MADELEINE ET SOPHIE

Nous jouons au tennis.

MADELEINE ET SOPHIE

Nous allons au café.

134 *cent trente-quatre*

Entretiens **MODULE 6**

3.

J'aime discuter.

Je prends des cours d'arabe.

4.

J'aime bricoler.

Je sais changer les pneus.

5.

Je prépare mes examens.

Pour me relaxer j'écoute des cassettes.

6.

On s'entraîne – lui à la batterie, moi au saxo!

Nous ne savons pas encore jouer de la guitare . . .

2 Voici des phrases qui résument ce que ces jeunes font pendant leurs heures libres. Cochez ce qui est vrai pour vous.

- Je m'occupe de mon petit frère ☐
- Je vais au cinéma ☐
- Je fais du sport ☐
- Je vais au café avec mes ami(e)s ☐
- Je discute avec des copains ☐
- Je bricole ☐
- Je m'occupe de ma bicyclette ☐
- Je fais des répétitions ☐
- Je joue d'un instrument ☐
- Je me détends après les devoirs ☐
- Je regarde un peu la télé et j'écoute de la musique le soir ☐
- Avec des copains nous faisons un peu de sport ☐
- Nous jouons aux jeux de société (aux échecs, par exemple) ☐

N'écrivez pas sur cette page

Aide-Mémoire

J'essaie de I try to
un choix a choice
Je m'occupe de I look after
Je bricole I do odd jobs
On s'entraîne We practise
des répétitions (f) rehearsals

cent trente-cinq **135**

MODULE 6 *Entretiens*

F Révision: train-train quotidien

Rédigez une lettre. Présentez-vous, puis parlez de ce que vous faites en général et quand vous avez du temps libre. Suivez le modèle. Ajoutez vos détails!

Cher/Chère …
 Je m'appelle …
J'ai … ans. J'habite …
Je suis au collège depuis … Je suis en …
 En général, je me lève tous les jours à … Au petit déjeuner je prends … J'arrive au collège à … Je déjeune … Les cours finissent à … Le soir, je … Quelquefois je … Je dîne vers … Je me couche à …
 Pendant mes heures libres, je …

*f*LASH-GRAMMAIRE

SAVOIR + INFINITIVE; **POUVOIR** + INFINITIVE

Savoir and **pouvoir** are used to describe what you can do. **Savoir** is used to translate 'to know how to' and **pouvoir** is used to translate 'to be able to' (i.e. if circumstances allow). They are both followed by the *infinitive*. For example:

Bien sûr elle **sait nager**! Mais en ce moment elle ne **peut** pas – elle a oublié son maillot de bain! *Of course she **knows how to** swim. But at the moment she **can't** – she's forgotten her bathing costume!*

Je **sais** jouer du piano, mais je ne **peux** pas parce que j'ai le bras cassé! *I **know how to** play the piano, but I **can't** because I've got a broken arm!*

Attention! **Savoir** and **pouvoir** are irregular verbs. Here they are in full:

je sais	je peux
tu sais	tu peux
il sait	il peut
elle sait	elle peut
nous savons	nous pouvons
vous savez	vous pouvez
ils savent	ils peuvent
elles savent	elles peuvent

Entraînement

1. Lisez ces phrases et remplissez les blancs:
   a Bien sûr je …… danser, mais en ce moment je ne …… pas, car j'ai la jambe cassée.
   b Il …… bien jouer de la flûte, mais il ne …… pas jouer au concert parce qu'il a laissé son instrument chez ses grands-parents.
   c Nous …… faire du ski, mais on ne …… pas en ce moment – il n'y a pas de neige.

Relisez les notes dans Activité E. Écrivez cinq choses que vous savez faire.
Exemple: Je sais jouer au tennis.

Puis, donnez une excuse. *Exemple:*
Je sais jouer au tennis, mais je ne peux pas en ce moment – ma raquette est cassée.

N'écrivez pas sur cette page

Entretiens **MODULE 6**

G *Savez-vous vous décrire?*

À vous maintenant!
C'est le jour de votre entrevue. Prenez les rôles de l'interviewer et du candidat. Travaillez avec un(e) camarade.
On vous pose la question suivante: *Comment vous décririez-vous?*
À l'aide de ce petit guide pratique 'Technique de présentation', présentez-vous.

> Comment vous décririez-vous?
> Quelles sont vos principales qualités ou principaux défauts? Quels sont vos traits de caractère?
> Que savez-vous faire?

GUIDE PRATIQUE

Écoutez et lisez. Puis faites une liste des mots et des phrases qui vous seront utiles, ou soulignez les mots et les phrases qui vous aideront à vous présenter.

1.
> Si je devais me décrire, je dirais que je suis une fille généreuse, patiente avec les autres, organisée dans mes affaires, assez intelligente, jalouse, sympathique et souriante. Je sais être à l'écoute des autres, je sais prendre des décisions, je suis serviable et active. J'aime bien les matières scientifiques et je sais me servir d'un ordinateur. Par contre, je ne sais pas jouer d'un instrument, mais après mes examens je vais commencer des cours de piano au collège.

Stéphanie

2.
> assez timide
> trop gentil quelquefois avec les autres
> je dirais que je suis quelqu'un de sérieux
> craintif
> prévoyant
> assez travailleur
> j'ai un esprit logique ... je sais jouer aux échecs
> ponctuel, serviable ... je sais rendre service ... je rends visite à une vieille dame une fois par semaine et j'achète ses provisions.

Laurent

cent trente-sept **137**

MODULE 6 *Entretiens*

3.

> Ce que je vais dire:
> Je suis plutôt dynamique, honnête, sympathique, modeste, assez entreprenant, travailleur, franc et presque toujours optimiste. Je suis plutôt débrouillard, efficace. D'habitude, on peut compter sur moi! Je sais faire beaucoup de choses. Côté sportif, je sais bien nager. Par exemple, tous les samedis, j'aide le maître nageur à surveiller le club des canards.

Cyril

4.

> Je suis bavarde ... coléreuse parfois ... assez intelligente ... sociable. Je suis débrouillarde.
> Je sais peindre. Je m'entends assez bien avec tout le monde. Je travaille le dimanche dans un musée d'aviation. J'aide les gens à restaurer de vieux avions de la deuxième guerre mondiale.

Karine

Vous avez souligné les traits essentiels de Stéphanie, Laurent, Cyril et Karine? À vous maintenant! Présentez-vous. Ne soyez pas modeste. Parlez de vos talents. Quand vous avez une entrevue, c'est important d'être positif/positive!

Aide-Mémoire

Si je devais ... *If I had to ...*
Je dirais *I would say*
jaloux, jalouse *jealous*
souriant(e) *cheerful, smiling*
être à l'écoute de *pay attention to*
serviable *willing to help*
se servir de *use*
craintif, craintive *fearful, apprehensive*
prévoyant(e) *forward-looking*
jouer aux échecs *play chess*

entreprenant(e) *enterprising*
débrouillard(e) *resourceful*
efficace *efficient*
compter sur *count on*
le maître nageur *swimming instructor*
surveiller *supervise*
coléreux/-euse *quick-tempered*
peindre *paint*
la deuxième guerre mondiale *second world war*

les premiers secours (m) *first aid*
ce que je veux *what I want*
conduire *drive*

Entretiens MODULE 6

Entraînement

Apprenez à vous présenter ou à présenter votre ami(e)!

Je suis quelqu'un de . . .
Il/Elle est quelqu'un de . . .
J'ai un esprit . . .
Je suis plutôt . . .

J'ai . . .
Il/Elle a . . .

Je suis assez . . .
Il/Elle est assez . . .

J'aime travailler

Je sais/Je ne sais pas . . .
Il/Elle sait/ne sait pas . . .

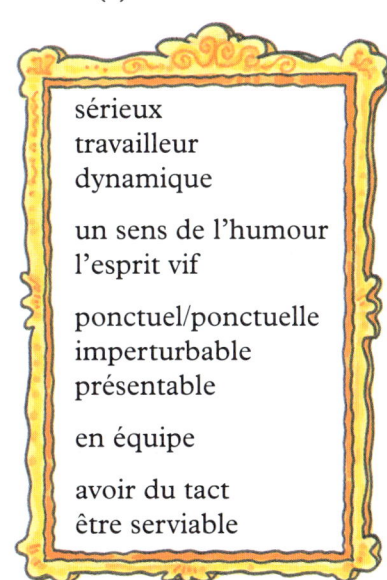

> sérieux
> travailleur
> dynamique
>
> un sens de l'humour
> l'esprit vif
>
> ponctuel/ponctuelle
> imperturbable
> présentable
>
> en équipe
>
> avoir du tact
> être serviable

H On sait ou on ne sait pas!

Regardez ces notes. Cochez ce que vous savez ou ne savez pas faire:

- Je sais parler plusieurs langues
- Je sais m'occuper de mes frères et sœurs
- Je sais jouer d'un instrument
- Je sais un peu cuisiner
- Je sais me servir d'un ordinateur
- Je sais donner les premiers secours
- Je sais assez bien choisir mes vêtements
- Je sais prendre des décisions
- Je sais ce que je veux

- Je ne sais pas encore conduire une voiture
- Je ne sais pas jouer d'un instrument
- Je ne sais pas préparer des repas
- Je ne sais pas organiser mon travail
- Je ne sais pas réviser à temps pour mes examens . . .

Maintenant, écoutez ces jeunes et notez ce qu'ils savent et ne savent pas faire.

1. Mélanie ......
2. Xavier ......
3. Yolande ......
4. Rémi ......
5. Hélène ......
6. Kiem ......

cent trente-neuf **139**

MODULE 6 *Entretiens*

De vrais interviews...

Charles se fait interviewer par le gérant d'un hôtel à Lyon. Il aimerait travailler dans l'administration d'un grand hôtel. Le poste exige des connaissances d'informatique et une compétence linguistique. Le candidat doit aimer le contact humain et être capable de communiquer.

1 Écoutez et répondez aux questions suivantes:

1. Charles est au collège depuis quand?
2. Quelles sont ses matières préférées?
3. Quelle(s) langue(s) parle-t-il?
4. Quel métier cherche-t-il?

Commentaire

Interviewer: Depuis quand êtes-vous au collège?
Charles: J'y suis depuis quatre ans.
Interviewer: Quelles matières étudiez-vous?
Charles: Je fais du français, des maths, de l'histoire-géographie, de la physique-chimie, de l'anglais, de l'EPS, de l'allemand, et de la TSA.
Interviewer: Qu'est-ce que la TSA?
Charles: La technologie des systèmes automatisés.

a Pourrait développer le sujet un peu plus.

Interviewer: Depuis quand vous intéressez-vous à cela?
Charles: Depuis un an.
Interviewer: Et les maths? Avez-vous de bons résultats?
Charles: Oui, j'en ai quelquefois.

b Pourrait dire si c'est sa matière préférée, ou parler de l'importance des maths.

Interviewer: Et en anglais?
Charles: Assez bien, je crois!

c Pourrait expliquer ce qu'il sait dire/écrire en anglais.

Interviewer: Depuis quand apprenez-vous l'anglais?
Charles: Depuis cinq ans.
Interviewer: Et vous avez un bon niveau en allemand?
Charles: Moins bon, mais je me débrouille quand même assez bien.

d Pourrait préciser ses points forts.

Interviewer: Alors, vous voulez devenir hôtelier, n'est-ce pas? Pourquoi?
Charles: J'aime rencontrer les gens et parler anglais et allemand, et, euh, je crois que j'aimerais travailler avec tout le personnel – dans l'administration, le restaurant, la cuisine...

e Bonne réponse: il prouve qu'il aime communiquer.

140 *cent quarante*

Entretiens **MODULE 6**

2 Parcourez les commentaires de l'interviewer.
À vous de juger si Charles donne de bonnes réponses aux questions de l'interviewer.

	Oui	Non
Commentaire **a**: Êtes-vous d'accord?		
Commentaire **b**: Êtes-vous d'accord?		
Commentaire **c**: Êtes-vous d'accord?		
Commentaire **d**: Êtes-vous d'accord?		
Commentaire **e**: Êtes-vous d'accord?		

N'écrivez pas sur cette grille

A*ide-M*émoire

J'y suis depuis... *I've been there for...*
le personnel *staff*
un programme chargé *a busy timetable*
faire des expériences *(f) carry out experiments*
le niveau *standard*
avoir du mal à... *have trouble...*
les chèvres *(m) goats*

Est-ce que vous donneriez le poste à Charles? Oui ou non?

J

1 Écoutez une interview avec Annie. Elle aimerait travailler dans une ferme. Elle se fait interviewer par Monsieur Duhamel. Il cherche une jeune personne pour travailler dans sa ferme, qui pourrait éventuellement l'aider au bureau. Lisez la page 142. Faites correspondre chaque commentaire à la bonne partie de l'interview.

cent quarante et un **141**

MODULE 6 *Entretiens*

Commentaire

M. Duhamel:	Depuis quand êtes-vous au lycée de Billancourt?	
Annie:	J'y suis depuis un an.	
M. Duhamel:	Quelles matières étudiez-vous?	
Annie:	Je fais du français, des maths, de l'histoire-géographie, de la physique-chimie, des sciences, de l'anglais et de l'EPS. Comme je suis dans un lycée agricole, je fais aussi des sciences biologiques et agricoles. Comme vous pouvez voir, j'ai un programme chargé, mais ça m'intéresse!	**1**
M. Duhamel:	Quelle est votre matière préférée?	
Annie:	Les sciences. J'adore faire des expériences.	
M. Duhamel:	Quel est votre niveau en anglais?	
Annie:	Pas très fort! Je comprends ce que dit le professeur et j'aime bien lire pour mon plaisir. Mais j'ai du mal à écrire, par exemple.	**2**
M. Duhamel:	Depuis quand apprenez-vous cette langue?	
Annie:	Depuis cinq ans. Mais je ne parle pas beaucoup en classe.	**3**
M. Duhamel:	Vous avez choisi de travailler dans l'agriculture. Pourquoi?	
Annie:	J'aime bien travailler avec les animaux... Mon oncle a une ferme et je l'aide pendant les vacances depuis cinq ans.	**4**
M. Duhamel:	Quel aspect vous intéresse le plus?	
Annie:	J'aime travailler avec les chèvres et je m'intéresse à la fabrication du fromage. De plus, j'aime bien l'organisation... c'est ce qu'on fait au lycée en ce moment.	

a Pourrait ajouter ce qu'elle *sait* faire pour changer un aspect négatif en un aspect positif.

b Bon point: même si elle ne développe pas beaucoup, elle précise ses matières.

c Bonne réponse: elle montre qu'elle est capable de parler d'elle et de ses intérêts.

d Réponse honnête: elle analyse clairement sa situation.

Entretiens MODULE 6

2 Êtes-vous d'accord avec les commentaires de M. Duhamel? Est-ce que vous donneriez le poste à Annie? Oui ou non? Pourquoi? Voici des idées pour vous aider à donner votre opinion:

✓

Je donnerais le poste à Annie . . .
– parce qu'elle analyse clairement sa situation.
– parce qu'elle donne des réponses honnêtes.
– parce qu'elle sait parler de ses intérêts.

✗

Je ne donnerais pas le poste à Annie . . .
– parce qu'elle n'analyse pas clairement sa situation.
– parce qu'elle ne sait pas communiquer.
– parce qu'elle ne sait pas parler de ses intérêts.
– parce qu'elle est trop vague sur sa situation.

*f*LASH-GRAMMAIRE

RAPPEL: DEPUIS

To describe how long you have been doing something, you use the *present tense* followed by **depuis**. For example:

J'habite à Paris **depuis** cinq ans. *I've lived in Paris for five years.*
Elles jouent de la trompette **depuis** deux mois. *They've been playing the trumpet for two months.*

*E*ntraînement

Interviewez votre partenaire. Posez des questions. Suivez le modèle:

Partenaire A Que faites-vous comme sport?
Partenaire B Je joue au rugby.
Partenaire A **Depuis quand** jouez-vous au rugby?
Partenaire B Je joue au rugby **depuis** quatre ans.

Voici quelques questions pour vous aider. Faites correspondre les questions aux bonnes réponses!

A
Depuis quand collectionnez-vous ......?
Depuis quand y habitez-vous?
Depuis quand apprenez vous ......?
Depuis quand étudiez-vous ......?
Depuis quand joues-tu du piano?

B
Je joues du piano depuis ......
J'apprends l'allemand depuis ......
Je collectionne les cartes postales depuis des années!
J'étudie les sciences naturelles depuis ......
J'y habite depuis ......

cent quarante-trois **143**

MODULE 6 *Entretiens*

*f*LASH-GRAMMAIRE

Y = THERE
Attention!
If you are answering a question about a place in an interview, instead of repeating the name of the place you can replace it with **y**. The pronoun **y** means *there* and is used to replace the expressions:
à + *place* and **en** + *country*. For example:

J'habite à Grenoble. J'**y** habite depuis trois ans.   *I live in Grenoble. I've lived **there** for three years.*
Je suis toujours au collège. J'**y** suis depuis cinq ans.   *I'm still at school. I've been **there** for five years.*
J'habite au Canada. J'**y** habite depuis dix ans.   *I live in Canada. I've lived **there** for ten years.*

Remember that **y** normally goes before the verb.

Entraînement

Remplacez les phrases soulignées avec **y**. N'oubliez pas de mettre **y** avant le verbe!
Exemple: J'**y** habite depuis huit mois.

1. Je suis <u>au collège Louis Pasteur</u> depuis deux ans.
2. J'habite <u>à Montpellier</u> depuis six mois.
3. Je suis allé en vacances <u>à Nice</u> l'année dernière.
4. Ma meilleure amie habite <u>à Lyon</u> depuis un an.
5. Je ne suis jamais allée <u>en Espagne</u>.

K

À vous de jouer! Simulez une entrevue.
Partenaire A pose les questions suivantes.
Partenaire B répond.

- Depuis quand êtes-vous au lycée?
- Quelles matières étudiez-vous?
- Avez-vous une matière préférée?
- Depuis quand vous intéressez-vous à cette matière?
- Et les maths? Cela vous intéresse?
- Et en français, êtes-vous assez fort/forte?
- Vous avez un bon niveau dans une autre langue?
- Quel métier avez-vous choisi?
- Pourquoi?

Changez de rôle.

Coin lecture

1 Comment préparer un interview:

- confirme l'entretien par écrit
- relis ton CV et prépare tes réponses aux questions possibles
- fais une petite enquête sur la société, l'employeur: prends le maximum de renseignements
- 'Look' simple, propre, adapté à ta personnalité: pense à l'effet que fera ton apparence
- parle de tes passions, de tes hobbies – montre que tu es dynamique
- montre que tu t'intéresses à la société, à l'emploi . . .

Étudiez ces conseils et répondez aux questions en cochant la case: vrai ou faux.

Entretiens **MODULE 6**

	Vrai	Faux
1. Tu dois confirmer l'entretien en téléphonant.		
2. Tu dois vérifier ton CV.		
3. Tu ne dois pas prendre de renseignements sur la société.		
4. Tu dois adopter un 'look' sobre, adapté à ta personnalité.		
5. Tu dois montrer que tu es sociable.		
6. Tu ne dois pas trop montrer ton enthousiasme pour la société.		

N'écrivez pas sur cette grille

2

Mets tous les ATOUTS de ton côté

la boîte à Job

Pendant l'entretien... confiance, assurance et franchise

Tu as le trac, c'est tout à fait normal! Dis tout ce qui peut montrer ton aptitude à faire partie d'une équipe. Si tu as été, par exemple, animatrice en colonies de vacances, dis-le. Si tu fais partie d'un club sportif, n'oublie pas d'en parler. Les qualités que le sport développe ont très bonne presse chez les employeurs.

Ton seul objectif pendant l'entretien sera de toujours paraître à ton avantage.

Prévois toujours un temps de transport suffisant pour être à l'heure. Et si tu arrives tout de même trop tôt, fais alors tranquillement le tour de la maison en respirant à fond, cela te calmera les nerfs! Bonne chance! ■

CONSEIL

● N'oublie pas de sourire pendant l'entretien (sans forcer évidemment!). C'est un atout gagnant.

Lisez cet article, puis répondez aux questions en français.

1. Que doit-on dire pendant un entretien?
2. Que pensent les employeurs du sport?
3. Quel doit être votre seul objectif?
4. Quels sont les conseils donnés à la fin de cet article?
5. Après avoir lu cet article, quels conseils pourriez-vous donner à un(e) ami(e)? Donnez-les, soit oralement, soit par écrit.

cent quarante-cinq **145**

MODULE 6 *Entretiens*

3

Quelles règles d'or vous sont données pour décrocher un job? Donnez-en au moins quatre.

LES REGLES D'OR POUR DECROCHER UN JOB

- Ne fais pas de fautes d'orthographe si tu déposes une annonce chez les commerçants.
- Arrive à l'heure à ton rendez-vous. C'est la moindre des corrections !
- Soigne ta présentation : d'accord, c'est les vacances, mais laisse ton vieux jean au placard... au moins pour le premier contact !
- Donne une poignée de main franche.
- Arbore un air enjoué et volontaire. Si tu bafouilles sans arrêt, il ne te sera pas confié de responsabilités.

Aide-Mémoire

une enquête *survey, enquiry*
propre *clean, tidy*

les atouts (m) *trump cards, advantages*
Tu as le trac *You're nervous*
montrer *show*
faire partie d'une équipe *be part of a team*
paraître *appear*
à fond *deeply*
les nerfs (m) *nerves*

décrocher *get, land (a job)*
des fautes (f) **d'orthographe** *spelling mistakes*
les commerçants (m) *shopkeepers*
à l'heure *on time*
soigner *take care of*
une poignée de main *a handshake*
enjoué *light*
bafouiller *babble, stammer*

Le baromètre: examens ou contrôle continu?

Préférez-vous les examens ou le contrôle continu?

Le pour et le contre

1 Lisez et écoutez ces quatre jeunes. Qu'est-ce qu'ils en pensent? Notez dans la grille les idées essentielles.

1. Philippe

Moi, les examens ne me dérangent pas. Il me semble que c'est une façon de tester telle ou telle connaissance. Mais ce n'est pas ce que je préfère. Je pense que c'est mieux de travailler tous les jours. Comme ça, les résultats sont plus justes.

2. Marie

Je préfère le contrôle continu. Les examens, ce n'est pas juste. On passe des semaines à réviser et toc! on échoue. Je viens de passer mes examens blancs. J'ai eu la trouille, je ne pouvais pas me concentrer, donc je n'ai pas obtenu de bons résultats. Non, le contrôle continu, c'est plus juste.

146 *cent quarante-six*

Entretiens **MODULE 6**

2 Travaillez avec un(e) partenaire. Relisez les textes ou réécoutez la cassette. Faites une liste des avantages et des inconvénients des examens et une liste des avantages et des inconvénients du contrôle continu.

Selon vous, quels sont les mots et les expressions clés dans les quatre textes? Dressez une liste.
Voici deux exemples:

Examens	
inconvénient	c'est une question de chance
Contrôle continu	
avantage	dose le travail

Avec qui êtes-vous d'accord? Avec Philippe, Marie, Paul ou Delphine? Pourquoi?

3. Paul

Le contrôle continu, je n'aime pas trop. Je préfère bosser pendant un mois et puis, voilà – c'est le jour de l'examen! Travailler tous les soirs, c'est la galère. Les contrôles, c'est ennuyeux – c'est pire que les examens. On s'angoisse nuit et jour.

4. Delphine

Je sais que c'est important de se préparer pour les examens, mais moi, c'est l'angoisse. Je passe des nuits blanches une semaine avant. Ce n'est pas une vie! On peut être très fort en telle ou telle matière. Le jour de l'examen, on a mal à la tête, paf!, et zéro, on échoue. D'après moi, les examens, c'est une question de chance.

Philippe	Marie	Paul	Delphine

N'écrivez pas sur cette grille

Aide-Mémoire

- **... ne me dérangent pas** ... *don't bother me*
- **la connaissance** *knowledge*
- **échouer** *fail*
- **Je viens de passer ...** *I've just sat ...*
- **J'ai eu la trouille** *I was in a state*
- **bosser** *work hard, swot*
- **des nuits** (f) **blanches** *sleepless nights*
- **doser** *measure out*
- **étaler** *spread out*

MODULE 6 *Entretiens*

ƒLASH-GRAMMAIRE

HOW TO SAY WHAT'S BEST AND WHAT'S WORST

To say what's better or best, you use **mieux**. For example:

Je pense que c'est **mieux** de passer des examens.   *I think it's better to take exams.*
Le **mieux** c'est de bosser pendant un mois.   *The best thing is to work hard for a month.*

To say what's worse or worst, you use **pire**. For example:

Le **pire** c'est d'échouer aux examens.   *The worst thing is to fail exams.*
À mon avis ce qui est **pire** c'est de travailler tous les jours.   *In my opinion, it's worse to work every day.*

Entraînement

Examens ou contrôle continu? Complétez les phrases:

– Le mieux c'est de ......
– Je pense que c'est mieux de ......

– Le pire c'est de ......
– À mon avis, ce qui est pire c'est de ......

Comparez vos opinions avec celles de votre partenaire.

M Le temps des examens

Prenez la parole. Répondez aux questions suivantes:

1. Dans votre collège, passez-vous des examens régulièrement?
2. Dans quelles matières?
3. Comment vous organisez-vous?
4. Après vos examens, qu'allez-vous faire? Allez-vous continuer vos études?
5. Si oui, qu'allez-vous étudier et où?
6. Si non, allez-vous travailler? Que voulez-vous faire?

Exemple: 3. J'étale mon travail sur une semaine. Je fais mon bilan régulièrement.

LES VEDETTES ET LEURS EXPÉRIENCES AU LYCÉE

MC SOLAAR

"J'ai été tenté de quitter le lycée en seconde..."

«Au lycée, aux devoirs, j'avais de bonnes notes sans connaissance logique. Je pigeais l'idée générale, la tournure d'esprit... en fait, j'étais curieux et je possédais une grande mémoire. Pourtant je ne m'intéressais guère à l'école et j'ai même voulu quitter le lycée en seconde, mais ma mère m'a persuadé de passer mon bac. Cela peut paraître bizarre, mais je n'aimais pas le français jusqu'en seconde, et c'est cette année-là que j'ai eu un prof providentiel qui racontait la littérature avec des anecdotes. Il m'a ainsi ouvert les chemins de la poésie... La veille de ses cours, je lisais scrupuleusement mon bouquin, je me faisais des fiches de lecture. En première et terminale, j'allais hanter la bibliothèque de Beaubourg et dévorais livre sur livre... Beaubourg devint ainsi ma seconde école. Mes profs avaient pour nom Queneau, Pérec, Gainsbourg. Puis je me suis inscrit à la fac de langues (anglais et russe) que j'ai abandonnée pour plonger dans l'"underground" du rap des banlieues parisiennes. En 1989, la révolution du rap s'est mise en travers de mes études...»

148 *cent quarante-huit*

Entretiens **MODULE 6**

Aide-Mémoire

piger *realise, twig*
posséder *have*
les chemins (m) *paths*
la veille *day before*
hanter *haunt*

une épreuve *a test*
véritable *real*
déchiffrer *make out, decode*
Je me suis dirigé vers *I aimed for*
flipper *worry, 'freak out'*
agir *act*
émotif, émotive *emotional*
lourdes à franchir *hard to overcome*
guérir *heal*
des sueurs froides (f) *cold sweats*

*f*LASH-GRAMMAIRE

TEL, TELLE, TELS, TELLES

To say 'such and such', you use **tel**, **telle**, **tels**, or **telles**. For example:

Si tu aimes **telle** ou **telle** matière, tu bosseras pour les examens. *If you like such and such a subject, you will work hard for the exams.*

Use **tel** for a masculine singular word, **telle** for a feminine singular word, **tels** for a masculine plural word, and **telles** for a feminine plural word.

ANNIE
"J'ai déjà le trac pour fin juin..."

«Pour moi, c'est tout neuf, car je viens de passer mon brevet blanc. En deux jours, trois épreuves écrites : français, maths et histoire/géo. C'est pas si simple, et j'ai déjà le trac pour fin juin. Ce sera le premier véritable examen de ma vie. Un petit bac quoi ! (Sourire.) Le plus dur, je crois, a été de m'organiser pour les révisions, car j'ai plutôt tendance à être désordonnée dans ma tête. J'ai fait des tas de fiches pour toutes les matières, mais je suis sûre que personne ne serait capable de les déchiffrer ! L'essentiel, c'est que je m'y retrouve... Sinon, c'est bizarre, mais à l'épreuve d'histoire où on nous demandait quelle était l'année de l'appel du Général de Gaulle, tout le monde a répondu 1944. Pourtant c'était en 1940. Bizarre, vraiment bizarre... La même réponse sur toutes les copies... (Sourire.)»

DANY BRILLANT
"Je me sentais mal à la fac..."

«À l'école, j'étais bon en mathématiques et en musique, mais nul en géographie et en allemand. C'est certainement ce qui explique pourquoi, après un bac C, je me suis dirigé vers des études de médecine. J'étais parti pour au moins sept ans d'études et puis j'ai décidé de basculer... À la fac, je me sentais mal face à des jeunes disciplinés qui n'avaient aucune fantaisie et qui flippaient pour les examens. De plus, ils s'entraînaient à se battre pour réussir. Ça m'a fait très peur. Et comme mon plus grand défaut est l'impulsivité, je ne prends pas le temps de réfléchir avant d'agir. Je suis trop impatient. Alors je me suis enfui ! Je suis émotif et timide, aussi je ne me sens bien avec les gens que lorsque les barrières tombent. À la fac, cette année-là, les barricades étaient lourdes à franchir. Après deux ans d'études de médecine, j'ai décidé de guérir des cœurs avec des chansons d'amour. Et si les examens ne me donnaient pas vraiment des sueurs froides, je crois que j'ai perdu la tête dès que j'ai revu Suzette...»

cent quarante-neuf **149**

MODULE 6 *Entretiens*

POUR VOUS AIDER

Objectifs

Apprendre à se présenter   *Learn to present yourself*
Se décrire et répondre d'une façon convaincante aux questions d'un interviewer   *Describe yourself and answer an interviewer's questions convincingly*
Donner son avis sur les examens ou le contrôle continu   *Give your opinion on exams or continuous assessment*

de la page 130 à la page 139

Donnez les renseignements suivants   *Give the following details*
... pour décrire votre situation de famille et vos années de collège   *... to describe your family situation and your school years*
Comparez vos notes et ajoutez d'autres détails   *Compare notes and add any other details*
Que font-ils pendant leurs heures libres?   *What do they do in their free time?*
... puis parlez de ce que vous faites en général ...   *... then talk about what you do in general ...*

Comment vous décririez-vous?   *How would you describe yourself?*
Cochez ce que vous savez ou ne savez pas faire   *Tick what you know or don't know how to do*

de la page 140 à la page 146

Charles se fait interviewer par le gérant d'un hôtel   *Charles is being interviewed by the manager of a hotel*
Le poste exige des connaissances d'informatique et une compétence linguistique   *The position requires knowledge of computers and language skills*
Parcourez les commentaires de l'interviewer   *Look through the interviewer's comments*
Est-ce que vous donneriez le poste à Charles?   *Would you give Charles the job?*
Faites correspondre chaque commentaire à la bonne partie de l'interview   *Match up each comment with the right part of the interview*
Préférez-vous les examens ou le contrôle continu?   *Do you prefer exams or continuous assessment?*

C'est ton bilan

page

J'ai revu comment

- ☐ interroger une personne et parler de moi (dire où je suis né(e), la langue parlée à la maison etc.) **102**
- ☐ parler de ma situation de famille, de mes goûts et de mes activités **129-135**

J'ai appris à et je peux

- ☐ discuter de l'importance d'apprendre le français **100-101**
- ☐ dire quelles langues je sais parler/écrire etc. et demander quelles langues quelqu'un d'autre sait parler/écrire etc. **102**
- ☐ faire des comparaisons entre 'posséder deux cultures' **104**
- ☐ dire combien de temps ou depuis combien de temps je fais quelque chose **106-107**
- ☐ comprendre des témoignages d'expériences difficiles, par exemple les correspondants de guerre **108-110**
- ☐ parler de me vacances, préciser où j'aimerais aller si l'on m'offrait un voyage et donner les raisons de mon choix **112-118**
- ☐ décrire le temps qu'il fait, qu'il a fait ou qu'il fera **119-120**
- ☐ donner des détails sur un ou plusieurs endroit(s) francophone(s) **121-124**
- ☐ interroger et décrire un repas préféré ainsi qu'un repas que j'ai aimé pendant les vacances **125**
- ☐ parler de mes années de collège et interroger mes camarades **130-133**
- ☐ me décrire en donnant des précisions sur ma personnalité et dire ce que je sais ou ne sais pas faire **137-143**
- ☐ donner mon opinion et comprendre celle des autres sur le débat 'examens ou contrôle continu' **146-149**

cent cinquante et un **151**

MODULE 7

Autour d'un métier

Objectifs

Noter et discuter des qualités d'un(e) bon(ne) candidat(e).

Comprendre une annonce et y répondre.

Discuter de l'importance des langues dans le monde du travail et donner des tuyaux pour apprendre une langue.

Parler des petits boulots et discuter du travail saisonnier.

Décrire un accident dont vous avez été témoin.

A

Nous avons posé la question suivante:
Si vous deviez travailler pendant les vacances, où aimeriez-vous travailler et pour quelle raison?
Voici le courrier que nous avons reçu.

1 Lisez ces extraits et notez les idées essentielles. Puis cochez les compétences de Stéphane et de Jean-François.

> J'aimerais travailler dans un magasin spécialisé dans l'informatique car j'ai une grande passion pour les ordinateurs. Malheureusement, je ne m'y connais pas beaucoup!
> Je m'habillerais en pantalon clair avec une chemise claire et peut-être une cravate, car cela s'accorderait avec les vacances. Cela me donnerait un air joyeux.
>
> Stéphane

152 cent cinquante-deux

Autour d'un métier **MODULE 7**

> J'aimerais travailler dans un magasin d'informatique. Mes raisons, eh bien, les voilà : d'abord, j'aime les ordinateurs, les jeux électroniques, et on peut y jouer. Et ensuite, l'écran de l'ordinateur bouge alors que dans un autre magasin, rien ne bouge.
>
> Je m'habillerais à la mode des jeunes car je suis un jeune, mais aussi pour attirer les jeunes. Quand vous portez des cravates, une veste, les jeunes vous considèrent comme démodé. J'expliquerais à la patronne pourquoi je porte ce genre de vêtements.
>
> Jean-François

Compétences	Stéphane	Jean-François
Il aime les ordinateurs.	☐	☐
Il a une expérience des ordinateurs.	☐	☐
Il choisit ses vêtements pour plaire à sa clientèle.	☐	☐

2 À vous maintenant! Imaginez que vous êtes directeur ou directrice d'un magasin d'informatique. Donneriez-vous le poste à Stéphane ou à Jean-François? Justifiez vos réponses.

Je le donnerais à . . . parce qu'il . . .

3 Maintenant, comparez votre décision à celle de Madame Salomon. Écoutez-la. Elle a choisi Jean-François. Réécoutez la cassette et complétez l'extrait ci-dessous.

Madame Salomon
'Sans hésitation, je donnerais le poste à Jean-François. Il a déjà une .... alors que Stéphane n'en a aucune. Et puis, je constate qu'il a le .... puisqu'il envisage de choisir ... . en fonction de sa clientèle.'

cent cinquante-trois **153**

MODULE 7   *Autour d'un métier*

B

1 Voici deux autres extraits. Lisez-les et cochez les compétences de Marie-Claire et de Sandrine.

> J'aimerais travailler pendant les vacances pour me faire de l'argent de poche. Travailler dans une librairie me plairait beaucoup car j'aime les livres et la lecture ; on voit les gens et on peut les renseigner sur ce qu'ils cherchent.
>
> Pour ce travail, je porterais un ensemble qui soit présentable, comme par exemple une jupe, un chemisier et une veste. Je porterais aussi des bijoux, des bagues peut-être. Je m'habillerais ainsi pour faire bonne impression devant les clients.
>
> Marie-Claire

> J'aimerais travailler dans une librairie pendant les vacances. Je conseillerais les clients dans leur choix, suivant leur goût littéraire. Je parlerais avec eux.
>
> Pour un entretien, je porterais un ensemble (veste et jupe assorties) pour faire une bonne impression sur le patron, pour lui montrer que je suis sérieuse et qu'il peut compter sur moi.
>
> Sandrine

Compétences	Marie-Claire	Sandrine
Elle aime les livres.	☐	☐
Elle aime la lecture.	☐	☐
Elle aime rencontrer le public	☐	☐
Elle pense qu'une bonne présentation est essentielle.	☐	☐
Elle est sérieuse.	☐	☐
Elle fait bonne impression.	☐	☐

Aide-Mémoire

l'écran (m) screen
bouger move
attirer attract
démodé old-fashioned
conseiller advise
le goût taste
un ensemble a suit
renseigner inform
embêté troubled, worried
conscient(e) aware

Autour d'un métier **MODULE 7**

2 Si vous étiez directrice ou directeur d'une librairie, est-ce que vous donneriez le poste à Marie-Claire ou à Sandrine? Maintenant, écoutez le directeur, Monsieur Charpentier. Êtes-vous d'accord avec lui? Réécoutez la cassette et corrigez l'extrait ci-dessous.

Monsieur Charpentier
'Je suis bien embêté, car ces jeunes filles m'intéressent toutes les deux. Marie-Claire aime les films . . . je crois qu'il est important d'aller au ciné quand on travaille dans une librairie. Elle me semble avoir le sens du contact. Et elle est consciente qu'une bonne écriture est essentielle. Par ailleurs, euh, Sandrine semble avoir une culture artistique. Elle aussi aime le contact avec les clients et a compris l'importance d'un sens de l'humour. Alors, finalement j'aimerais les interviewer toutes le deux avant de prendre ma décision.'

C

Travaillez avec un(e) partenaire.
À l'aide de cette grille, décrivez votre candidat(e) idéal(e).

Il/Elle aimerait . . .
Il/Elle porterait . . .
Il/Elle comprendrait . . .
Il/Elle parlerait . . .
Il/Elle serait . . .
Il/Elle ne serait pas . . .

Aide-Mémoire

sobre *restrained, calm*
décontracté *relaxed*
soigné *neat*
à la mode *fashionable*
sensible *sensitive*
perspicace *perceptive*
désordonné *disorganised*
étourdi *thoughtless, scatty*
efficace *efficient*

'Ich spreche deutsch!'

leurs intérêts	*une tenue*	*connaissances linguistiques*	*leurs qualités*
la lecture	sobre	l'allemand	intuitif/intuitive
le sport	décontractée	l'anglais	sensible
la danse	élégante	l'italien	perspicace
les échecs	soignée	l'espagnol	désordonné(e)
l'équitation	correcte	le pendjabi	honnête
le cinéma	peu soignée	le russe	étourdi(e)
le théâtre	à la mode	le japonais	organisé(e)
la natation	originale	le portugais	efficace

cent cinquante-cinq **155**

MODULE 7 *Autour d'un métier*

D *L'habit ne fait pas le moine...*

Pour une interview, selon vous, que devez-vous porter? Écoutez ces jeunes personnes. Quand vous entendez chaque description, faites un sketch dans votre cahier de ce qu'ils/elles portent pour leur travail.

1. Danièle porte...
2. Hugo...
3. Sylvie...
4. Noémie...
5. Pierre-Louis...
6. Laetitia...

Et vous, que portez-vous pour des entrevues?
Discutez avec vos camarades de ce que vous portez en général.
Puis formulez votre discussion par écrit.

une salopette

une jupe longue	 **un pullover**	 **un chemisier blanc**	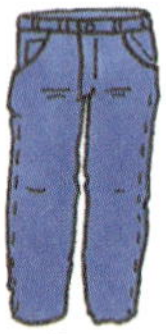 **un jean**
 **une robe**	 **un T-shirt**	 **une chemise blanche**	 **un maillot de bain**
 **un pantalon**	 **un sweat-shirt**	 **un short**	 **une casquette**
 **une cravate**	 **un jogging**	 **une veste**	 **des chaussettes**
 **un gilet**	 **une ceinture**	 **un blouson**	 **des baskets**

Autour d'un métier **MODULE 7**

📼 E *Quel boulot choisir?*

Écoutez ces jeunes. De quelles annonces parlent-ils?

A

La BONNE FOURCHETTE
recherche aide-cuisinier,
samedi, dimanche, midi et soir.
75 F. par jour.
Téléphonez à M. Alphonse à
La BONNE FOURCHETTE
90 56 66 68

B

Le Centre Aéré Jules Vernes recherche pour sa garderie du mercredi après-midi **Moniteur ou Monitrice** aimant le contact avec les petits enfants de 3 à 5 ans. 30F de l'heure. S'adresser au Centre Aéré, rue Gambetta, 90 86 45 71.

C

Vous avez entre 14 et 16 ans? Le **Salon Alexandre** vous propose de vous joindre à son équipe prestigieuse de coiffeurs hommes/femmes pour leur donner un coup de main le week-end. Pas de qualifications requises. Pourboires intéressants.
SALON UNISEX

D

M. et Mme de la Ginestière aimeraient confier
leur adorable pékinois chochotte à une
personne de confiance le week-end pendant le
mois d'avril.
Rémunération intéressante si références satisfaisantes.
Contactez le plus rapidement pour entretien préliminaire.

cent cinquante-sept **157**

MODULE 7 *Autour d'un métier*

E

200F la semaine

MOTO 2000 demande aide-mécanicien le mercredi après-midi et le samedi toute la journée.
N'hésitez pas à nous contacter, même si vous n'avez aucune expérience.
Tél. 90 23 45 91.

F

Floribel s'aggrandit. Un vendeur ou une vendeuse serait bienvenu(e) les jours de marché : mercredi, samedi et dimanche matin. Passez voir Mme Lorion, Place du Petit Marché, mercredi après-midi. Salaire à discuter.

Aide-Mémoire

une garderie *a nursery*
se joindre *join*
donner un coup de main *give a hand, help out*
requis *required*
un pourboire *a tip*
s'aggrandir *grow, expand*

158 *cent cinquante-huit*

Autour d'un métier **MODULE 7**

F

1 Vous avez répondu à l'annonce suivante. Imaginez votre conversation avec la personne qui a écrit cette annonce.

2 Présentez-vous et dites pourquoi vous aimeriez ce travail. Vérifiez par écrit ce que vous savez dire. Faites un petit résumé.

Je m'appelle …
J'ai …

POUR UN EMBARQUEMENT IMMÉDIAT
VERS LES MÉTIERS DU TOURISME,
DE L'ACCUEIL ET DES LOISIRS

**L'ACADÉMIE du TOURISME,
des HÔTESSES et STEWARDS**

vous oriente et vous forme

**TÉLÉPHONEZ VITE
AU 40.41.90.90**

ou retournez le coupon ci-dessous
à l'adresse indiquée

**L'ACADÉMIE
51-53, Bd de Sébastopol - 75001 PARIS**

Connaissance de langues essentielle: anglais, français, espagnol, langues orientales si possible.

- **à partir de la 3ème**
  préparation au BT tourisme *(diplôme d'état)*

- **à partir de la terminale**
  - préparation au BTS tourisme/loisir *(diplôme d'état)*
  - **HOTESSES ET STEWARDS** : préparation aux diplômes officiels : **CSS-BNS-BAFA-Chambre de commerce**
  Spécialisations :
  Aéronautique : guide/animatrice ;
  assistante relations publiques, accueil agence

Nom : ....
prénom : ....
âge : .... niveau de scolarité : ....
adresse : ....
....

souhaite recevoir sans engagement la documentation gratuite sur les formations et les filières de l'académie 63 -(56)- 62

clé SALUT 56

🔊 G *Les langues et le monde du travail. À quoi ça sert?*

1 Écoutez d'abord ces jeunes. Cochez les phrases que vous entendez.

a J'aimerais travailler dans une compagnie internationale, donc les langues sont très importantes pour moi.
b Moi, j'apprends le français et l'espagnol. La connaissance des langues fait bonne impression pendant les entretiens.
c Cela permet d'avoir plus de choix de carrières.
d J'aimerais apprendre à mieux connaître d'autres pays et leurs cultures.
e Je voudrais faire un stage en France ou en Allemagne.
f Moi, j'aimerais travailler au pair en Italie.
g Cela me dit d'interrompre mes études pour voyager – travailler peut-être – en Europe.

MODULE 7 *Autour d'un métier*

2 On dit que les langues sont utiles dans beaucoup d'emplois. Est-ce vrai? Voici des raisons pour l'apprentissage des langues.

Lisez et notez les idées essentielles. Écoutez une directrice d'entreprise. Selon elle, quelle est la quatrième raison?

— À QUOI BON LES LANGUES? —

Arguments pour l'étude d'une langue étrangère.
L'étude d'une langue:
1 permet des contacts directs avec des gens d'autres pays, ou dans votre propre pays, ou bien dans le pays visité lors d'un voyage;
2 donne accès à une vision du monde, une culture et une civilisation;
3 constitue une aide dans le monde du travail car de plus en plus d'emplois exigent la connaissance d'une langue étrangère.

H Quelques petits tuyaux pour apprendre une langue

1 Il faut mémoriser beaucoup de mots, n'est-ce pas? Cela peut être difficile quelquefois. Alors, voici quelques conseils pour vous aider.
Écoutez et lisez. Mettez ces conseils par ordre de préférence, selon le modèle:
Je choisis des mots ou des phrases (conseil C).

A Lisez. Mémorisez. Cachez. Écrivez. Vérifiez.

B Coupez un texte en morceaux. Mettez les morceaux ensemble.

C Choisissez des mots ou des phrases qui sont importants pour vous. Apprenez-les.

D Racontez-vous ce qui se passe dans l'histoire.

E (Avec un ami/une amie) apprenez un texte par cœur.

Aide-Mémoire

la connaissance knowledge
un choix a choice
interrompre interrupt
utile useful
propre own
une aide a help
exiger ask for, demand

cacher hide
couper cut
des morceaux (m) pieces
se passer happen
par cœur by heart
le traitement de texte word-processing
surprendre surprise
disponible available

160 *cent soixante*

Autour d'un métier **MODULE 7**

F Mettez le vocabulaire dans un dialogue imaginaire.

G Inventez une histoire qui contient tout le vocabulaire que vous voulez apprendre.

H Associez les mots avec des images.

I Utilisez le traitement de texte.

> J'aimerais bien apprendre, mais sans professeur je n'y arriverai jamais!

● Faux! Vous pouvez apprendre beaucoup plus simplement en lisant pour votre plaisir. Il y a sûrement dans la bibliothèque de votre école des magazines ou des livres pour vous. Vous pouvez aussi suivre de bons programmes à la télé ou écouter des cassettes disponibles dans la classe.

2 Travaillez avec un(e) partenaire. Réécoutez la cassette si nécessaire. Selon vous, quelle est la raison la plus importante? Discutez. Parcourez Activité G pour formuler vos réponses.

Exemple: L'étude d'une langue donne accès à une culture différente.

> Il me faut des heures et des heures pour progresser. C'est décourageant!

● Un quart d'heure ou 20 minutes par jour sont plus efficaces que deux heures une fois par semaine. Vous pourrez voir vos progrès plus rapidement. Peut-être que vous vous surprendrez!

I

Choisissez un emploi!

caissier/caissière
mécanicien/mécanicienne
vendeur/vendeuse
photographe dans une agence publicitaire/
secrétaire bilingue
dessinateur/dessinatrice

Rédigez une petite note à la manière de Stéphane, Jean-François, Marie-Claire ou Sandrine, sur papier ou sur ordinateur. Selon vous, est-ce qu'une connaissance de langues est importante dans le métier choisi?

cent soixante et un **161**

MODULE 7   *Autour d'un métier*

📼 *Document sonore et écrit*

Le saviez-vous?

Voici des règlements qui concernent les Français de votre âge. Lisez et écoutez. Puis, répondez aux questions ci-dessous.

DU CÔTÉ DES LOIS

Jeunes travailleurs, vous avez aussi des droits!

- À partir de quel âge? En principe, 16 ans. Pourtant, vous pourrez travailler dès 14 ans pendant vos congés à condition de vous reposer durant la moitié de vos vacances au moins.

- Avec ou sans contrat? Il est impératif d'être déclaré pour être en conformité avec la loi et bénéficier d'une couverture sociale.

- Quel salaire? Il existe un minimum légal par mois en-dessous duquel vous ne pouvez être payé. Il faut bien sûr déduire environ 20% de charges obligatoires.

Aide-Mémoire

un travailleur a worker
un droit a right
à partir de from
un congé time off, a holiday
se reposer rest
la loi law
bénéficier benefit
déduire take off, deduct

*f*LASH-GRAMMAIRE

RAPPEL: **FALLOIR**
Il faut + infinitive.

To say what you need to or must do, you use the expression '**il faut**'. This is followed by the verb or the noun. For example:

Pour travailler en France, il faut avoir 16 ans.   *To work in France, you must be 16 years old.*
Il faut prendre cette route.   *You need to take this road.*
Pour une expédition, il faut un sac de couchage, un réchaud et une trousse de secours.   *For an expedition, you need a sleeping bag, a stove and a first-aid kit.*

1 Les droits, sont-ils les mêmes chez vous? Quelles en sont les différences?

	En France	Chez vous
• À partir de quel âge a-t-on des droits?		
• À partir de quel âge, en principe, peut-on travailler?		
• Faut-il un contrat pour travailler?		
• Existe-t-il un minimum légal pour avoir un salaire?		

N'écrivez pas sur cette grille

2 Faites un exposé en classe, puis rédigez un petit paragraphe. Commencez par:

En France, on peut travailler dès 16 ans.
Par contre, chez nous . . . Il faut aussi . . .

Autour d'un métier **MODULE 7**

J

1 Lisez 'FRIC Les bons plans'. Quels mots comprenez-vous?
De quoi s'agit-il?
Dressez une liste.

FRIC
Les bons plans

Le fric, c'est chic... Mais c'est surtout rare! Où trouver l'argent pour financer ses études? Comment s'offrir le projet de ses rêves? Quel petit boulot choisir pour boucler ses fins de mois? Suivez les bonnes pistes...

● LES PETITS BOULOTS

Pour mettre du beurre dans les épinards, rien de tel qu'un petit boulot. Faites votre choix...

Baby-sitting

Le baby-sitting reste un grand classique. Il vous suffit d'aimer les enfants et d'avoir un peu de patience. Vous pouvez laisser des petites annonces chez les commerçants de votre quartier. À partir de 15 ans, vous avez vos chances. Vous pouvez enfin faire appel à des agences (à partir de 18 ans) qui centralisent les demandes de garde et vous les transmettent. Rémunération: 25 francs l'heure, avant minuit; 30 francs après.
À Paris: Baby-sitting service 46.37.51.24 ou SOS câlins 47.66.00.52.

«Dog-sitting»

Plus original, vous pouvez vous adonner au «dog-sitting», soit pour emmener chiens et chats faire leur petit pipi quotidien, soit carrément pour les garder chez vous pendant plusieurs jours si le propriétaire doit s'absenter.
À Paris: Home service 45.00.82.51.

Dans un bureau, derrière une caisse...

Entreprises privées, grands magasins ou administrations, la période de l'été est celle des remplacements. Vous pouvez postuler à partir de 16 ans. Mais les places sont chères : c'est entre février et avril qu'il faut commencer à chercher. L'idéal est d'avoir «un allié dans la place». N'hésitez pas à faire savoir partout que vous cherchez un job. Si vous ne connaissez personne, envoyez votre lettre au service du personnel.

2 Faites une liste des pistes que l'on vous donne pour boucler vos fins de mois.

1. Le baby-sitting.
2. Le dog-sitting.
3. Travailler dans un bureau.

3 À vous maintenant!
Lequel des trois boulots vous intéresse-t-il? Faites votre choix!
Écoutez la cassette pour justifier votre réponse. Appuyez sur pause si nécessaire.

Aide-Mémoire

laisser *leave*
les commerçants (m) *shop-owners*
la garde *child-minding*
s'adonner *join*
emmener *take*
quotidien(ne) *daily*
s'absenter *go away*
un remplacement *a replacement*
postuler *apply*
faire savoir *let it be known*

MODULE 7 *Autour d'un métier*

K

1 Avez-vous un petit boulot? Lequel? Parlez-nous-en. Donnez-nous beaucoup plus de détails.

Exemple: Moi, je fais du baby-sitting, parce que j'aime les enfants . . . et je suis patiente! C'est bien payé – je gagne cinq livres par heure.

les boulots
livrer les journaux
tondre le gazon des voisins
travailler dans un supermarché
travailler dans une bibliothèque
balayer dans un salon de coiffure
laver des voitures

les avantages
C'est bien payé!
C'est facile!
On doit se lever de bonne heure, mais ce n'est pas dur.
On reste en contact avec le monde des livres.
Travailler en plein air, cela me plaît!

Aide-Mémoire

livrer deliver
tondre le gazon mow the lawn
balayer sweep up
de bonne heure early
en plein air out of doors

un lycéen (m) a Sixth Former
géré managed, run
débrouillard resourceful
insouciant carefree
songer think
prêter lend

2 Faites un sondage dans votre classe. Posez des questions:

- Tu as un petit boulot?
- Tu aimes ce genre de travail?
- Quelles sont tes heures de travail?
- D'après toi, es-tu bien payé(e)?
- Que fais-tu avec l'argent que tu gagnes?

Programmez vos données sur ordinateur.

Exemple: Peter fait du baby-sitting parce qu'il aime les enfants. Il gagne cinq livres par heure. Il travaille de 18 ou 19 heures jusqu'à minuit ou même plus tard. Avec l'argent gagné, il achète des jeux-vidéo et des CD.

Document sonore et écrit

Voici ce que des lycéens ont fait pour trouver un emploi à la fin de leurs études.

DES LYCÉENS S'ATTAQUENT AU CHÔMAGE . . .

■ L'Association lycéenne de recrutement d'entreprise, l'ALRE, cherche des emplois pour les lycéens de terminale du lycée des Eucalyptus. La nouveauté ? C'est que cette association est entièrement gérée par les lycéens.
■ Au lieu de faire du football, ou de collectionner des timbres, les élèves de ce lycée de Nice ont décidé d'apprendre eux-mêmes à trouver du travail et d'aider ainsi les autres, moins . . . débrouillards, plus insouciants, ceux qui justement font du football et qui collectionnent des timbres . . .
■ Les élèves de terminale pensent que préparer le bac, songer à l'université et aux diplômes, c'est bien, mais que tout ça ne servira à rien si on n'a pas d'emploi . . . ce qui, vu la crise, devient très fréquent.
■ Le conseil d'administration du lycée, trouvant l'idée excellente, a prêté une salle, une ligne de téléphone, une boîte aux lettres. Un détaillant en micro-informatique a même décidé de faire cadeau d'un ordinateur à ces jeunes entrepreneurs!

1 Lisez l'article. Cherchez dans le texte les expressions qui ont presque le même sens que:

1. cherche *du travail*
2. *ce qui est nouveau*
3. *se préparer pour les examens*
4. *penser à aller* à l'université
5. *qui trouvait que l'idée était bonne*
6. *quelqu'un qui avait un magasin* en micro-informatique
7. a décidé de *donner*

164 cent soixante-quatre

Autour d'un métier **MODULE 7**

Quand vous les avez trouvées, écrivez-les selon le modèle:
1. cherche *des emplois*

2 Travaillez avec un(e) partenaire.
Quelles sont les phrases les plus importantes pour votre compréhension du texte? Cochez-les!
Est-ce que vous avez les mêmes listes?

1. cherche des emplois ☐
2. cette association est gérée par … ☐
3. au lieu de faire … ☐
4. les élèves ont décidé de … ☐
5. apprendre eux-mêmes à trouver … ☐
6. moins débrouillards ☐
7. plus insouciants ☐
8. les élèves pensent que … ☐
9. préparer le bac ☐
10. songer à l'université ☐
11. tout ça ne servira à rien ☐
12. vu la crise ☐
13. le conseil d'administration ☐
14. un détaillant en … ☐
15. faire cadeau ☐
16. ces jeunes entrepreneurs ☐

3 Relisez l'extrait. Selon vous, quelles sont les idées les plus intéressantes? Dressez une liste ou réécrivez l'article à votre manière.

L Aspects agréables et désagréables d'un petit boulot saisonnier: location nautique

1 On a interviewé Nadine, une jeune fille qui travaille à la caisse de cette station nautique. Quels sont les meilleurs aspects de son travail? Quels sont les aspects les plus mauvais? Écoutez-la et cochez la grille.

Elle mentionne les aspects agréables:

- rencontrer ses clients
- manger autant de glaces qu'elle veut
- y aller à pied
- parler avec des gens d'autres pays
- le paysage est très beau
- il fait beau la plupart du temps
- être payée au pourcentage

Elle mentionne les aspects désagréables:

- vider les poubelles continuellement
- il y a des clients qui ne sont pas très polis
- il y a beaucoup d'enfants qui pleurent
- la journée est très longue
- son patron n'est pas très sympa
- les machines tombent en panne assez souvent
- des gens volent le matériel quelquefois

cent soixante-cinq **165**

MODULE 7 *Autour d'un métier*

2 Mettez-vous à la place de Nadine et décrivez votre journée, du matin au soir. Si vous travailliez à la location nautique, que feriez-vous pendant une journée? Que se passerait-il?

Exemple: En général, je rencontre des clients qui sont très polis . . .

Aide-Mémoire

autant de as many
des étrangers (m) people from abroad
le paysage countryside
vider empty
poli polite
pleurer cry
tomber en panne break down

JOBS D'UN ETE

Dans deux mois, ce sera les grandes vacances et tu commences à t'organiser. A part les 15 premiers jours de juillet où vous partez à la mer, tu vas rester à la maison. Si tu veux t'occuper tout en gagnant un peu d'argent, le mieux est de te trouver un petit job pour l'été. C'est valorisant et en plus, tu pourras t'offrir une petite folie avec ta première "paye".

M Vacances . . . prudence!

Les accidents en vacances, cela peut arriver!
Voici des conseils 'Vacances . . . prudence!'. Lisez chaque extrait. Avez-vous presque tout compris? Sinon, cherchez dans un dictionnaire les mots que vous ne connaissez pas.

VACANCES PRUDENCE !

U.F.C.S.
Pour la Sécurité des Consommateurs
6, rue Béranger
75003 PARIS

OUVRONS L'ŒIL... ALERTEZ !

Soleil

Risques:
- *Brûlures*
- *Tâches disgracieuses*
- *Vieillissement de la peau*
- *Cancer.*

S'exposer progressivement.
Utiliser une bonne crème protectrice (pour les enfants en particulier).
Ne pas rester immobile.
Pas d'exposition prolongée.
Se couvrir la tête.

Baignades

(Plus de 1 000 morts par an, dont plus de 50 % sur les plans d'eau et rivières)

Risques:
- *Noyade par:*
  - négligences (personnelles ou parentales)
  - maladie soudaine

Ne jamais laisser un enfant seul près d'une pièce d'eau même petite et peu profonde.
Ne jamais laisser un enfant se baigner seul.
Apprendre à nager (tout âge).
Respecter les signalisations.
Entrer progressivement dans l'eau, s'asperger.
Préférer les baignades surveillées.
Tenir compte de l'horaire des marées.

Autour d'un métier **MODULE 7**

Chaleur

Risques:
- *Déshydration chez :*
  - *les jeunes enfants*
  - *les personnes âgées*
  - *les femmes enceintes*
- *Explosion des bombes aérosols surchauffées.*

Boire régulièrement et abondamment.
Porter des vêtements amples et légers.
Vivre dans un milieu bien aéré.
Entrer progressivement dans l'eau, s'asperger.
Ne pas laisser les bombes aérosols dans les lieux très chauds.

Embarcations Jouets nautiques

Risques:
- *Noyade*

Les embarcations gonflables (du type petit bateau pour enfant).
Les matelas pneumatiques (article de plage)
Utilisation aux risques et périls des usagers.
Les matelas pneumatiques (article de camping)
Ne pas les utiliser sur l'eau.
Les jouets flottants
À n'utiliser que là où l'enfant a pied.

Barbecue

Risques:
- *Brûlures !*

L'appareil doit être bien stable.
Les enfants doivent en être écartés systématiquement.
Ne jamais laisser de produit inflammable près du barbecue.
Pour allumer le feu, *jamais* d'alcool ni d'essence.
Les barbecues jetables sont interdits.

Terrains de jeu

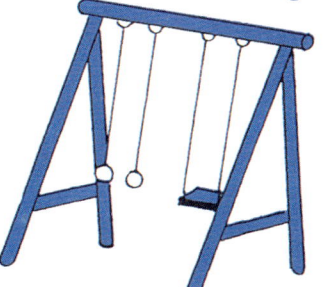

Risques:
- *Blessures diverses*

Ne jamais laisser des enfants jouer seuls à proximité d'une piscine, d'un portique de jeux.
Vérifiez l'état des accessoires régulièrement (plastiques, cordages).
Donnez à vos jeunes enfants des points de repères pour vous rejoindre sur une plage très fréquentée.

Aide-Mémoire

la brûlure burn
la vieillissement ageing
enceinte pregnant
s'asperger splash yourself
la noyade drowning
une embarcation gonflable an inflatable (boat)
un usager a user
un jouet flottant a floating toy
écarté kept away
jetable disposable
un portique de jeux a play area
un point de repère a landmark

N

1 Des jeunes, François, Marianne, Paul et Virginie, ont travaillé au bord de la mer pendant leurs vacances d'été. Écoutez-les attentivement. Ils ont tous vu des accidents.

a Décrivez ce qui s'est passé. Utilisez des expressions telles que:

   . . . n'a pas fait attention
   . . . n'a pas vérifié que . . .
   . . . a laissé . . .
   . . . a permis aux enfants de . . .

b Réécoutez la cassette puis, en utilisant ces expressions, décrivez les accidents par écrit.

2 Travaillez en groupes. Relisez les extraits de 'Vacances . . . prudence!' (Activité M). Faites un poster sur les risques en vacances au bord de la mer.

cent soixante-sept **167**

MODULE 7 *Autour d'un métier*

O *Avez-vous été témoin d'un accident de vacances?*

Si oui, décrivez-le. Si non, imaginez-en un selon l'exemple à la page 169.
Aidez-vous des extraits de 'Vacances…prudence!' (Activité M) et des illustrations ci-dessous.

A

UNE NOYADE

des vagues

le drapeau rouge

âge: 6 ans

le poste de secours

un maillot de bain rouge et un chapeau blanc

le maître nageur a donné les premiers secours

un enfant perdu sur la plage

L'ANNÉE DERNIÈRE, LE SUD DE LA FRANCE

B

de grandes flammes

des arbres tout secs

MERCREDI, 15 HEURES

un groupe de campeurs

la mousse carbonique

les pompiers

UN FEU DE FORÊT

168 *cent soixante-huit*

Autour d'un métier **MODULE 7**

C

UN CARAMBOLAGE — JEUDI, CINQ HEURES DE L'APRÈS-MIDI

beaucoup de brouillard

une 2CV

une Volkswagen

une Fiat

la RN

trois voitures

D

SAMEDI, SIX HEURES DU MATIN

deux blessés assez graves

beaucoup de neige

UN DÉRAPAGE

l'autoroute du nord

le départ de vacances

Exemple:

J'étais en vacances à Cavalère dans le sud de la France – c'était l'année dernière. Un enfant s'est presque noyé. Il y avait des vagues assez hautes. Le drapeau était rouge mais heureusement le maître nageur, qui était au poste de secours, a vu l'enfant. Il a donné les premiers secours et a sauvé l'enfant.

Aide-Mémoire

sec, sèche *dry*
les pompiers (m) *fire brigade*
la mousse carbonique *(fire-fighting) foam*
une vague *a wave*
le poste de secours *first-aid post*
le maître nageur *swimming instructor*
les premiers secours (m) *first aid*
un carambolage *a pile-up*
un dérapage *a skid*
blessé *wounded*
se diriger *make for, head for*

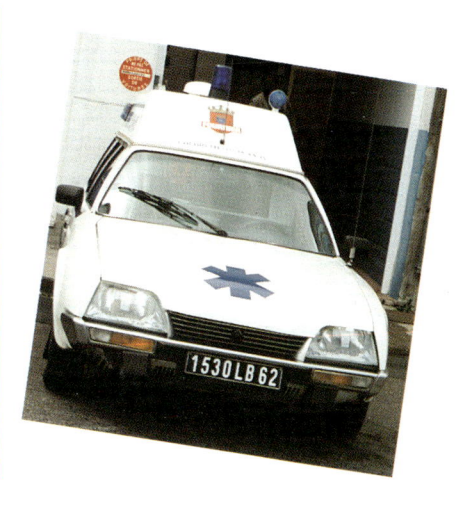

cent soixante-neuf **169**

MODULE 7 Autour d'un métier

P Êtes-vous un bon témoin?

Si quelque chose se passait devant vous, seriez-vous un bon témoin? Travaillez avec un(e) partenaire.

Partenaire A
- Choisissez une des 4 images (pages 168–169)
- Regardez-la pendant 15 secondes
- Cachez l'image que vous avez choisie
- Décrivez-la de mémoire!

Partenaire B
- Regardez les 4 images
- Écoutez la description faite par votre partenaire
- Identifiez la bonne image

Voici quelques suggestions pour vous aider:

C'était le [*jour*] à [*heure*]. Je suis allé(e)/Je me dirigeais vers [*endroit*]. Il y avait/Il faisait [*temps*]. J'ai vu . . .

POUR VOUS AIDER

Objectifs

Noter et discuter des qualités d'un(e) bon(ne) candidat(e)   *Note down and discuss the qualities of a good candidate*
Comprendre une annonce et y répondre   *Understand and reply to an advertisement*
Discuter de l'importance des langues dans le monde du travail et donner des tuyaux pour apprendre une langue   *Discuss the importance of languages in the world of work and give tips on learning a language*
Parler des petits boulots et discuter du travail saisonnier   *Talk about holiday jobs and discuss seasonal working*
Décrire un accident dont vous avez été témoin   *Describe an accident you have witnessed*

de la page 152 à la page 170

Si vous deviez travailler pendant les vacances, où aimeriez-vous travailler et pour quelle raison?   *If you had to work during the holidays, where would you work and why?*
Voici le courrier que nous avons reçu   *Here is the post we have received*
. . . cochez les compétences de Stéphane et de Jean-François   *. . . tick Stéphane and Jean-François's skills*

Donneriez-vous le poste à . . . ?   *Would you give the job to . . . ?*
. . . que devez-vous porter?   *. . . what should you wear?*
À quoi ça sert?   *What use are they?*
Voici des raisons pour l'apprentissage des langues   *Here are some reasons for learning languages*
Quelques petits tuyaux pour apprendre une langue   *A few little tips for learning a language*
Voici les règlements qui concernent les Français de votre âge   *Here are the laws relating to French people of your age*
Faites une liste des pistes que l'on vous donne pour boucler vos fins de mois   *Make a list of the tips you're given to make ends meet*
Lequel des trois boulots vous intéresse-t-il?   *Which of the three jobs interest you?*
Aspects agréables et désagréables d'un petit boulot saisonnier: location nautique   *Pleasant and unpleasant aspects of a (summer) holiday job: marine hire*
Avez-vous été témoin d'un accident de vacances?   *Have you been a witness to a holiday accident?*
Si quelque chose se passait devant vous, seriez-vous un bon témoin?   *If something happened in front of, would you be a good witness?*

MODULE 8

Mini-entreprise

Objectifs

Discuter d'un projet commercial.

Rédiger un questionnaire et organiser un sondage.

Analyser les résultats et les présenter.

Établir un budget pour faire ses courses.

Analyser et présenter des publicités.

A Qu'est-ce que c'est qu'une mini-entreprise?

Quatre ados expliquent ce que représente une mini-entreprise. Écoutez-les et lisez les bulles. Qui, selon vous, a la bonne réponse?

> Je ne sais pas, moi... c'est créer une association avec un ou plusieurs amis.

> Mais non! Regarde la brochure – c'est pour nous donner une idée, une perception du monde du travail.

A Justine

B Arnaud

LES VISITES DU JEUDI

TOURISME TECHNIQUE

Bienvenue dans nos entreprises

MODULE 8 *Mini-entreprise*

> Moi, je pense que c'est un projet professionnel. Par exemple, au lycée on peut entreprendre en groupes un travail sur un thème, tel que le commerce ou l'industrie.

C Thierry

> Je suis de l'avis de Thierry. Une mini-entreprise, cela sert à fabriquer ou à fournir quelque chose. Regarde la définition sur le dico!
> Le commerce, les achats, les grandes surfaces, etcetera. Oui, c'est ça . . . cela me plaît!

D Céline

B Ils discutent . . .

Justine, Arnaud, Thierry et Céline vont faire un projet 'mini-entreprise', mais que choisir?
Ils ont suivi une émission intéressante à la radio.

1 Écoutez la cassette, regardez les illustrations et répondez aux questions à la page 173. Appuyez sur pause si nécessaire.

ÉCONOMISER DE L'ARGENT DANS LES SUPERMARCHÉS: JE N'AI JAMAIS VU ÇA!

les articles moyens

- le beurre — F17,00
- le poulet — F27,50
- le lait — F5,40
- le sucre — F6,65
- le sel — F8,30
- l'huile — F13,25
- les œufs — F10,3

172 *cent soixante-douze*

Mini-entreprise **MODULE 8**

1. C'était une étude sur quoi?
2. Où a-t-elle été faite?
3. Les gens sont capables de connaître le prix de combien d'articles?
4. Citez aux moins cinq articles.
5. Pourquoi est-ce plus cher de faire ses courses au supermarché?
   - **a** Parce que les articles de base coûtent plus chers.
   - **b** Parce que le public ne connaît pas le prix des articles.
   - **c** Parce qu'il faut ajouter le prix du kilomètre en voiture.
   - **d** Parce qu'il est plus facile de garer la voiture près des petits commerçants.

2 À l'aide des illustrations à la page 172, avec vos camarades, discutez de l'émission.

Exemple: Les gens connaissent le prix des articles moyens.

C *Comment vont-ils procéder?*

Lisez les bulles et écoutez la cassette. Remettez la démarche dans le bon ordre.
Que va-t-on faire?

- **A** Il faut faire une étude de marché!
- **B** Il faut choisir le projet.
- **C** Il faut analyser les résultats du sondage.
- **D** Non, il faut d'abord préparer un questionnaire.
- **E** Je pense qu'il faut faire beaucoup de publicités!
- **F** Et le budget? Il faut organiser un budget.
- **G** Il faut aussi faire une évaluation du projet.
- **H** Il faut faire un sondage.
- **I** Il faut aussi le présenter en classe.
- **J** Il faut interroger les profs, les parents, les ami(e)s.
- **K** Il faut faire une analyse géographique.
- **L** Il faut analyser les besoins.

Essence verte F5,60 le litre

Aide-Mémoire

créer *create*
entreprendre *take on*
fournir *supply, provide*
cela sert à *it's used for*
un thème *a topic*
un achat *a purchase*
les grandes surfaces (f) *hypermarkets*

les articles (m) **moyens** *basic items*
une étude *a study*
le produit *product*
environ *approximately*
ajouter *add*
le petit commerçant *small shopkeeper*

Table ronde

MODULE 8 *Mini-entreprise*

D Faites leur connaissance!

C'est décidé! Les quatre ados vont entreprendre une mini-entreprise, et c'est sur le commerce.

1 Maintenant, ils se présentent. Écoutez-les et notez les informations données.

Exemple: 1. Il s'appelle Arnaud. Il a seize ans et il est en seconde. Il va s'occuper du questionnaire.

2 Leur objectif c'est: *Les petits commerces ou les grands supermarchés?*
Écoutez. Qui va faire quoi? Inscrivez le prénom dans chaque boîte.
Attention! Certains ados vont entreprendre plus d'une tâche.

RÉDACTION

ÉVALUATION

PRÉSENTATION

Mini-entreprise

SONDAGE

PUBLICITÉ

QUESTIONNAIRE

Aide-Mémoire

une étude de marché *market research*
les pubs (m) *publicity*
les besoins (m) *needs*
la rédaction *drawing up, drafting*

E Un sondage

Chaque jeune parle maintenant de son travail mini-entreprise et vous donne des détails sur les résultats.

1 Travaillez en groupes. Lisez le questionnaire rédigé par Arnaud et notez les points essentiels. Cochez ce qui est vrai pour vous.

174 *cent soixante-quatorze*

Mini-entreprise **MODULE 8**

LES PETITS COMMERCES

1. Vous faites vos courses ...
   moins d'une fois par semaine ☐
   une à deux fois par semaine ☐
   deux à trois fois par semaine ☐
   plus de trois fois par semaine ☐
   plutôt le weekend ☐

2. Vous achetez dans des petits commerces ...
   régulièrement ☐
   assez souvent ☐
   plutôt dans les hypermarchés ☐
   rarement ☐

3. Dans quels magasins vous rendez-vous régulièrement?
   à la boulangerie ☐
   à la boucherie ☐
   à la pâtisserie ☐
   à la poissonnerie ☐
   au supermarché ☐
   à l'épicerie ☐
   au bureau de tabac ☐
   à la crémerie ☐
   au magasin des surgelés ☐
   chez le traiteur ☐
   à la charcuterie ☐
   chez le marchand de légumes ☐
   autres – précisez
   ....

4. Vous préférez ...
   les grandes surfaces ☐
   les petits commerces ☐

5. Pourquoi?
   ....

N'écrivez pas sur cette page

2 Vous avez bien lu, compris et coché le questionnaire d'Arnaud? Alors maintenant, écoutez les résultats du sondage et complétez chaque phrase avec le bon pourcentage.

(1) *Sur trois cents personnes interrogées ...*
   ...... iraient le plus souvent au supermarché.
   ...... préféreraient les petits commerçants.
   ...... iraient au supermarché pour certains produits et chez les petits commerçants pour d'autres.
   ...... ne savent pas.

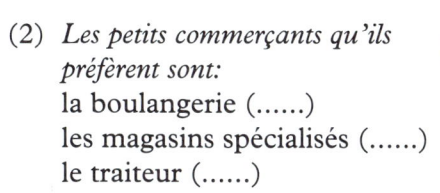

(2) *Les petits commerçants qu'ils préfèrent sont:*
   la boulangerie (......)
   les magasins spécialisés (......)
   le traiteur (......)

(3) *Interrogés sur leurs réponses, les jeunes ados qui préfèrent les supermarchés ont déclaré:*
   que c'est moins cher (......)
   que c'est plus pratique (......)
   que c'est plus rapide (......)
   qu'il y a plus de choix (......)
   sans opinion (......)

(4) *Les jeunes qui préfèrent les petits commerces ont invoqué ...*
   la qualité (......)
   les conseils (......)
   les rapports humains (......)
   la détente (......)
   le choix (......)

(5) ...... achèteraient en majorité des plats surgelés ou à emporter dans des grandes surfaces.
   ...... préféreraient préparer eux-mêmes leurs repas.
   ...... ne savent pas.

Aide-Mémoire

le traiteur grocer
la détente ease, relaxation
des plats (m) **surgelés** frozen meals
des plats (m) **à emporter** takeaway meals

cent soixante-quinze **175**

MODULE 8 Mini-entreprise

*f*LASH-GRAMMAIRE

RAPPEL: HOW TO SAY WHAT YOU WOULD DO

To describe what you would do, you use the *conditional*.
To form the conditional, take the infinitive and add these endings:

préférer   (*to prefer*)
je préférer**ais**   nous préférer**ons**
tu préférer**ais**   vous préférer**iez**
il préférer**ait**   ils préférer**aient**
elle préférer**ait**   elles préférer**aient**

For example:

Je préférerais acheter dans les petits commerces.   *I would prefer to buy from small shops.*

Attention!   Don't forget that there are some verbs with an irregular stem in the conditional:

vouloir (*to want*) → je **voudr**ais   faire (*to do, to make*) → je **fer**ais
être (*to be*) → je **ser**ais   pouvoir (*to be able*) → je **pourr**ais
avoir (*to have*) → j'**aur**ais   voir (*to see*) → je **verr**ais

*E*ntraînement

Remplissez les blancs en mettant les verbes au conditionnel:

1. Sur cinq cents personnes interrogées, 20 % ...... le plus souvent chez les petits commerçants. (*aller*)
2. Moi, je ...... faire mes courses au supermarché. (*préférer*)
3. À choisir, ma mère ...... plutôt son pain à la boulangerie. (*acheter*)
4. 50% des jeunes ...... des plats surgelés. (*manger*)
5. Les ados ...... les plats surgelés aux plats faits à la maison. (*préférer*)

*f*LASH-GRAMMAIRE

RAPPEL: LES CHIFFRES 10–1000

10	dix	22	vingt-deux
11	onze	30	trente
12	douze	31	trent et un(e)
13	treize	40	quarante
14	quatorze	50	cinquante
15	quinze	60	soixante
16	seize	70	soixante-dix
17	dix-sept	80	quatre-vingts
18	dix-huit	90	quatre-vingt-dix
19	dix-neuf	100	cent
20	vingt	200	deux cents
21	vingt et un(e)	1000	mille

Mini-entreprise **MODULE 8**

F À vous maintenant!

1 Mettez-vous à la place d'Arnaud. Posez des questions à votre entourage, puis notez les résultats.
Présentez-les en classe ou rédigez un petit paragraphe.

2 *Jeu de rôles*
Partenaire A fait un sondage sur le commerce et pose des questions à Partenaire B.

Exemple:
- Combien de fois par semaine fais-tu tes courses?
- Tu achètes dans des petits commerces...? (régulièrement/rarement etc.)
- Dans quels magasins te rends-tu régulièrement?
- Que préfères-tu? (les grandes surfaces/les petits commerces)
- Pourquoi?

G Le défi de Céline!

Céline a entrepris la section 'Budget'. Elle a 400 francs pour faire ses courses pour sa famille pour une semaine. Comment va-t-elle dépenser cette somme?

1 Écoutez-la. Elle discute avec ses copains.
Quels sont les critères les plus importants pour chacun des ados? Notez les détails.

Exemple:
1. Thierry pense que/qu' ...
2. Selon Céline, ...
3. Justine dit que/qu' ...
4. Arnaud explique que/qu' ...

Regardez les expressions dans la boîte pour vous aider:

> Ça revient moins cher.
> C'est beaucoup plus cher que des plats pour quatre.
> Il faut faire autre chose avec la nourriture qui reste.
> Il faut acheter où c'est moins cher.
> Il faut comparer les prix.
> Moins on a d'argent, moins on dépense.

cent soixante-dix-sept **177**

MODULE 8 *Mini-entreprise*

*f*LASH-GRAMMAIRE

PLUS OU MOINS

To say *more* or *less*, you use **plus** or **moins**. **Plus** and **moins** go before the adjective. For example:

Les plats surgelés sont **plus** chers dans les petits commerces.
Frozen meals are more expensive in small shops.
Les légumes sont **moins** chers en été.   *Vegetables are less expensive in summer.*

Here are some expressions with **plus** and **moins**:

plus de	*more (before nouns)*
moins de	*less, fewer (before nouns)*
plus ... que	*more ... than*
moins ... que	*less ... than*
plus on ... plus on ...	*the more you ... the more you ...*
moins on ... moins on ...	*the less you ... the less you ...*

For example:

De nos jours, il y a **plus de** supermarchés.   *These days, there are more supermarkets.*
Il est **moins** cher de faire la cuisine **que** d'acheter des plats à emporter.   *It's less expensive to cook than to buy takeaway meals.*
Moins on a d'argent, **moins on** en dépense.   *The less money you have, the less you spend.*

*E*ntraînement

Écrivez trois phrases pour et trois phrases contre les supermarchés. N'oubliez pas d'utiliser **plus** et **moins** pour exprimer vos opinions.

Exemple:

– Dans un supermarché, il y a plus de choix.
– Chez les petits commerçants, l'accueil est plus chaleureux.

Comparez vos opinions avec celles de votre partenaire.

2 Maintenant, Céline fait ses achats. Voici une liste de courses pour l'aider. Écoutez-la. Que va-t-elle acheter et pourquoi?

*A*ide-*M*émoire

frais, fraîche *fresh*
les fruits (m) **de mer** *sea food*
en boîte *tinned*
surgelé *frozen*
des produits (m) **ménagers** *household goods*
gazeux, gazeuse *fizzy*
les produits (m) **laitiers** *dairy products*

LISTE

de la viande *Côte de bœuf*
de la charcuterie *Rillettes*
du poisson frais
des fruits de mer
du lait *Lot de 4*
des œufs
du beurre
des yaourts
des fruits frais
des légumes frais *Concombre*
des légumes en boîte
du riz *Lot 2 paquets*
des pâtes
des pizzas surgelées *Lot 6.*
des pizzas fraîches *Lot 1.*
des plats préparés frais
des plats préparés surgelés
du pain *une baguette*
des gâteaux frais
des préparations pour gâteaux
des chips
des biscuits *Boîte 400g*
des sucreries
des céréales
des produits ménagers
du vin
de la bière *Lot 12.*
des boissons gazeuses
du cidre
de l'eau minérale

178 *cent soixante-dix-huit*

Mini-entreprise MODULE 8

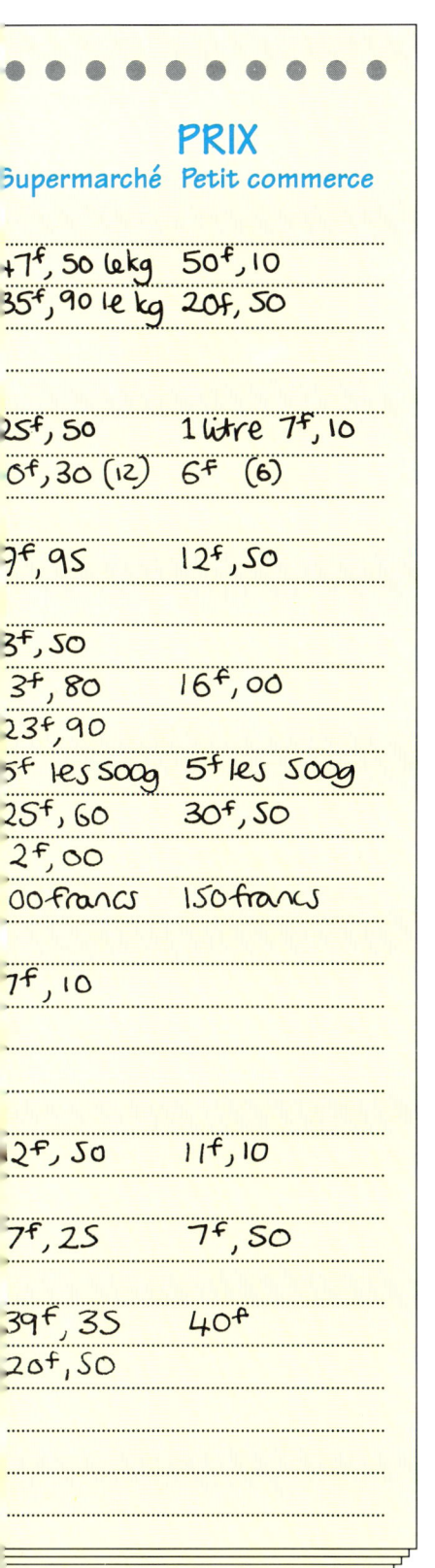

PRIX	
Supermarché	Petit commerce
17f,50 le kg	50f,10
35f,90 le kg	20f,50
25f,50	1 litre 7f,10
0f,30 (12)	6f (6)
7f,95	12f,50
3f,50	
3f,80	16f,00
23f,90	
5f les 500g	5f les 500g
25f,60	30f,50
2f,00	
00 francs	150 francs
7f,10	
2f,50	11f,10
7f,25	7f,50
39f,35	40f
20f,50	

Cochez la bonne case, vrai ou faux:

	Vrai	Faux
1. Elle favorise les produits laitiers.		
2. Elle n'achète jamais de viande, c'est trop cher.		
3. Elle ne dépensera jamais 80 francs pour des plats préparés.		
4. Les pâtes, le riz, les céréales – elle pense que c'est l'essentiel.		

N'écrivez pas sur cette grille

*f*LASH-GRAMMAIRE

RAPPEL: SOME, ANY

To say *some* or *any*, you use **du**, **de la**, **des** and **de l'**.
You use **du** with masculine singular words:
du lait   **du** pain

You use **de la** with feminine singular words:
de la charcuterie   **de la** bière

You use **des** with plural words:
des légumes   **des** céréales

You use **de l'** with words which begin with **a, e, i, o, u** and sometimes **h**:
de l'Orangina

Entraînement

Sans regarder les notes, complétez la liste avec **du, de la, des** ou **de l'**:

...... plats surgelés
...... beurre
...... fruits de mer
...... œufs
...... limonade
...... jus d'orange
...... viande
...... eau minérale

N'écrivez pas sur cette page

cent soixante-dix-neuf **179**

MODULE 8 *Mini-entreprise*

H

À vous maintenant! Travaillez en groupes.

1 Vous avez entre quatre cents et cinq cents francs à dépenser pour quatre personnes pour une semaine. Regardez la liste de Céline et les expressions dans la boîte (page 177).
Mettez-vous d'accord sur un ordre de préférence.

Exemple: Il faut d'abord acheter des produits de base – du lait, des œufs . . .

- Comparez les prix au supermarché et dans les petits commerces.
- Considérez le pour et le contre.
- Étudiez le budget familial et choisissez vos produits en fonction de l'argent que vous avez.
- Puis présentez vos résultats, soit oralement soit par écrit.

Exemple: Moi, je n'ai que 450 francs à depenser. Je vais donc acheter . . . J'irai plutôt dans les supermarchés, car . . .

2 Et vous, que préférez-vous – les grandes surfaces ou les petits commerces? Justifiez votre réponse.

I *La publicité*

La tâche de Thierry est la publicité.

1 Voici ce qu'il nous dit sur sa démarche. Êtes-vous d'accord? Écoutez la cassette, lisez les phrases et cochez 'oui' ou 'non'.

1. Les publicités doivent montrer beaucoup de personnes. *oui/non*
2. Sourires et conversations sont des éléments très importants. *oui/non*
3. Les clients doivent être détendus. *oui/non*
4. Il faut mettre un bon slogan. *oui/non*

2 Thierry a commencé à faire son dessin (page 181). Dans vos cahiers, complétez-le. Ajoutez beaucoup de détails. Faites votre publicité!

Mini-entreprise **MODULE 8**

J

L'entreprise 'Le chameau' a laissé un message téléphonique pour Thierry. Vous êtes son assistant(e). Écoutez et complétez le message, puis transmettez-le à Thierry.
Commencez par: L'entreprise 'Le chameau' a téléphoné. Elle fait une . . .

18 août & 1er septembre 10h00

PONT D'OUILLY
Route de Condé sur Noireau par Cahan
CD 511

31 38 27 19

Fabrication de ...... pour ......, pêche, marine, sécurité, ...
Visitez-nous à nos ...... , route de Condé sur Noireau par Cahan. Vous serez éblouis par ....

cent quatre-vingt-un **181**

MODULE 8 *Mini-entreprise*

K À nous les pubs du siècle!

Pour analyser une publicité, vous devez vous poser des questions clés:
1. Quel est le produit?
2. C'est pour quel genre de magazines ou de journaux?
3. C'est pour quelle tranche d'âge?
4. Elle vise les hommes, les femmes, les enfants, les personnes âgées?
5. Le slogan est facile à retenir?

Consultez vos dictionnaires si nécessaire.

1 Écoutez ces publicités et posez-vous ces questions clés.

2 *Avez-vous un bon œil?* Regardez ces publicités et analysez-les. N'oubliez pas de consulter les critères.

a Repérez les mots clés et les mots que vous connaissez.
b *Le slogan:* quel est le mot qui accroche? Le slogan associe le produit à quoi? Quels sont les avantages du produit?

«LES HARICOTS VERTS SONT ARRIVÉS. VOTRE MEILLEURE DÉFENSE EN VITAMINES, C'EST HARICOTS VERTS PRIMEURS!»

1.

«Oranges plus presse-fruit = un jus de fruit parfait. Mais… nous ne le faisons que pour vous!»

2.

«DES PRIX CASSÉS! AVEC NOS PETITS VETEMENTS SYMPAS, VOUS SEREZ COOL SOUS LA CHALEUR DE L'ÉTÉ!»

3.

Aide-Mémoire

en caoutchouc (*m*) rubber
des usines (*f*) factories
ébloui stunned, astonished

le genre type, kind
la tranche d'âge age range
viser target, be aimed at

---

182 *cent quatre-vingt-deux*

Mini-entreprise MODULE 8

L Justine – la rédaction

Justine doit s'occuper de la rédaction et de la présentation du projet. Écoutez et lisez sa présentation, puis répondez aux questions en cochant la case appropriée. Si nécessaire, citez les raisons.

NATURE DU PROJET: Les grandes surfaces et les petits commerces.

COUP DE CŒUR! LE COMMERCE, LES COURSES

– Quand les jeunes font leurs courses, que choisissent-ils – les plats surgelés, les plats préparés, vite faits bien faits? Eh bien, oui! Voici leurs réponses:

80% des jeunes de 14 à 18 ans déclarent qu'ils n'ont pas le temps de cuisiner et qu'ils préfèrent de loin les plats préparés et les surgelés. C'est plus 'cool', affirment-ils. Une minorité de jeunes (20%) préfèrent aider le soir et aiment bien préparer de temps en temps des bons petits plats bien mijotés.

– Quant à la question des petits commerces et des grandes surfaces, voici leurs opinions:

Pour les jeunes et leur entourage, l'hypermarché et commander par catalogue c'est ce qu'il y a de plus pratique. Ils pensent qu'il y a plus de choix, de variété, de liberté et que c'est l'image de la vie moderne.

– Le prix? La moitié des jeunes pensent que ce n'est pas leur problème mais plutôt celui de Papa et Maman. C'est rigolo, n'est-ce pas?

– Les petits commerces? 75% déclarent qu'il n'y a pas assez de choix et que c'est souvent cher, mais l'accueil est plus humain, plus chaleureux. La plupart des jeunes pensent que les petits magasins sont utilisés en cas de dépannage pour un ou deux articles oubliés.

– Qu'est-ce qui guide les jeunes à acheter dans des grands hypermarchés?
Le choix (75%); les promotions (90%); les pubs (85%); les facilités offertes – parkings, crèches, caddies équipés d'un ordinateur – (75%).

Selon Justine . . .

1. Les jeunes ont une préférence . . .
   pour les produits laitiers ☐
   pour ce qui est rapide à faire ☐
   pour les produits ménagers ☐

2. les jeunes qui aiment cuisiner sont:
   nombreux ☐
   assez peu nombreux ☐
   très nombreux ☐

3. Quelles sont les raisons données en faveur de l'hypermarché? Citez-en au moins trois.

4. Quelles sont les raisons données en faveur des petits commerces? Citez-en au moins deux.

5. Les petits magasins sont pratiques:
   pour les crèches ☐
   si l'on a besoin d'une ou deux choses ☐
   car il y a plus de choix ☐

N'écrivez pas sur cette page

Aide-Mémoire

de loin by far
mijoté nicely cooked
quant à as for
l'acceuil (m) welcome
chaleureux, chaleureuse warm
la plupart most
en cas de dépannage (m) in an emergency

MODULE 8 *Mini-entreprise*

M *Travaux pratiques*

À vous maintenant!
Voici quelques mini-entreprises que des lycéens ont entrepris.
Parlez-nous de leurs projets.

1 *Le projet de Chloë*

Lisez et:
a donnez l'objectif du projet;
b analysez la publicité (consultez la page 182 pour vous aider).

Capi,
l'attente qui pourrait
peut-être vous sauver
LA VIE

L'attente téléphonique Capi

LE NUMERO 1 DES ATTENTES téléphoniques

Si vous en avez assez d'attendre désagréablement.

Achetez une attente Capi et vous serez servis.

Capi c'est pour la vie.

Si vous aimez la musique classique et que le fait d'attendre au téléphone vous horripile, l'entreprise Capi a créé pour vous, chers clients et chères clientes, des attentes téléphoniques d'une grande qualité… Pas chère et bien pratique, choisissez-nous et vous verrez alors que Capi est l'entreprise gagnante!

Mini-entreprise **MODULE 8**

2 *Un projet bénévole*
Lisez et notez les détails – que manque-t-il à ces enfants du tiers-monde?

A Wadjit, il n'y a plus d'école. L'école sert d'hôpital. Les équipes de Médecins sans frontières y sont installées. Elles utilisent aussi une ancienne prison pour y mettre leurs réserves de nourriture et de médicaments.
On distribue de la nourriture deux fois par jour. Cela fait plus de 2 500 repas par distribution. Les enfants reçoivent une assiette d'Unimix. C'est une bouillie de céréales enrichie avec des vitamines, du lait et du miel.

Solidarité aux enfants du tiers-monde!

Entreprise bénévole: faire des collectes du riz pour les enfants du tiers-monde ou nous aider à faire construire un puits et une école.

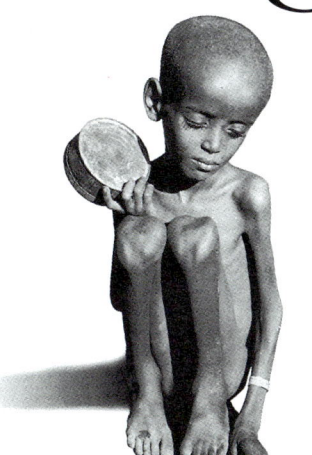

8 Kg.   *1 Kg.*

RIZ

Le 20 Octobre, dans chaque école, un enfant de France donne un paquet de riz pour un enfant de Somalie.

Il leur manque tout – nourriture, eau potable, école, tout.

cent quatre-vingt-cinq **185**

MODULE 8 *Mini-entreprise*

3 *Une idée brillante*

a Écoutez ces jeunes et répondez aux questions:
1. Quelle découverte est-ce que Delphine a trouvée dans le journal?
2. Qu'est-ce qu'elle propose de faire en papier?

b Voici le questionnaire rédigé par Delphine pour son projet. Remplissez-le. Faites un sondage 'vêtements' dans votre classe.

QUESTIONNAIRE

1. Combien par mois dépensez-vous en vêtements?
2. Que pensez-vous des marques? Sont-elles importantes?
3. Est-ce que vous portez des vêtements de marque ou pas?
4. Est-ce que vous achetez les vêtements seulement pour vous?
5. Mettez-vous de côté des vêtements pour les gens sans abri?
6. Recherchez-vous des vêtements bizarres, 'pas comme les autres'?
7. Avez-vous entendu parler des vêtements en papier?
8. En porteriez-vous?
9. Est-ce une solution écologique d'utiliser du papier au lieu de tissu?
10. Est-ce que vous avez déjà assisté à un défilé de mode?

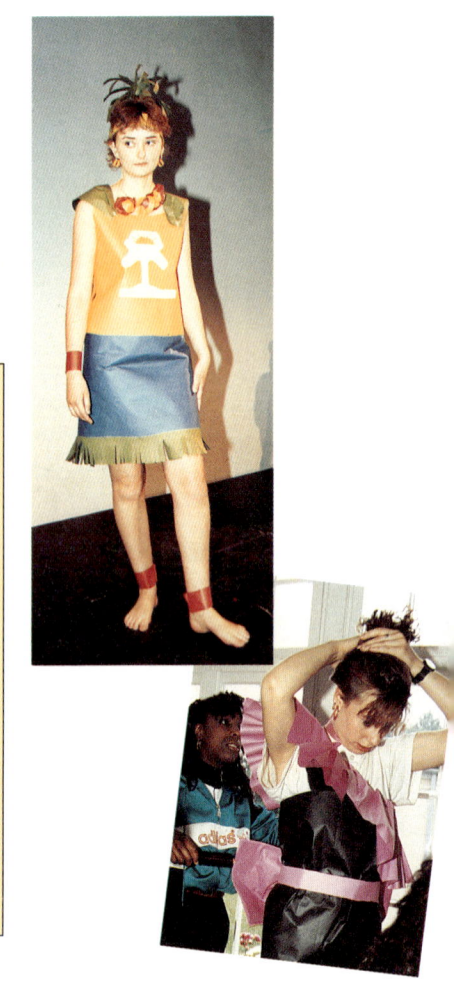

Aide-Mémoire

attendre wait
horripiler try one's patience

la guerre war
la sécheresse drought
mourir de faim die of hunger
sauver save
peser weigh
grossir put on weight

la marque brand name
les gens sans abri homeless people
au lieu de instead of
un défilé de mode a fashion parade

N *Votre mini-entreprise*

Votre classe organise une mini-entreprise. Des élèves français vous ont demandé d'écrire un article pour leur journal scolaire sur votre projet. Envoyez-leur votre compte-rendu.
Relisez le module et organisez-vous en groupes, comme Justine, Arnaud, Thierry et Céline. Ayez la même démarche!

a Expliquez votre idée ou idées de mini-entreprise.
b Dites comment vous allez procéder.
c Présentez votre groupe.
d Préparez vos questionnaires.
e Enquêtez. Faites votre sondage.
f Vos publicités – montrez vos talents!
g Évaluez et présentez, soit oralement soit par écrit.

Vous pouvez aussi monter une vidéo pour illustrer votre présentation.

N'oubliez pas d'envoyer aux élèves français vos questionnaires, résultats et publicités!

cent quatre-vingt-six

Mini-entreprise MODULE 8

POUR VOUS AIDER

Objectifs

Discuter d'un projet commercial   *Discuss a business project*
Rédiger un questionnaire et organiser un sondage   *Put together a questionnaire and organise a survey*
Analyser les résultats et les présenter   *Analyse the results and present them*
Établir un budget pour faire ses courses   *Establish a budget for your purchases*
Analyser et présenter des publicités   *Analyse and present advertisements*

de la page 173 à la page 177

Comment vont-ils procéder?   *How are they going to proceed?*
Remettez la démarche dans le bon ordre   *Put the process in the right order*
Certains ados vont entreprendre plus d'une tâche   *Certain teenagers are going to take on more than one task*
... écoutez les résultats du sondage et complétez chaque phrase avec le bon pourcentage   *... listen to the results of the survey and complete each sentence with the right percentage*
Céline a entrepris la section 'Budget'   *Céline has taken on the 'Budget' section*

Comment va-t-elle dépenser cette somme?   *How is she going to spend this amount?*
Quels sont les critères les plus importants pour chacun des ados?   *What are the most important criteria for each teenager?*

de la page 180 à la page 186

Mettez-vous d'accord sur un ordre de préférence   *Agree on an order of preference*
Étudiez le budget familial et choisissez vos produits en fonction de l'argent que vous avez   *Study the family budget and choose your products according to the money you have*
Repérez les mots clés et les mots que vous connaissez   *Pinpoint the key words and the words you know*
... quel est le mot qui accroche?   *... what is the word that sticks?*
... que manque-t-il à ces enfants du tiers-monde?   *... what do these children of the developing countries lack?*
Envoyez-leur votre compte-rendu   *Send them your report*

cent quatre-vingt-sept **187**

C'est ton bilan

	page
## J'ai revu comment	
☐ parler des numéros et les comprendre	**175-176**
## J'ai appris à et je peux	
☐ discuter des qualités et des compétences exigées pour obtenir un emploi	**152-156**
☐ lire une annonce et me renseigner, soit oralement, soit par écrit	**157-159**
☐ donner mon avis sur l'utilité d'apprendre des langues étrangères et rédiger un petit résumé	**159-161**
☐ parler des règlements qui concernent les jeunes travailleurs	**162-163**
☐ parler de petits boulots en donnant des détails et parler des aspects agréables et désagréables d'un travail saisonnier	**164-166**
☐ comprendre des conseils pour être prudent en vacances	**166-167**
☐ décrire un accident de vacances	**168-170**
☐ discuter d'un projet 'mini-entreprise' organisé au collège	**171-173**
☐ décider et dire qui fera quoi: sondage, évaluation, publicité, rédaction	**173-174**
☐ faire des comparaisons entre les achats dans les grandes surfaces ou les petits commerces	**175-180**
☐ présenter une 'mini-entreprise', rédiger un paragraphe et illustrer mon projet avec des publicités, des cassettes ou une vidéo	**183-186**

MODULE 9

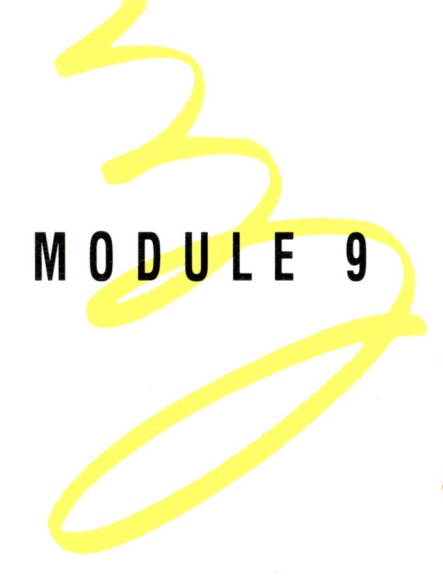

Où habitez-vous?

Objectifs

Discuter le pour et le contre: habiter en ville ou habiter à la campagne?

Présenter la ville et la région où l'on vit.

Parler des moyens de transport.

A   J'habite . . .

Écoutez et lisez. Trois jeunes décrivent leur ville ou leur région.
Qui dit quoi? Écoutez la cassette et identifiez la personne qui parle.

> Je dirais que c'est une ville agréable. On peut y pratiquer des sports, il y a beaucoup de magasins . . . On ne s'y ennuie jamais. À chaque instant on découvre de très belles maisons et des quartiers pittoresques. Nous avons une cathédrale et une université. Il y a un côté industriel qui n'est pas aussi pittoresque. Il faut dire que c'est assez pollué. Cela fournit des jobs quand même. Et pour les gens qui doivent faire la navette, il y a un très bon réseau entre la Normandie et Paris.

1.

MODULE 9 *Où habitez-vous?*

2.

Là où j'habite, c'est un coin retiré en banlieue, loin des grandes surfaces. Il n'y a que les petits magasins, il n'y a qu'une poste, qu'un café... mais c'est génial, un paysage tranquille. Les gens sont sympas et chaleureux. Moi, j'aide mes parents dans leur travail. Quand j'ai des heures libres je me sens quelquefois isolée – mes copains de collège me manquent!
De plus en plus on voit des touristes, surtout des Anglais. Ça me plaît. Je sais parler anglais – c'est-à-dire, j'apprends l'anglais au collège – donc je peux communiquer avec eux.

3.

Ma ville est très moderne, très animée, avec beaucoup de centres commerciaux. La plupart des gens travaillent sur place, mais il y en a qui font la navette à Paris. Nous avons de grands magasins très impressionnants. Il y a des rues piétonnes et on peut bien s'amuser et faire du lèche-vitrines. Il faut dire quand même que la vie est chère chez nous et nous avons ressenti les effets du chômage. On voit de plus en plus de magasins vides.

Aide-Mémoire

On ne s'y ennuie jamais *You never get bored there*
fournir *provide*
faire la navette *commute*
des grandes surfaces (f) *hypermarkets*
chaleureux *warm*
isolé(e) *isolated*
animé *lively*
des rues (f) **piétonnes** *pedestrian streets*
faire du lèche-vitrine(s) *go window-shopping*
vide *empty*

B

Relisez et comparez les descriptions de Jérémy, de Natasha et de Frédéric. Répondez à ces questions.

A *Jérémy*
1. Qu'est-ce qu'il aime faire?
2. Quels sont les aspects les plus agréables de sa ville?
3. Quels sont les aspects les moins agréables? Pourquoi?
4. Est-il difficile de travailler à Paris et de vivre en Normandie? Pourquoi?

B *Natasha*
1. Comment sont les magasins où elle habite?
2. Comment sont les habitants?
3. Pourquoi n'est-elle pas libre tout le temps quand elle est chez elle?
4. Quand elle est libre, est-elle contente? Pourquoi?
5. Natasha aime bien les touristes anglais. Pourquoi?
6. Selon Natasha, quels sont les avantages et quels sont les inconvénients de vivre à la campagne?

190 *cent quatre-vingt-dix*

Où habitez-vous? **MODULE 9**

C *Un peu d'oral!*

1 Regardez ces photos. Comment décririez-vous ces lieux? Discutez avec un(e) partenaire.
Donnez autant de détails que possible. Choisissez de bonnes phrases dans les textes.

1.

une ferme en Normandie

le paysage normand

2.

Rouen, la vieille ville . . .

. . . et le quartier industriel

3.

Paris: pont, sur la Seine

les cafés de Montmartre

4.

Cergy Pontoise, ville nouvelle

les grands centres commerciaux

C *Frédéric*
1. Comment est la ville où habite Frédéric?
2. Est-ce que tout le monde travaille en ville?
3. Selon Frédéric, quels sont les aspects les plus agréables du centre-ville?
4. Quels sont les aspects les moins agréables d'une ville moderne?

2 Travaillez avec un(e) partenaire. Décrivez votre région. Puis faites comme Jérémy, Natasha et Frédéric. Composez un petit paragraphe.

cent quatre-vingt-onze **191**

MODULE 9 *Où habitez-vous?*

D *Ville ou campagne?*

Maintenant, écoutez deux jeunes qui comparent les avantages et les inconvénients de vivre en ville et de vivre à la campagne. Cochez les expressions qu'ils utilisent pour donner leurs opinions.

Pour introduire leurs idées:

À mon avis	
Il me semble que …	
Je crois que …	
Selon moi	
D'après moi	
Je pense que …	
J'ai l'impression que …	

N'écrivez pas sur cette grille

Pour argumenter:

Je suis d'accord	
Je ne suis pas tout à fait d'accord	
Tu as raison	
Tu as tort	
Je ne suis pas du même avis	

N'écrivez pas sur cette grille

Pour introduire des exemples:

(Annie) explique que …	
(Lucien) précise que …	
Il dit que … /Elle dit que …	

E *Que pensez-vous de la campagne?*

1 Lisez ces lettres et notez les idées essentielles.

> **« J'AIME LA CAMPAGNE, PARCE QU'ON S'Y SENT LIBRE »**
>
> «À la campagne, on peut jouir d'un ciel clair, de l'air pur, de la beauté de la nature, en toutes saisons.
> À chaque instant, au tournant d'un chemin, on découvre un tableau magnifique. Ici, un bois sombre, là, des pâturages d'un vert éclatant, semés de mille fleurs, qui embaument l'air.
> Un grand silence reposant règne, entrecoupé, parfois, de chants d'oiseaux, ou du meuglement des vaches, qui appellent leurs veaux. J'aime la campagne, parce qu'on s'y sent libre, parce qu'on y retrouve la paix, on y oublie ses soucis, ses tracas ; et aussi, parce qu'elle nous offre l'occasion de rêver.»
> *Virginie, Rodez (12)*

Cécile (12)

> **« J'AIMERAIS HABITER UNE MAISON DE CAMPAGNE… À LA VILLE ! »**
>
> «Salut Katia,
> Moi, j'habite à la campagne, mais je vais bientôt déménager pour la ville. Personnellement, je trouve que les deux ont des avantages…
> La campagne, c'est sympa : la ferme, les animaux (surtout quand tu aimes la nature), etc.
> La ville, d'un autre côté, c'est pratique : le collège juste à côté ; les bus ; on peut plus souvent sortir avec des amis, pratiquer des sports, etc.
> J'aimerais habiter une maison de campagne… à la ville !»
> *Pierre, Caen (14)*

Jean (15)

Où habitez-vous? **MODULE 9**

« MON RÊVE EST D'HABITER DANS UNE TRÈS GRANDE VILLE COMME NEW YORK »

« Chère Katia,
Je n'aime pas beaucoup la campagne. Elle est, pour moi, synonyme d'isolement et d'ennui. La ville, elle, est un endroit sympa pour se divertir.
Entre les magasins, le cinéma, la piscine, on ne s'y ennuie jamais. Cependant, la campagne est un endroit agréable pour se balader à vélo, sans se faire renverser par une voiture.
Mais mon bonheur est et restera toujours la ville. Mon rêve est d'habiter plus tard dans une très grande ville, comme New York ou Paris.
Gros bisous. »
Astrid, Saint-Laurent-Blangy (62)

Muriel (14)

« JE SUIS UN " CITADIN-NÉ " »

« Salut Katia !
Je me suis senti concerné par ta question : je suis en effet un "citadin-né", et je crois que je ne pourrais pas vivre ailleurs qu'en région parisienne.
Mais j'adore la campagne, pendant les vacances, pour me détendre, me reposer, me promener... Et la France a des paysages si différents, que je ne me lasserai jamais d'y voyager. »
*François, 14 ans,
Nogent-sur-Marne (94)*

Stéphane (16)

Aide-Mémoire

À mon avis *In my opinion*
Il me semble que ... *It seems to me that ...*
Selon moi *To my mind*
je suis d'accord *I agree*

jouir de *enjoy*
un pâturage *a pasture*
le meuglement *mooing*
un veau *calf*
les soucis (m) *worries*
déménager *move house*
un 'citadinné' *a city-dweller*
se détendre *relax*
lasser de *get tired of*
se divertir *enjoy yourself*
se faire renverser *get knocked down*

F Oral et écrit

À vous maintenant!
Quelles sont vos impressions de la vie rurale, et de la vie en ville? Quels aspects aimeriez-vous et quels aspects n'aimeriez-vous pas? Pourquoi?
Écrivez une petite description et expliquez vos préférences. Utilisez quelques-unes des expressions que vous avez lues et entendues. Utilisez des phrases tirées du module. Puis présentez-les oralement. Relisez les lettres de Cécile, Muriel, Jean et Stéphane pour vous aider.

Exemple:

Je n'aimerais pas la vie rurale. Je n'aime pas être **loin des grandes surfaces**. J'aime bien les grands magasins et dans un village rural **il n'y a qu'une poste, qu'un café**. Je préférerais vivre en ville. **On peut y pratiquer des sports** et dans une vieille ville on trouve quelquefois **des quartiers pittoresques** ...

cent quatre-vingt-treize **193**

MODULE 9 *Où habitez-vous?*

UNE PAGE DE LECTURE

Lisez et répondez aux questions.

SARA MANDIANO "MA MAISON A LA CAMPAGNE"

« J'ai des doutes » a été l'un des tubes de notre été… Pour en savoir un peu plus sur son interprète, Sara Mandiano, nous nous sommes rendus en Normandie, chez elle, dans une superbe demeure. Pour la première fois, des journalistes lui rendaient visite et c'est Podium qui a décroché l'exclusivité… Une interview dans l'intimité d'une nouvelle star de la chanson française.

Sara, c'est ici que tu as célébré ton entrée au Top 50 ?
Oui, au champagne ! C'était un grand bonheur, on ne s'y attendait pas, du moins pas si vite. C'est rassurant de savoir que les gens aiment ce que tu fais, le Top 50 est une des meilleures preuves.

Non, car j'adore Paris et j'aurais du mal à m'en passer totalement. Lorsque j'y retourne maintenant, c'est dans un tout autre état d'esprit.
Ça doit vraiment te changer, c'est immense ici !
Oui, et en plus c'est calme. J'ai un grand jardin où je cultive mes fleurs. La maison aussi est vaste, mais il y a encore pas mal de travaux à faire.
C'est toi qui fais ta décoration ?
Oui, j'adore ça. Je traque les brocantes pour trouver des vieux meubles et je bricole des étagères pour poser tous les objets. Je suis une fan des objets, j'en ai des tonnes. 
Que fais-tu ici en dehors de la musique ?

Pourquoi as-tu quitté Paris ?
A cause du manque d'espace. J'habitais dans un deux pièces de 40 m², ce n'était pas évident de faire de la musique dans ces conditions. Et puis j'avais besoin de prendre un peu de recul pour la sortie de mon premier album.
Et pourquoi la Normandie ?
C'est beau la Normandie, non ? C'est la campagne pas très loin de Paris !
Tu ne t'es quand même pas complètement exilée ?

Je jardine, je fais un peu de peinture et surtout, je reçois mes amis qui viennent souvent nous voir. Ça prend du temps les copains ! 
Tu es une femme d'intérieur ?
J'aime beaucoup m'occuper de ma maison, par contre, je ne sais pas très bien faire la cuisine. Il n'y a que pour les amis que je fais des efforts et que je m'éclate aux fourneaux. Personnellement, je me nourris de trois fois rien.
Où te sens-tu le mieux dans ta superbe demeure ?
Chaque pièce a sa fonction. Mon bureau est dans ma chambre, là c'est le boulot ! Le mini-studio, c'est la pièce où je peaufine mes dernières chansons, la cuisine c'est quand les amis sont là que j'y passe le plus de temps et le salon… Ah ! le salon, c'est le lieu de détente, de rencontre, de bien être et de réflexion… C'est ici que je fais mes plus grandes escales !

Propos recueillis par Solange Borsotto

CONCOURS A GAGNER 30 PIN'S SARA

194 cent quatre-vingt-quatorze

Où habitez-vous? **MODULE 9**

G Révision

Donnez-nous plus de détails!
Et vous, où habitez-vous? Près d'une ville? Ou à la campagne?
Ou en banlieue? Où se trouve exactement votre ville?

> à proximité de . . .
> à côté de . . .
> loin de . . .
> à . . . kilomètres de . . .

Habitez-vous dans une maison ou un appartement?
À l'aide de la grille des pièces, décrivez votre maison ainsi que l'endroit où vous habitez.

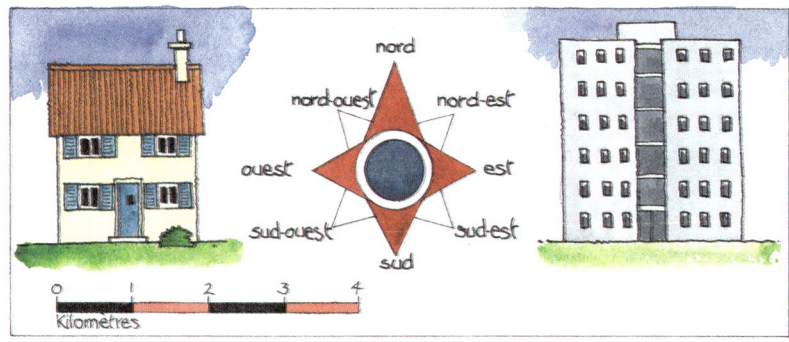

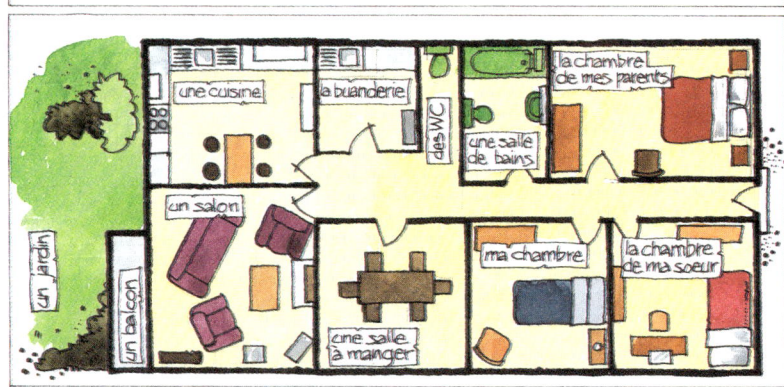

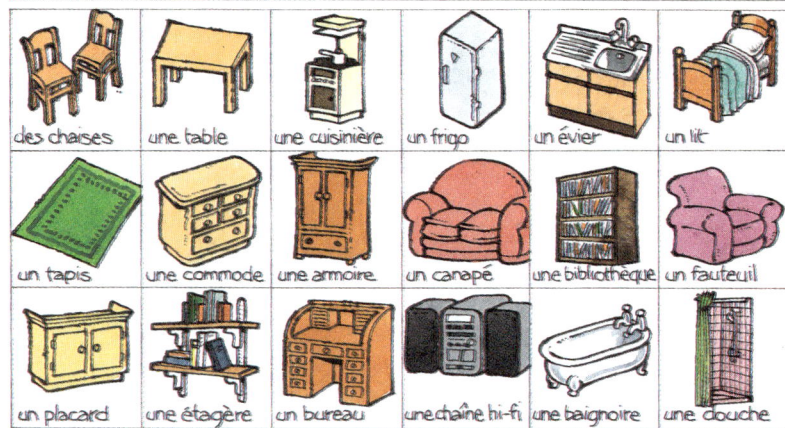

1. **a** Qui est Sarah Mandiano?
   b Pourquoi a-t-elle choisi de quitter la ville?
   c Où habite-t-elle maintenant?
   d Qu'est-ce qu'elle fait chez elle? Décrivez au moins trois activités.
   e Dans quelle pièce se sent-elle le mieux? Pourquoi?

2. *Vrai ou faux?*
   a Sarah Mandiano n'aime pas le champagne.
   b Elle s'est exilée parce qu'elle déteste les grandes villes.
   c Maintenant elle a une superbe maison et un grand jardin.
   d Elle adore collectionner des objets.
   e Sa passion, c'est de faire la cuisine.
   f Elle ne peut pas faire de la musique chez elle.

Aide-Mémoire

la demeure *home*
le manque de *lack of*
un état d'esprit *a state of mind*
traquer les brocantes (f) *hunt through second-hand markets*
une étagère *a shelf*
se nourrir de *live on, eat*
peaufiner *polish up*
une escale *a stopover, touch-down*

cent quatre-vingt-quinze **195**

MODULE 9 *Où habitez-vous?*

H Conseil important

Écrire une description? Suivez le guide!

1 En groupes de trois ou quatre, écrivez tous les *adjectifs* qui décrivent une région, une ville ou un village, et les habitants. Après quelques minutes, chaque groupe doit écrire sa liste au tableau.

Comparez vos listes avec les nôtres. Quelles sont les différences?

la ville/le village	*les habitants*
animé, animée	aimables
agréable	chaleureux
beau (bel), belle	sympas
cher, chère	amusants
génial, géniale	ouverts
grand, grande	joyeux
industriel, industrielle	distants
moderne	antipathiques
nouveau, nouvelle	assez fermés
petit, petite	
pittoresque	
pollué, polluée	
retiré, retirée	
tranquille	
vieux, vieille	

2 Toujours en groupes, écrivez des phrases très simples.

Exemples:

C'est une ville.
C'est un village.
Il y a des maisons.
Il y a une poste.
Il y a beaucoup de magasins.
Il y a une cathédrale/
   un château/une université.
Il y a un musée/une galerie
   d'art.
Il y a des quartiers.
Il y a des usines.
Il y a des cafés.
Il y a beaucoup de touristes.
C'est pollué!
C'est génial!

Insérez les adjectifs dans les phrases. Évitez la répétition, si possible.

Exemples:

C'est une **grande** ville.
C'est un **petit** village.
Il y a de **belles** maisons.
Il y a beaucoup de magasins **vides**.
Il y a une **vieille** cathédrale, un **beau** château et une université **moderne**.
Il y a des quartiers **animés**.
Il y a des cafés **agréables**.

Où habitez-vous? **MODULE 9**

3 Si possible, commencez chaque phrase d'une façon différente. Voici des expressions variées pour commencer vos descriptions:

Ma ville est/se trouve/est située/se situe...
Là où j'habite, c'est...
Au centre-ville...
Aux alentours...
En banlieue...
En pleine campagne...
À la campagne...

À chaque instant on voit...
De plus en plus on voit...
Nous avons.../On y trouve... [des musées/ des magasins/ un centre loisirs/des usines/des gratte-ciel/des centres commerciaux]
On découvre... [des lieux pittoresques/ des vieux quartiers]
On voit beaucoup de... [magasins vides]
On peut... [faire du sport/aller au théâtre/ manger au restaurant/ prendre un snack dans des cafétérias/s'amuser]

Il faut dire que...
Je dirais que...
Il y a un côté...
Pour les gens qui...
Cependant...
Quand même...

Entraînez-vous!

1. Réécrivez ce paragraphe en remplaçant les expressions en caractères gras par des expressions dans les boîtes.
2. Changez quelques détails pour décrire l'endroit où vous habitez.

J'habite dans une grande ville. **Il y a** de belles maisons. **Il y a aussi** des quartiers animés et des cafés agréables. **C'est assez** industriel. **Il y a beaucoup de** magasins vides et c'est pollué. **Mais** pour les gens qui y habitent on ne s'y ennuie jamais. **Dans le centre** il y a un cinéma et un théâtre. **Les habitants aiment** aussi faire du sport. Ma ville est quand même géniale!

A*ide-M*émoire

À chaque instant on voit...
  You see... all the time
De plus en plus on voit... *You see more and more...*

un centre loisirs *a leisure centre*
une usine *a factory*
un gratte-ciel *a sky-scraper*
un centre commercial *a shopping centre*
un vieux quartier *an old quarter*

Je dirais que... *I'd say that...*
Il y a un côté *There is a ... side*

Testez votre mémoire

Comment est votre ville ou votre région?

Chronométrez-vous. Préparez ce sujet et présentez-le. Utilisez des phrases que vous avez trouvées. Vous avez quelques minutes!

Exemples:

C'est une ville industrielle. Il y a quand même un beau quartier.

Au centre-ville il n'y a que de grands magasins. Aux alentours, par contre...

Il n'y a pas de grandes places mais nous avons un petit marché tous les samedis...

cent quatre-vingt-dix-sept **197**

MODULE 9 *Où habitez-vous?*

I *Un débat*

1 Lisez les questions et mettez chaque phrase sous la bonne question. Remplissez la grille.

Questions
1. Quels sont les avantages de vivre à la campagne ou en ville?
2. Quels sont les inconvénients?

Réponses
- C'est très animé
- C'est monotone
- C'est plus sain
- Il y a plus d'espaces verts
- C'est calme
- C'est difficile pour les transports
- Il n'y a que de petits magasins
- Il n'y a que des jardins publics
- Il y a beaucoup de bruit
- Il y a trop de pollution
- On peut entendre les oiseaux
- On s'y amuse beaucoup
- C'est loin du collège
- Il y a beaucoup de centres culturels
- Il y a beaucoup de fumée
- C'est ennuyeux
- Il n'y a pas beaucoup de distractions
- Il n'y a pas d'espaces verts
- On voit toujours les mêmes visages
- On s'ennuie

2 À vous maintenant!
Vous devez faire une publicité pour votre ville!
Faites un exposé en classe. Présentez les avantages et les inconvénients de vivre à la campagne, en banlieue ou en ville.
Présentez ce qu'il y a à voir ou à faire. Puis, changez de rôle et posez des questions à vos camarades.

Vérifiez par écrit ce que vous savez dire. Illustrez votre paragraphe d'une publicité.

Avantages		Inconvénients	
Ville	*Campagne*	*Ville*	*Campagne*

N'écrivez pas sur cette grille

198 *cent quatre-vingt-dix-huit*

Où habitez-vous? **MODULE 9**

ƒLASH-GRAMMAIRE

RAPPEL: POSITION OF ADJECTIVES
In French, adjectives usually come after the noun. For example:

Il y a beaucoup de magasins **vides**.   There are lots of empty shops.
C'est une région **industrielle**.   It's an industrial area.

However, there are some adjectives which go before the noun. Some of these are: **beau, joli, gros, nouveau, vieux, jeune, grand, petit, bon, mauvais**. For example:

J'habite dans une **grande** maison à la campagne.   I live in a big house in the country.
C'est un **petit** village près d'Avignon.   It's a small village near Avignon.

Beau, **nouveau** and **vieux** have irregular feminine forms:

masculine	feminine
beau	belle
nouveau	nouvelle
vieux	vieille

For example:

Il y a une **vieille** cathédrale.   There's an old cathedral.
Voici ma **nouvelle** école.   There's my new school.
Il y a de **belles** maisons   There are some lovely houses.

Entraînement

Complétez ces phrases avec un adjectif qui convient:
1. Au centre de mon village, il y a une …… église.
2. J'habite dans un quartier très …… .
3. Mon meilleur ami habite dans une …… maison au centre-ville.
4. Aux alentours, il y a beaucoup de grandes surfaces, mais au centre-ville, il y a de …… magasins.
5. J'aime bien la campagne parce que c'est …… .

ƒLASH-GRAMMAIRE

ATTENTION!
The masculine singular forms, **beau**, **nouveau** and **vieux**, also change before a masculine noun which begins with **a**, **e**, **i**, **o** and **u**.
Beau becomes **bel**; **nouveau** becomes **nouvel**; **vieux** becomes **vieil**.
For example:

J'habite dans un **vieil** immeuble au centre-ville.   I live in an old block of flats in the town centre.
Il y a un **bel** espace vert tout près de chez nous où nous faisons des pique-niques.   There is a lovely green area near us where we have picnics.

cent quatre-vingt-dix-neuf **199**

MODULE 9 *Où habitez-vous?*

UNE PAGE DE LECTURE

Comme un arbre

Comme un arbre dans la ville
Je suis né dans le béton
Coincé entre deux maisons
Sans abri sans domicile
Comme un arbre dans la ville

Comme un arbre dans la ville
J'ai grandi loin des futaies
Où mes frères des forêts
Ont fondé une famille
Comme un arbre dans la ville

Entre béton et bitume
Pour pousser je me débats
Mais mes branches volent bas
Si près des autos qui fument
Entre béton et bitume

Comme un arbre dans la ville
J'ai la fumée des usines
Pour prison et mes racines
On les recouvre de grilles
Comme un arbre dans la ville

Comme un arbre dans la ville
J'ai des chansons sur mes feuilles
Qui s'envoleront sous l'œil
De vos fenêtres serviles
Comme un arbre dans la ville

Entre béton et bitume
On m'arrachera des rues
Pour bâtir où j'ai vécu
Des parkings d'honneur posthume
Entre béton et bitume

Comme un arbre dans la ville
Ami, fais après ma mort
Barricades de mon corps
Et du feu de mes brindilles
Comme un arbre dans la ville

CATHERINE ET MAXIME LE FORESTIER

Où habitez-vous? **MODULE 9**

1 Faites correspondre les illustrations aux strophes.

a b c

d e f

g

2 Quel est le message de cette chanson? S'agit-il . . .
– d'un arbre?
– de quelqu'un qui se sent isolé, sans amis?
– d'un musicien ou une musicienne, peut-être?
Comment est-il ou elle?
Rédigez un petit paragraphe pour décrire sa vie.
Identifiez tous les mots qui décrivent la ville et la pollution.

Aide-Mémoire

le béton *concrete*
coincé *stuck*
un abri *a shelter*
grandir *grow up*
une futaie (f) *tree plantation*
la fumée *smoke*
les racines (f) *roots*
s'envoler *fly away*
arracher *pull out*
bâtir *build*
les brindilles (f) *twigs*

deux cent un **201**

MODULE 9 *Où habitez-vous?*

J Scoop sur Ian

Savoir présenter votre ville peut vous aider à trouver un petit boulot pendant les vacances!

Ian est écossais. Il veut travailler à l'office de tourisme à Édimbourg. Voici l'annonce qu'il a vue dans le journal.

Notions de français ou d'autres langues européennes souhaitables.

Kenntnis von Deutsch oder anderen europäischen Sprachen wünschlich.

Nozioni d'italiano o di altre lingue europee preferibili.

Salary according to age and experience.

Apply in writing to: Edinburgh Tourist Centre

---

1 Écoutez l'extrait de son interview. Voici ses notes. Comparez ce qu'il a écrit avec ce qu'il dit. Qu'est-ce qu'il oublie de dire?

Aide-Mémoire

les joyaux (m) *jewels*
construit(e) *built*
l'orgue (m) *organ*
un écrivain célèbre *a famous writer*
le moyen âge *middle ages*
le tissu *cloth*
la cornemuse *bagpipes*
le saumon fumé *smoked salmon*
le roi, la reine *king, queen*
à prix d'usine *at factory prices*
le couronnement *coronation*
le mobilier *furniture*
l'ivoire (m) *ivory*
la dégustation gratuite *free tasting*

Notes sur la ville

Château d'Édimbourg domine la ville: remonte à l'époque des Normands.
À voir: les joyaux de la couronne d'Écosse.
Cathédrale St Giles, se trouve dans la vieille ville, construite au 12ème siècle.
À voir: l'orgue magnifique et la superbe Thistle Chapel.

Palais de Holyroodhouse – palais royal dans le centre-ville, au bout du Royal Mile.
Maison de Lady Stair – musée contenant manuscrits et mémoires des écrivains écossais célèbres: R. Burns, R.L. Stevenson, Walter Scott.

Les musées du vieux quartier: dont John Knox House – maison du moyen âge, et Huntly House, manoir restauré du 16ème siècle (expositions d'argenterie et de verrerie).
Centre de l'héritage du whisky écossais – à côté du château. Visites guidées, boutique.
Scottish Experience dans le Royal Mile – exposition de vêtements, fabrication de tissus écossais tissés à la main, kilts, tricots, cornemuses; arbres généalogiques dans le bureau d'information des Clans et Couleurs; haggis au saumon fumé à la cafétéria.

202 *deux cent deux*

Où habitez-vous? **MODULE 9**

Notes sur les alentours

Palais de Linlithgow, construit en 1425, résidence de tous les rois Stuart et lieu de naissance de Marie, reine des Écossais.

Edinburgh Crystal Visitor Centre: visite de l'usine, exposition éblouissante de cristaux, articles à prix d'usine.

Dalmeny House, à 11 km à l'ouest d'Édimbourg. Collections de meubles, tapisseries, porcelaines; très beau parc, promenade sur les rives du Firth of Forth.

Notes sur la région

Château de Stirling: palais de Jacques V. Vue spectaculaire.

Glamis Castle, près de Dundee. Maison d'enfance d'Elizabeth la reine mère. Visites guidées des magnifiques salles; jardin et parc.

Palais de Scone: lieu de couronnement des rois écossais. Collection impressionnante de mobilier, de porcelaine, d'horloges et d'ivoire.

Glenturret Distillery: à une heure d'Édimbourg, la plus ancienne distillerie d'Écosse. Dégustation gratuite, visites guidées, boutique.

New Lanark, ancien village du textile. On peut y profiter de *L'expérience Annie McLeod*, une reconstruction historique du style Disney.

2 *Ian s'embrouille...*
C'est sa première journée dans son nouveau poste et Ian est déjà à bout de nerfs. Il craque! Il essaie de donner des renseignements, mais dit-il toujours la vérité? Lisez et corrigez ses fautes.

1. Le Château de Stirling? Euh... c'est la maison d'enfance de Marie, reine des Écossais.
2. Il faut aller à John Knox House dans le vieux quartier pour voir les manuscrits de l'écrivain Robert Burns.
3. Le Château d'Édimbourg? Oui, Madame, il a été construit au temps des Romains. Vous y verrez la couronne d'Écosse.
4. Le Palais de Scone? On peut y voir des porcelaines, des meubles et des tapisseries et on peut acheter des articles à prix d'usine...
5. Pour goûter la cuisine écossaise? Alors, allez au *Scottish Experience* dans le *Royal Mile*. Il y a une très bonne cafétéria. La dégustation est gratuite!
6. Vous trouverez votre arbre généalogique au Centre de l'héritage du whisky, tout près du château – c'est ouvert tous les jours.

deux cent trois **203**

MODULE 9 *Où habitez-vous?*

3 Travaillez en groupes. En vous aidant des notes d'Ian, rédigez une publicité pour des attractions touristiques dans votre région, vraies ou imaginaires.
Préparez une vidéo ou une cassette. Illustrez votre projet de posters et présentez-le à vos camarades, à vos professeurs ou à vos parents.

K *Est-ce que votre région est bien desservie par les transports en commun?*

1 Écoutez et trouvez le transport mentionné.

2 *Voyagez malin!*
Écoutez les annonces et complétez les informations avec la bonne réponse.

TRAIN BANLIEUE 
Départ toutes les..................................
Trains directs sur la ligne.....................

VOL PARIS–LONDRES
Tarif, moins de 25 ans.........................
Durée du vol..

SOS CHARTER
Paris–Montréal, prix en charter ....
Numéro répondeur ....

RANDONNÉES DANS LES GORGES 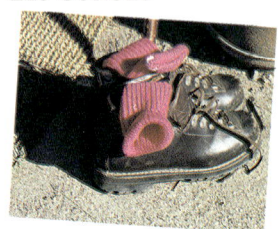
Prix une semaine ....
Activités ....

SCOTLAND

N'écrivez pas sur cette page

204 *deux cent quatre*

Où habitez-vous? **MODULE 9**

TRAIN

Départ..
Arrivée ....
Réduction...

LES MEILLEURS PRIX

Pays ....
Logement ....

N'écrivez pas sur cette page

a Nina

D'habitude, je vais au collège en voiture avec ma mère. Il faut compter un quart d'heure environ. J'aime aller en voiture parce que c'est rapide et confortable. J'ai horreur d'aller en car scolaire – c'est trop lent et il y a trop de bruit.

L Interview: Soirées jeunes

Écoutez une interview à la radio et répondez aux questions en citant au moins trois éléments essentiels.

1. Que pense Arnaud des transports dans sa région?
2. Que dit-il des prix?
3. En ce qui concerne la distance, que dit-il?
4. De quels problèmes parle-t-il?
5. Quel moyen de transport préfère-t-il et pourquoi?

M Quel moyen de transport préférez-vous?

1 Écoutez et lisez. Les questions suivantes ont été posées.

– Comment allez-vous à l'école d'habitude?
– Combien de temps faut-il compter pour aller au collège?
– Quel moyen de transport préférez-vous?
– Quel moyen de transport n'aimez-vous pas du tout, et pourquoi?

b Sébastien

Eh bien moi, j'habite à la campagne. Je prends mon vélo pour aller à l'école. C'est bon pour la forme et c'est plus économique. Je n'aime pas voyager en train. C'est trop cher et ce n'est pas pratique quand on habite à la campagne.

Voici ce que nos ados ont répondu.

deux cent cinq **205**

MODULE 9 *Où habitez-vous?*

c Éloïse

Je vais à l'école à pied avec mes copines et il faut compter vingt minutes. C'est chouette de marcher – on bavarde, on se raconte tous les petits potins. Je n'aime pas le métro parce qu'on ne voit rien et c'est sale.

d Pierre

Salut! Moi, je vais au collège en autobus avec mes voisins. Il faut compter dix minutes quand il n'y a pas de circulation. Mon moyen de transport préféré c'est l'avion. J'adore l'avion – c'est rapide et c'est très classe! Mais je ne peux pas aller à l'école en avion, n'est-ce pas?!

1. Notez les éléments essentiels de chaque réponse.
2. En groupes, posez-vous des questions pour deviner qui est qui.

Exemple: Qui a horreur d'aller en car scolaire? – C'est Nina!

2 À vous maintenant! Vérifiez par écrit ce que vous avez compris. Écrivez un petit paragraphe sur les transports. Suivez les questions posées ci-dessus.

Documents sonores et écrits

Faites correspondre chaque panneau au bon moyen de transport.

a **PORTE NUMÉRO 65**

b **Trains de banlieue**

c **QUAI**

d *Consigne*

e **Enregistrement de bagages**

f **TRAINS EN PARTANCE . . .**

g **Distributeur automatique de billets SNCF**

h **Carnet de bus**

i **CARTE ORANGE**

j *L'avion aura un retard de trente minutes*

k **Décollage immédiat**

l **ARRET D'AUTOBUS**

m **EUROSTAR**

Aide-Mémoire

le train banlieue suburban train
le vol flight
le car scolaire school bus
la circulation traffic
le distributeur automatique de billets automatic ticket machine
le décollage takeoff
avoir un retard be running late

le trajet journey
un aller retour return ticket
petit déjeuner compris breakfast included

Coin lecture

Loisirs

Lisez cet article et répondez aux questions.

Week-ends sympas et pas chers mode d'emploi

Loisirs

Envie de s'échapper du train-train quotidien le temps d'un week-end sans trop dépenser de sous ? C'est possible, grâce aux forfaits week-end, en avion, en car ou en train proposés par les agences de voyage. Alors, pourquoi hésiter plus longtemps avant de prendre son billet pour :

LONDRES

- **En avion** : 650 F aller / retour en tarif week-end avec Nouvelles Frontières. Départ le vendredi soir et retour le dimanche en fin d'après midi. Reste à vous trouver une chambre pas chère sur place !
- **En bus** : 645 F pour le trajet aller / retour en bus, une nuit dans un hôtel 1* (douche, lavabo et wc à l'extérieur), petit déjeuner compris, et 820 F pour les mêmes prestations dans un 3*. Tarifs valables tous les jours de la semaine avec Eurolines. Départ de La Villette à 9H et 22H, arrivée à Londres à 17H30 et 7H et retour à 12H et 21H avec arrivée à Paris à 21H45 et 7H15.
- Sealing propose également des tarifs très intéressants : 550 F pour une voiture et jusqu'à 5 personnes, 72 heures maxi sur place. Réservez dès maintenant au (16.1) 49.95.59.28.

AMSTERDAM

- Si vous disposez d'une voiture, c'est le moyen le plus avantageux pour quatre passagers de se rendre à Amsterdam. Il faut compter environ 5 heures de route.
- **En avion** : 850 F aller / retour en tarif¹ week-end avec Nouvelles Frontières. Départ le vendredi et retour le dimanche.
- **En bus** : 557 F pour le trajet aller / retour en bus, une nuit dans un hôtel 1*, petit déjeuner compris, et 655 F dans un 3*. Départ à 23H de La Villette ou à 8H30 et arrivée à 7H et 17H à Amsterdam. Retour à 22H avec arrivée à 6H30 à La Villette ou à 9H le vendredi avec arrivée à 17H30 ou à 14H le dimanche avec arrivée à Paris à 21H50.

BRUXELLES

- **La voiture** est le moyen de transport le plus économique pour Bruxelles, à condition d'être quatre passagers. Il vous faudra entre 2 et 3 heures de trajet.
- **En bus** : 520 F pour le trajet en bus aller / retour, une nuit dans un 2*, petit déjeuner compris, et 610 F dans un 3*. Départ tous les jours à 18H de La Villette et arrivée à Bruxelles à 21H55, ou le jeudi et vendredi à 8H30 et arrivée à 12H30. Retour tous les jours à 8H avec arrivée à Paris à 11H50, le vendredi à 13H30 avec arrivée à 17H30 et les samedi et dimanche à 18H avec arrivée à La Villette à 21H50.

ROME

- **En avion** : en moyenne 800 F aller / retour en tarif week-end avec Nouvelles Frontières et au mois de janvier, super tarif de 550 F aller / retour.
- **En train couchette** : comptez environ 800 F aller / retour avec une réduction carré jeunes jusqu'à la frontière italienne. Départ à 19H et arrivée vers 9H30.

Nouvelles Frontières :
87 boulevard de Grenelle
75015 Paris. Tél : (1) 42.73.10.64.
Eurolines :
55 rue Saint Jacques 75005
Paris. Tél : (1) 43.54.11.99.

1. *650F aller et retour; départ le vendredi.* Où iriez-vous?
2. Qui propose des tarifs à 550F?
3. Vous êtes quatre et vous disposez d'une voiture pour aller à Amsterdam. Est-ce que c'est coûteux?
4. Pour aller à Bruxelles, que vous propose-t-on pour votre trajet en bus?
5. Pour aller à Rome en train couchette, combien coûte l'aller et retour?

MODULE 9 *Où habitez-vous?*

🔊 N *Récapitulation: Où habitez-vous?*

Écoutez ces jeunes. Ils préparent un article pour le journal de leur école. Ils doivent:

a   décrire leur région,
b   dire ce qu'il y a à faire,
c   dire quels sont les sports disponibles,
d   dire quels sont les moyens de transport.

Écoutez attentivement et citez au moins trois éléments pour chaque section du journal scolaire: Région, Activités, Sport, Moyens de transport.
Puis, faites comme eux. Écrivez votre journal scolaire.

POUR VOUS AIDER

Objectifs

Discuter le pour et le contre: habiter en ville ou habiter à la campagne   *Discuss the pros and cons: living in the town or the country*
Présenter la ville et la région où l'on vit   *Present the town and the area where you live*
Parler des moyens de transport   *Talk about the methods of transport*

de la page 191 à la page 197

Comment décririez-vous ces lieux?   *How would you describe these places?*
Cochez les expressions qu'ils utilisent pour donner leurs opinions   *Tick the expressions they use to give their opinions*
Quels aspects aimeriez-vous et quels aspects n'aimeriez-vous pas?   *Which aspects would you like and which aspects wouldn't you like?*
Évitez la répétition   *Avoid repetition*
... commencez chaque phrase d'une façon différente   *... begin each sentence in a different way*

de la page 198 à la page 203

Vous devez faire une publicité pour votre ville!   *You have to write an advert for your town!*
Présentez ce qu'il y a à voir   *Present what there is to see*
Faites correspondre les illustrations aux strophes   *Match the pictures with the verses*
Savoir présenter votre ville peut vous aider à trouver un petit boulot pendant les vacances   *Knowing how to present your town can help you find a holiday job*
Qu'est-ce qu'il oublie de dire?   *What does he forget to say?*
Il essaie de donner des renseignements, mais dit-il toujours la vérité?   *He tries to give information but is he always telling the truth?*

de la page 204 à la page 206

Est-ce que votre région est bien desservie par les transports en commun?   *Is your area well served by public transport?*
Faites correspondre chaque panneau au bon moyen de transport   *Match up each sign with the right form of transport*

MODULE 10

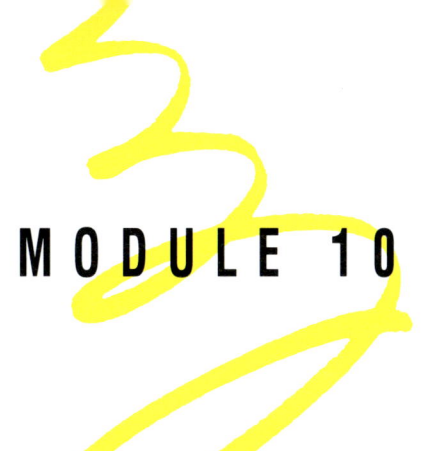

On s'organise

Objectifs

Discuter des avantages et des inconvénients des vacances en ville, à la campagne, etc. et suggérer des activités.

Décider des façons d'économiser.

Comprendre les règles et les détails d'un projet ou d'une expédition.

Présenter oralement, puis par écrit, une expédition.

A Projets de vacances

1 Écoutez et lisez. Qu'ont-ils décidé de faire? Pourquoi? Complétez la grille à la page 211.

> Si on allait au bord de la mer? Il y a tellement d'activités . . .

> Ah, non. C'est trop loin! J'aime bien me détendre au bord de la mer, mais le voyage coûte assez cher.

deux cent neuf **209**

MODULE 10 *On s'organise*

— Si on allait à la campagne? On pourrait faire des randonnées...

— Moi, je préfère la mer à la campagne. J'aime la natation... les grandes plages... le bord de mer.

— On pourrait aussi aller à la montagne...

— Oui, je veux bien. C'est une possibilité. Mais il n'y a pas toujours grand-chose à y faire.

— Hé, les copains – ça vous dirait d'aller à Paris? Il n'y a pas grand-chose à faire à la campagne, mais il y a toujours quelque chose à faire à Paris: aller dans les grands magasins, visiter les monuments, voir les musées, aller au concert...

— Moi, je vais rester chez moi. Je n'ai pas beaucoup d'argent...

210 *deux cent dix*

On s'organise **MODULE 10**

Raoul propose:	....
Claudine répond:	....
Claudine propose:	....
Marie répond:	....
Marie propose:	....
Claudine répond:	....
Claudine propose:	....
Xavier répond:	....

2 Selon les quatre copains, quels sont les avantages et les inconvénients des lieux suivants pour les vacances? Mettez les phrases dans les colonnes appropriées.

1. C'est trop loin.
2. Il y a tellement d'activités.
3. On pourrait faire des randonnées.
4. On pourrait aller dans les grands magasins, voir des musées.
5. On pourrait se promener.
6. La natation . . . les grandes plages . . . le bord de mer.
7. On pourrait visiter les monuments, aller au concert.
8. Il n'y a pas toujours grand-chose à faire.
9. Il y a toujours quelque chose à faire.
10. Le voyage coûte cher.

à la campagne	en ville	au bord de la mer	à la montagne	chez soi
des randonnées				

N'écrivez pas sur cette grille

B *Autres avantages, autres inconvénients*

1 Regardez cette liste supplémentaire d'opinions. Écoutez Raoul, Claudine, Marie et Xavier. Puis, lisez attentivement. Toutes les phrases sont mélangées. Remettez-les dans la bonne catégorie: *à la campagne, en ville, au bord de la mer, à la montagne, chez soi.*

- Il y a toujours beaucoup de distractions.
- J'aime me détendre.
- S'il fait chaud, on peut se baigner.
- S'il fait chaud, on prend une boisson dans le frigo.
- Il n'y a pas de problèmes de transport.
- Il y a toujours des cafés où on peut se réunir.
- S'il fait froid, on met le chauffage.
- Être en pleine nature, ça fait du bien! On s'oxygène!
- S'il pleut, on met un imperméable et on sort faire une promenade sur la plage.
- S'il pleut, on reste au lit . . .
- S'il neige, on peut faire du toboggan, ou on peut faire du ski.
- Il y a toujours des amis qui habitent tout près . . .
- S'il fait beau, on peut faire des randonnées à pied ou même à cheval. On peut aussi faire du vélo.

deux cent onze **211**

MODULE 10 *On s'organise*

2 Mettez-vous en groupes. Choisissez *une* des possibilités et discutez de vos préférences. Réécoutez la cassette pour vous aider.

3 *Une enquête micro-trottoir*
On révise . . .
Quelques jeunes ont fait une enquête micro-trottoir.
Les questions suivantes ont été posées:

1. Qu'est-ce que tu préfères – la ville, la montagne, la mer ou la campagne? Pourquoi?
2. Sors-tu souvent? Avec des ami(e)s ou en famille?
3. Quelles sortes de distractions aimes-tu?
4. Que fais-tu pour payer tes sorties?
5. Si tu es au bord de la mer, qu'est-ce que tu aimes faire?
6. Si tu restes chez toi, qu'est-ce que tu trouves à faire?

Faites correspondre les réponses aux questions ci-dessus. Écrivez-les dans votre cahier.

- J'aime bien sortir avec mes amis. Nous allons au café quelquefois.
- Le restaurant c'est assez cher, mais j'aime bien aller au restaurant!
- Je préfère la campagne.
- Une randonnée à pied, c'est agréable . . . et c'est gratuit!
- Je travaille pour avoir un peu d'argent.
- La campagne au moins n'est pas chère!
- On n'a jamais assez d'argent.
- En ville il y a beaucoup de distractions.
- Moi, j'aime mieux aller en montagne.
- Je fais des crêpes à la maison.
- J'adore faire de la planche à voile.
- Je fais des maquettes dans ma chambre.
- Je sors en famille tous les dimanches.

Aide-Mémoire

se détendre relax
faire des randonnées (f) go for walks
louer hire
la plongée sous-marine scuba diving
la planche à voile wind-surfing
des maquettes (f) models

C

Choisissez une des activités, soit au bord de la mer, soit à la campagne, soit à la montagne, soit en ville, et discutez avec vos camarades de ce que vous préférez et de ce que vous faites dans un de ces lieux.

Exemple: Je préfère le bord de la mer. Je fais de la planche à voile pendant les vacances.

PLANCHE A VOILE
COURS ET STAGES
SURF LOISIRS
Enfant à partir de 6 ans
Pédagogie moderne
Harnais, water-start, jibe

On s'organise MODULE 10

DECOUVERTE DE LA CAMARGUE

SAFARI LE GITAN
Découverte de la Camargue
Approche des chevaux et taureaux

MANADE DES CHANOINES
Ferrades
Visites commentées
sur les chariots à foin
Soirées camarguaises - Gitans

Si vous ne partez pas en vacances...

• **Si vous habitez dans la région de Rouen :** voir l'opérette « La fille de madame Angot » qui se joue au Théâtre des Arts de Rouen. Tél. : 35.71.41.36. Musées : Musée Jeanne d'Arc, Musée de la céramique et musée de la ferronerie. Renseignements : office de tourisme de Rouen. Tél. : 35.71.41.77.

• **Si vous habitez dans la région de Lille,** le Théâtre Sébastopol de Lille vous propose une opérette « Violettes impériales ». Tél. : 20.57.15.47. Les musées : Musée des Beaux-Arts et Musée d'Histoire naturelle et de géologie et le jardin des plantes et sa serre équatoriale. Renseignements : office de tourisme de Lille. Tél. : 20.30.81.00.

Aide-Mémoire

les renseignements (m) information
la serre greenhouse
la grande roue big wheel
faire la connaissance de get to know
un requin a shark
s'épuiser exhaust
la découverte discovery
le taureau bull

deux cent treize **213**

MODULE 10 *On s'organise*

D *Des invitations*

Travaillez à deux.

Partenaire A

Choisissez quatre des activités suivantes.

Proposez-les à votre partenaire.

Exemple: Si on allait . . .
On pourrait . . .
Ça te dirait de . . .
Ça ne te dirait pas de . . .

Partenaire B

Refusez ou acceptez ce que vous propose votre partenaire.

C'est une bonne idée!
Cela ne me tente pas . . .
Pourquoi pas?
Je veux bien!
Ça ne me dit rien.
Je n'ai pas le temps. Je dois réviser . . .

Donnez la raison de votre choix, eg:

Je n'aime pas trop la mer.
Je ne sais pas nager.
Le soleil est dangereux pour la peau.
Je veux bien, la campagne.
Ça va me détendre!
J'ai besoin d'air pur.
La montagne, c'est une bonne idée!
Je n'ai envie de rien faire.
J'ai envie de me reposer.

faire du sport?

ne rien faire?

voyager?

1.

2.

3.

4.

5.

6.

à vous de choisir!

214 *deux cent quatorze*

On s'organise **MODULE 10**

E *Partir en vacances? Une bonne idée!*

Un petit problème: le manque d'argent!
Écoutez ces jeunes. Pourquoi ne peuvent-ils pas s'offrir des vacances?

- Mes parents ne me donnent pas beaucoup d'argent.
- Je ne reçois que très peu d'argent de poche.
- Je n'ai pas plus de 100 francs par semaine.
- Je n'ai jamais d'argent sur moi. 
- Je n'ai plus d'argent. J'ai tout dépensé.
- Je n'ai que 20 francs.
- Personne ne me donne de l'argent. Je dois travailler pendant les vacances.
- Je n'ai rien économisé! J'ai tout dépensé!

Une solution: un petit boulot?
Lisez et écoutez.
Xavier décrit ce que ses amis ont fait. Est-ce qu'il les a bien écoutés?
Lisez les bulles et notez les erreurs dans la description de Xavier.

> J'ai économisé 420F. Mais ça a été dur! J'ai lavé 21 voitures, et il fait froid en hiver. Je fais ça depuis cinq semaines... Après, j'ai travaillé dans un magasin.

> Moi, ben... moi, je travaille au marché le samedi. Je vends des légumes, des fruits. Ce n'est pas mal. J'ai économisé 260F. Mais j'ai dû m'acheter un anorak, des bottes et des gants parce que j'avais tellement froid.

> Et moi! Tu sais ce que j'ai fait? J'ai passé cinq week-ends à faire du babysitting... cinq fois 80F... ça fait 400F. Je n'ai rien dépensé. Je ne sors jamais. Je ne vois personne. C'est triste.

deux cent quinze **215**

MODULE 10 *On s'organise*

> Eh, tu sais, moi... alors moi, je n'ai rien fait et je n'ai rien économisé.

> Xavier! Tu es nul!

> Tu n'as aucune idée.

> Tu es une andouille!

> Et on ne sait toujours pas ce qu'on va faire pendant les vacances!

*f*LASH-GRAMMAIRE

RAPPEL: HOW TO MAKE A SENTENCE NEGATIVE
Remember that there are special expressions for negative sentences:

ne ... jamais	never
ne ... rien	nothing, not anything
ne ... plus	no more, no longer
ne ... personne	no one, nobody
ne ... que	only
ne ... ni ... ni	neither ... nor

These expressions go round the verb. For example:

Je **ne** suis **jamais** allée aux États-Unis.   *I've never been to the United States.*
Je **n'**ai **rien** économisé.   *I haven't saved anything.*
Je **n'**ai **plus** d'argent. J'ai tout dépensé.   *I don't have any more money. I've spent it all.*
Je **ne** vois **plus personne**.   *I don't see anyone any more.*
Je **ne** reçois **que** très peu d'argent de poche.   *I only receive very little pocket money.*

Don't forget that **ne** becomes **n'** in front of verbs beginning with a vowel. Here is another negative expression:

ne ... aucun(e)   *no, not any*
For example:

Je **n'**ai aucune idée!   *I don't have any idea!*

Aide-Mémoire

économiser save up
dépenser spend
vendre sell
faire des économies save
une andouille a fool

Entraînement

Remplissez les blancs avec *que, plus, personne, rien* ou *jamais*:

1. Je n'ai ...... travaillé à l'étranger.
2. Je n'ai ...... de monnaie.
3. ...... ne me donne de l'argent. Il faut travailler!
4. Je n'ai ...... dépensé cette semaine.
5. Je ne reçois ...... 80 francs par semaine.

216 *deux cent seize*

On s'organise **MODULE 10**

F *Faire des économies? Bonne idée ou pas?*

Ces jeunes sont en pleine discussion.
Écoutez ceux qui sont pour et ceux qui sont contre.

Ceux qui sont pour:

Sophie: Faire des économies? Oui bien sûr! C'est pour les sorties avec des amis.
Amélie: Économiser? Bien oui! C'est pour les vacances!
Benjamin: Bien sûr! C'est pour faire une expédition avec l'école.
Sidonie: Moi, c'est pour m'acheter des vêtements.
Marc: J'en ai besoin pour aller au ciné.
Arnaud: Il faut économiser pour payer les activités sportives.
Mélanie: Économiser? Oui, bonne idée! Mais il faut travailler!

Ceux qui sont contre:

Sébastien: Je n'ai jamais fait des économies.
Claire: Je n'en ai jamais eu besoin.
Julien: Je voudrais un clavier électronique qui coûte 20 000 francs. Comment économiser une telle somme!
Antoine: À quoi bon faire des économies?
Agathe: Je n'ai pas assez d'argent pour faire des économies!
Élisabeth: Je dépense tout. Je n'ai jamais d'argent sur moi.

1 Travaillez à deux. Suivez les modèles.

Partenaire A **Partenaire B**
Vous êtes contre les économies. Vous êtes pour les économies.
Donnez vos raisons! Dites ce que vous faites de l'argent que vous économisez.

Exemple:
Je n'ai jamais fait des économies./
Je suis très dépensier/dépensière./
Dès que j'ai de l'argent, je le dépense.
C'est plus fort que moi!

Mais il faut économiser pour les vacances!

À quoi bon faire des économies?

C'est pour acheter des vêtements…

Je ne reçois pas assez d'argent pour faire des économies!
Et toi?

Moi, j'en reçois assez. Mais il faut quand même travailler pour gagner de l'argent!

Composez d'autres phrases. Puis, changez de rôle!

deux cent dix-sept **217**

MODULE 10 *On s'organise*

2 Et vous, faites-vous des économies? Comment? Dans quel but? Écrivez ce que vous faites.
Voici des phrases utiles:

Moi, je fais des économies pour...	Je travaille...	tous les samedis	le dimanche
	pendant le weekend	le soir	de... à... heures
C'est pour m'acheter...		Je fais...	Je gagne...

Coin lecture

Des économies qui rapportent

Avez-vous déjà pensé à cela?
Faites une liste des conseils donnés pour que vos économies vous rapportent. Utilisez votre dictionnaire pour vous aider.

Des économies qui rapportent !

L'argent des grands parents, parrains, marraines donné aux anniversaires ou aux communions fini par vous constituer quelquefois des sommes sympathiques ! Mais quelle dommage de faire dormir ces petites économies. Rien ne rapporte moins qu'une tirelire ! Mieux vaut toucher un intérêt, même faible. Alors, voici trois bonnes formules de compte rémunéré pour les moins de 18 ans.

Livret A Ecureuil :
Quel que soit votre âge, on peut vous ouvrir un livret avec un simple versement de 100 F. Les versements et les retraits sont ensuite libres. Seul petit problème, si vous avez moins de 16 ans, ce sont vos parents qui vous donneront ou pas l'autorisation de retirer de l'argent. La rémunération est de 4,50 %.

Livret Bleu du Crédit Mutuel :
Il ressemble beaucoup au Livret A. Mais attention, si vous choisissez cette formule de compte rémunéré, vous n'aurez pas droit au livret A Ecureuil. On ne peut pas cumuler les deux.

Plan d'Epargne Logement :
Vous y avez tous droit. Autre plus, si vos parents ont déjà leur Plan d'Epargne Logement, les avantages des plans se cumulent.
Pour ouvrir un P.E.L., il faut déposer 1 800 F, puis, 300 F par mois pendant cinq ans.
Ceci peut paraître beaucoup, mais les intérêts sont de 6% par an.

Aide-Mémoire

le parrain godfather
la marraine godmother
une tirelire a money box, piggy bank
le versement payment, deposit
le retrait withdrawal
retirer withdraw
déposer pay in

On s'organise **MODULE 10**

G *Des vacances différentes...*

Daniel a trouvé une annonce dans un magazine. Il la montre à ses trois copains, Fabienne, Robert et Marine.
Écoutez et lisez.

1.

Le **Mérite International des Jeunes** encourage l'esprit d'aventure et de découverte, une appréciation de notre milieu naturel et l'importance du travail en groupe.
Pour le **Mérite de Bronze** vous devez choisir une des activités suivantes:

- des *Activités Physiques*. Cette catégorie regroupe la plupart des sports d'équipe ou individuels, tels que l'athlétisme, la natation, l'alpinisme, le canoë-kayak, la danse-disco.

- un *Projet de développement de compétences personnelles* – développer vos intérêts particuliers, vos compétences pratiques, telles que l'informatique, la musique, la photographie – il y a au moins 200 possibilités.

- un *Projet de Service à but social*, c'est-à-dire faire du bénévolat dans un hôpital ou une maison de retraite, ou dans votre ville, ou participer à un projet pour sauvegarder l'environnement, ou apprendre à faire du secourisme.

- une *Expédition*

2.
— Le MIJ, je n'en ai jamais entendu parler.
— Moi non plus!
— Je veux bien essayer quand même!
— Moi aussi. Pas mal comme idée!

3.
— Si je faisais ça je pourrais être avec Marine...
— Faire une expédition, ça peut prendre du temps – mais l'idée n'est pas bête!

deux cent dix-neuf **219**

MODULE 10 *On s'organise*

Que devez-vous faire pour obtenir le **Mérite de Bronze**? Relisez l'extrait à la page 219 et répondez aux questions:

1. Dans la catégorie *Activités Physiques* il n'y a que des sports individuels. *Vrai ou faux?*
2. La danse-disco est acceptée comme sport. *Vrai ou faux?*
3. Il n'y a pas de catégorie qui encourage le développement d'intérêts personnels, comme la musique ou la photographie. *Vrai ou faux?*
4. Si vous aidez les vieilles personnes, c'est bon pour le *Projet de Service*. *Vrai ou faux?*
5. Si vous faites le *Projet de Service* et si vous travaillez dans un hôpital, vous ne pouvez pas recevoir un salaire. *Vrai ou faux?*

Aide-Mémoire

l'alpinisme (m) mountaineering
les compétences (f) skills
faire du bénévolat do voluntary work
une maison de retraite a retirement home
participer à take part in
sauvegarder protect
faire du secourisme do first-aid

la brasse breast stroke
le dos-crawlé back crawl
chavirer capsize
s'arrêter stop
la nage papillon-dauphin butterfly stroke

H

1 Marine a choisi une activité physique. Écoutez-la et répondez par vrai ou faux.

1. *Vrai ou faux?*
   Elle espère apprendre:

   a   à ne pas chavirer

   b   à s'arrêter

   c   à avancer

   d   à tourner

Répondez aux questions:

2. Est-ce que l'eau est propre? Pourquoi?
3. Pourquoi pense-t-elle être capable de faire du canoë-kayak?
4. Sait-elle faire la nage papillon-dauphin?
5. Pensez-vous que c'est une bonne nageuse?

2 Et vous, êtes-vous bon ou bonne en sport? Que préférez-vous, les sports d'équipe ou individuels?

   a   Lisez ce questionnaire et cochez ce qui correspond à votre personnalité.

   b   Selon vous, quels sont les sports individuels et les sports d'équipe dans ce questionnaire? Faites deux listes.

220 *deux cent vingt*

On s'organise **MODULE 10**

QUESTIONNAIRE

Quand vous êtes sur un vélo...	**Un champion de jumping doit surtout...**
a) Vous vous amusez.	a) Monter un cheval exceptionnel.
b) Vous vous chronométrez.	b) S'entraîner tous les jours.
c) Vous rêvez d'une mobylette.	c) Sauter les obstacles avec élégance.
Quand vous regardez un match de tennis...	**Traverser l'Atlantique à la rame vous paraît...**
a) Vous êtes impatient de prendre votre raquette.	a) Une aventure admirable.
b) Vous admirez les performances des champions.	b) Une idée folle.
c) Vous vous imprégnez de leur style.	c) Un projet tentant.
Le grand avantage du golf, c'est...	**Au football, vous appréciez surtout...**
a) Que l'on apprend à se concentrer sans se crisper.	a) Que votre équipe favorite gagne.
b) Que l'on fait de belles promenades au long du parcours.	b) Que la partie soit chaudement disputée.
c) Que l'on affine la beauté de ses gestes.	c) Que les avants marquent des buts spectaculaires.
Si vous sautiez en parachute...	**Pour vous, la gymnastique est surtout...**
a) Vous auriez peur de vous lancer dans le vide.	a) Une mise en forme indispensable.
b) Vous commenceriez par maîtriser le roulé-boulé au sol.	b) Une corvée fastidieuse et répétitive.
c) Vous vous prendriez pour un oiseau.	b) Un spectacle splendide, quand des champions sont aux anneaux.

Maintenant, écoutez Robert. Il parle de ce qu'il va faire pour le projet de développement de compétences personnelles.

1 Voici ce qu'il propose pour son dossier de calligraphie. Écoutez. Que manque-t-il?

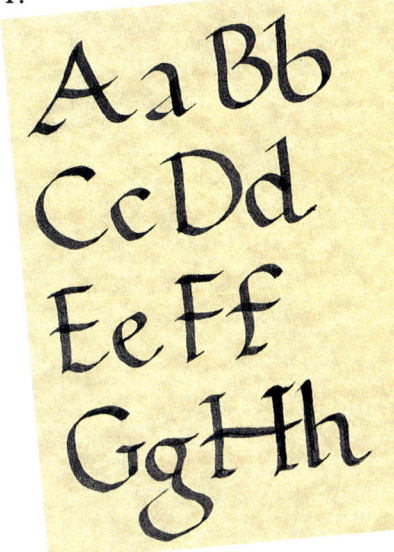

1.

Aa Bb Cc Dd Ee Ff Gg Hh

2. Défense de fumer

3.

Bonne fête !

Aide-Mémoire

le téléphérique *ski-lift*
chausser *put on (one's shoes)*
se chronométrer *time yourself*
s'imprégner *absorb*
se crisper *become stressed*
maîtriser *perfect, master*
traverser à la rame *row across*
tentant *tempting*
des buts (m) *goals*
une corvée *a chore*
les anneaux (m) *rings*

deux cent vingt et un **221**

MODULE 10 *On s'organise*

2

a Robert commence à calligraphier l'alphabet. Écoutez-le et écrivez les lettres dans l'ordre où il les écrit.

● Voici un extrait du poème qu'il va recopier. Le connaissez-vous?

```
Il a mis le café
Dans la tasse
Il a mis le lait
Dans la tasse de café
Il a mis le sucre
Dans le café au lait
Avec la petite cuiller
Il a tourné
Il a bu le café au lait
Et il a reposé la tasse
Sans me parler
```

b Jouez le jeu: vos messages secrets!
Un(e) de vos camarades choisit un des messages secrets. Il ou elle vous épelle chaque message, et vous devez écrire chaque lettre. À vous de trouver le secret – et l'équivalent en anglais.

1. TROISTORT
   UESTROTTA
   IENTSURTR
   OISTOITS

2. MIEUXABVAUTCDTA
   RDEFQUEGHJAMAISI

3. T B I I N
   O T E F I N
   U S N I T E
   T E Q U B I

J

Écoutez maintenant Fabienne.

1. De quel projet parle-t-elle?
   a de l'expédition;
   b du projet de développement de compétences personnelles;
   c du projet de service;
   d des activités physiques.
2. Pourquoi voudrait-elle rendre visite à une vieille dame?
   (*Réponse:* Pour ......)
3. Qu'est-ce qu'elle a déjà fait chez la vieille dame?

a   b

c   d

e

J'ai fait un peu de jardinage.

J'ai fait son lit.

J'ai passé l'aspirateur.

Je lui ai préparé son repas.

J'ai fait un feu de bois.

On s'organise **MODULE 10**

4. Quel âge a la dame?
5. Sur quelle photo voit-on la dame?

a institutrice

b infirmière

c serveuse

6. Quand la dame était jeune, comment étaient les autobus?

a

b

c

7. Pourquoi est-ce que la dame aime les visites de Fabienne?

MODULE 10 *On s'organise*

🎧 K *L'expédition de Daniel*

Écoutez.

> Moi, je voudrais faire une expédition. Qui veut venir avec moi?

> Je veux bien!

> Pas mal comme idée!

Écoutez encore une fois. Comment peuvent se faire les expéditions, selon les règles du Mérite International des Jeunes? Notez les points essentiels.

🎧 L

Voici la fiche qu'ils doivent remplir.
Écoutez et remplissez-la sous ces titres:

- Nombre de participants âgés de 14 à 25 ans
- But précis de l'expédition
- Route choisie
- Distance ...... km

PROJET D'EXPÉDITION ÉPREUVE

- nombre de participants âgés de 14 à 25 ans (3 minimum, 7 maximum) ☐
- noms   âge
  ....
  ....
  ....
  ....
  ....
  ....
  ....

  N'écrivez pas sur cette grille

- but précis de l'expédition
  ....
  ....

- route choisie (2 jours d'expédition sans utiliser les routes et en évitant les villages si possible)..........................
  ....

- distance .... km   à pied   (24 km minimum)
                                    en vélo   (112 km minimum)
                                    à cheval   (4 heures par jour + autres activités)
                                    en canoë   (4 heures par jour + autres activités)

- lieu(x) de contrôle   ....
                                  ....

- horaire (6 heures minimum d'activités par jour, y compris le voyage, les observations, monter la tente)
  ....
  ....

224 *deux cent vingt-quatre*

On s'organise **MODULE 10**

M
Expédition épreuve – le planning

Que doit-on porter pour ce genre d'expédition et quel matériel est nécessaire?
Il vous faut:

- des bottes
- un anorak imperméable
- des vêtements supplémentaires chauds (y compris pull, chapeau et gants)
- un sac de couchage
- une tente
- de la nourriture
- un réchaud + matériel de cuisine
- un sac de survie
- des allumettes
- une lampe de poche avec ampoule et piles de rechange
- une montre
- des cartes
- une trousse de secours
- un sifflet
- de la monnaie et une télécarte
- un carnet
- un crayon
- des jumelles

Écoutez Daniel. Il rassemble le matériel nécessaire pour l'expédition.
Qu'est-ce qu'il *a déjà*, qu'est-ce qu'il doit *emprunter* et qu'est-ce qu'il doit *acheter*? Mettez le matériel qu'il mentionne dans la bonne colonne.

Ce qu'il a déjà	Ce qu'il doit emprunter aux autres	Ce qu'il doit acheter

N'écrivez pas sur cette grille

deux cent vingt-cinq **225**

MODULE 10 *On s'organise*

N L'expédition s'achève!

1 Voici un compte-rendu de l'expédition épreuve.
Lisez le journal des jeunes. Regardez les photos, le croquis et
les dessins, ainsi que les documents qu'ils ont réunis. Faites-les
correspondre au bon texte.

Fabienne:

> Je me suis levée de très bonne heure. J'ai mangé un bon petit déjeuner et j'ai quitté la maison à sept heures et demie. Tout était dans le sac à dos – vêtements, provisions, tente, jumelles, tout! J'ai retrouvé mes trois amis en ville et nous avons pris le train pour aller jusqu'à la côte. A Cherbourg, nous avons pris le bus et bientôt nous sommes arrivés au petit village d'où part le chemin côtier. Il faisait beau, heureusement, et on avait très chaud. Il a fallu marcher pendant presque cinq heures!

Robert:

> Au début, tout allait bien. Tout le monde était de bonne humeur et nous avons bavardé. A midi et demi (pile!) nous nous sommes arrêtés pour le pique-nique. Pas mal le pique-nique: baguette, camembert, saucisson, tomates, et même des yaourts aux fruits...

Marine:

> Après avoir mangé, nous avons longé la côte. Le paysage était très beau et la mer était fantastique! Sur une falaise nous avons vu des mouettes et un cormoran. Malheureusement, vers six heures du soir, il a commencé à pleuvoir. Nous avons regardé la carte car nous ne trouvions plus le chemin. Quand nous sommes arrivés au camping vers sept heures, nous étions tous trempés. Nous avons laissé les sacs à dos au bureau d'accueil. Monter une tente sous la pluie, quel désastre! Ce n'est pas facile! Nous avons commencé par monter le surtoit, puis Daniel est sorti en slip pour aller chercher les sacs. Il est revenu tout mouillé, mais heureusement nos vêtements étaient secs. Quel héros!

On s'organise **MODULE 10**

Daniel:

Pour dîner, nous avons préparé de la soupe et des spaghettis, sur le réchaud. Ensuite, il y avait des fruits et du chocolat. On a bien dormi cette nuit-là ! J'avais mon sac de survie, au cas où... Petit inconvénient : j'avais laissé mes bottes à l'extérieur de la tente et le lendemain matin elles étaient remplies d'eau !

Aide-Mémoire

un sac de couchage a sleeping bag
un réchaud a cooker
un sac de survie a survival bag
une ampoule a bulb
une trousse de secours a first-aid kit
un sifflet a whistle
des jumelles (f) binoculars

le sac à dos backpack
la côte coast
bavarder chat
une falaise a cliff
des mouettes (f) seagulls
trempé soaked
mouillé wet
rempli de full of

a
b 
c 
d 
e 
f 
g Camping 'La Falaise' Emplacement no. 17 TENTE 
h

deux cent vingt-sept **227**

MODULE 10 *On s'organise*

O *Travail oral et écrit*

Dans votre scolarité, soit en 6e, 5e, 4e ou 3e, avez-vous déjà participé à des projets, des expéditions? Dites avec qui vous êtes parti. Qu'avez-vous fait? Rédigez un petit paragraphe.

ou

Faites la description d'une expédition ou d'une excursion imaginaire.
Utilisez les expressions suivantes pour vous aider:

Je me suis levé(e) à . . .
J'ai pris un . . . petit déjeuner et j'ai quitté la maison à . . .
Dans mon sac à dos il y avait . . .

Nous avons pris le car au collège . . .
Le voyage a duré . . .
C'était épuisant!

J'ai rencontré mes amis à . . . et nous avons pris . . . pour aller à . . .
À . . . nous avons pris . . . et bientôt nous sommes arrivés . . .

Il faisait . . . et nous avions . . .   Il a fallu marcher pendant presque . . . heures . . .
Tout le monde était de . . . humeur et . . .
Nous nous sommes arrêtés pour . . .
Le pique-nique était . . .

Après avoir mangé nous avons . . .
Il faisait . . . et la mer/la forêt/la montagne était . . .
Le paysage était très beau et la mer était . . .
Nous avons vu un . . . et des . . .

Malheureusement, vers . . . heures du soir il a commencé à . . .
Quand nous sommes arrivés . . . vers . . . heures, nous étions . . .

Nous avons préparé . . . sur le réchaud.
Puis il y avait . . .
Nous avons . . . dormi cette nuit-là!
Petit inconvénient . . .

P Table ronde 1

Par groupes de deux ou trois, racontez le programme des quatre jeunes.
Faites un résumé, soit sur papier, soit sur ordinateur. Laquelle des activités que ces jeunes ont choisies vous intéresse? Dites pourquoi.

	Fabienne	Robert	Marine	Daniel
Projet de Service	visite à une vieille dame			
Développement de compétences personnelles		calligraphie		
Activités Physiques			canoë-kayak	
Expédition				✓

N'écrivez pas sur cette grille

Q Table ronde 2

Prenez la place d'un des ados et racontez-nous votre anecdote!
Écrivez un paragraphe. N'oubliez pas de nous dire ce que vous devez porter et le matériel nécessaire. Réécoutez la cassette (Activité M) pour vous aider.

228 *deux cent vingt-huit*

On s'organise MODULE 10

POUR VOUS AIDER

Objectifs

Discuter des avantages et des inconvénients des vacances en ville, à la campagne, etc. et suggérer des activités   *Discuss the advantages and disadvantages of holidays in the town, in the country, etc. and suggest activities*

Décider des façons d'économiser   *Decide how to save up*

Comprendre les règles et les détails d'un projet ou d'une expédition   *Understand the rules and the details of a project or an expedition*

Présenter oralement, puis par écrit, une expédition   *Present an expedition orally, then in writing*

de la page 211 à la page 220

... quels sont les avantages et les inconvénients des lieux suivants pour les vacances?   *... what are the advantages and disadvantages of the following places for holidays?*

... et de ce que vous faites dans un de ces lieux   *... and what you do in one of these places*

Est-ce qu'il les a bien écoutés?   *Has he heard them properly?*

Que devez-vous faire pour obtenir le Mérite de Bronze?   *What do you have to do to get the Bronze Award?*

de la page 221 à la page 224

Que manque-t-il?   *What's missing?*

Il ou elle vous épelle chaque message, et vous devez écrire chaque lettre   *He or she spells each message, and you have to write out each letter*

Pourquoi voudrait-elle rendre visite à une vieille dame?   *Why would she want to visit an elderly lady?*

Laquelle des activités que ces jeunes ont choisies vous intéresse?   *Which of the activities that the young people have chosen interests you?*

Voici la fiche qu'ils doivent remplir   *Here is the form they have to fill in*

de la page 225 à la page 226

Que doit-on porter pour ce genre d'expédition et quel matériel est nécessaire?   *What do you have to wear for this type of expedition and what equipment is needed?*

Qu'est-ce qu'il a déjà, qu'est-ce qu'il doit emprunter et qu'est-ce qu'il doit acheter?   *What does he have already, what does he have to borrow and what does he have to buy?*

Regardez les photos, le croquis et les dessins, ainsi que les documents qu'ils ont réunis   *Look at the photos, the sketch and the drawings, as well as the documents that they have collected*

C'est ton bilan

page

J'ai revu comment

- [ ] parler des différents moyens de transport — **204**
- [ ] parler des vacances — **209-210**
- [ ] décrire ce que l'on a fait pour gagner de l'argent — **215-218**

J'ai appris à et je peux

- [ ] donner plus de précisions sur l'endroit où j'habite — **189-191** / **195-197** / **202-203**
- [ ] donner mon opinion sur la vie en ville ou à la campagne et indiquer le pour et le contre — **192-194** / **198-199**
- [ ] me renseigner sur les moyens de transport dans ma ville/région — **204-205**
- [ ] dire comment je préfère voyager, donner mes raisons et comprendre des annonces se rapportant aux transports — **205-207**
- [ ] discuter des vacances à la montagne, au bord de la mer ou en ville — **209-211**
- [ ] dire ce que je pense de ce style de vacances — **212-214**
- [ ] demander et dire comment l'on va économiser ou l'on a économisé pour aller en vacances — **215-218**
- [ ] parler d'une expédition passée ou d'une expérience de vacances et discuter du matériel nécessaire — **219-227**
- [ ] décrire oralement et faire un compte-rendu de mon voyage/de mon expédition — **228**

Notes de Grammaire

1 Nouns

A Gender

In French, every noun is either *masculine* or *feminine*.

There are two words for the English word 'a': **un** for masculine nouns and **une** for feminine nouns. For example:

| **un** portefeuille | *a wallet* |
| **une** carte d'identité | *an identity card* |

There are four ways of saying 'the' in French:

le for masculine words;
la for feminine words;
l' for words that begin with a vowel (**a, e, i, o, u**) and sometimes **h**;
les for plural words (more than one).

For example:

le village	*the village*
la poste	*the post office*
l'usine	*the factory*
les parcs	*the parks*

B Plural

To make most nouns plural, you add **-s**. For example:

| la clé | *the key* |
| le**s** clé**s** | *the keys* |

However, some nouns have an irregular plural form:

un animal → des anim**aux**
un journal → des journ**aux**
un oiseau → des ois**eaux**   un jeu → des jeu**x**

Some nouns *do not change* in the plural form:
le gaz → les gaz

2 Pronouns

You always need a *pronoun* with verbs in French to show who or what is doing the action. For example:

Elle se réveille très tôt le samedi.   *She gets up very early on Saturday.*

Here is the full list of pronouns in French:

je	*I*
tu	*you (used when talking to a friend, relative or someone your own age)*
il	*he*
elle	*she*
nous	*we*
vous	*you (used when talking to an adult or more than one person)*
ils	*they (for a masculine plural noun)*
elles	*they (for a feminine plural noun)*

Use **ils** for a mixed group (masculine and feminine).

- Don't forget that **je** becomes **j'** before a verb beginning with **a, e, i, o, u** and sometimes **h**. For example:
  J'adore les maths mais **je** n'aime pas la géo.
  I love Maths but I don't like Geography.

On

On is used to refer to people in general. **On** uses the part of the verb that normally goes with **il** or **elle**. For example:

deux cent trente et un **231**

Notes de Grammaire

Au Canada, **on** parle français. *In Canada, people speak French.*

On is not specific. It can be translated as 'we', 'you', 'people' etc., depending on the sentence.

Attention!
When you use the name of a person, an animal or a thing, you don't need the pronoun **'il'** or **'elle'**:

Sébastien habite près de Paris. *Sebastian lives near Paris.*

3 Verbs in the present tense

A Regular verbs

There is one present tense in French, whereas there are two in English.
The same words are used in French to say 'I study' and 'I am studying' = *J'étudie*.

French verbs fall into three groups:
- **-er** verbs, e.g. **travailler**
- **-ir** verbs, e.g. **finir**
- **-re** verbs, e.g. **vendre**

All regular verbs follow the same pattern.

-er verbs:	**travailler** *to work*
je travaill**e**	nous travaill**ons**
tu travaill**es**	vous travaill**ez**
il travaill**e**	ils travaill**ent**
elle travaill**e**	elles travaill**ent**

-ir verbs:	**finir** *to finish*
je fini**s**	nous fini**ssons**
tu fini**s**	vous fini**ssez**
il fini**t**	ils fini**ssent**
elle fini**t**	elles fini**ssent**

-re verbs:	**vendre** *to sell*
je vend**s**	nous vend**ons**
tu vend**s**	vous vend**ez**
il vend	ils vend**ent**
elle vend	elles vend**ent**

Some verbs in French are irregular. For example:
être *to be*   **avoir** *to have*
faire *to make, to do*   **aller** *to go*

- For a full list of irregular verbs, see pages 238–243.

B Verbs with slight irregularities

In some verbs, there are some slight differences in the present tense:

appeler:	j'appelle, tu appelles, il/elle appelle nous appelons, vous appelez, ils/elles appellent
commencer:	je commence, tu commences, il/elle commence, nous commen**ç**ons, vous commencez, ils/elles commencent
envoyer:	j'envoie, tu envoies, il/elle envoie nous envoyons, vous envoyez, ils/elles envoient
espérer:	j'espère, tu espères, il/elle espère nous espérons, vous espérez, ils/elles espèrent
essayer:	j'essaie, tu essaies, il/elle essaie nous essayons, vous essayez, ils/elles essayent
jeter:	je jette, tu jettes, il/elle jette nous jetons, vous jetez, ils/elles jettent
manger:	je mange, tu manges, il/elle mange nous mang**e**ons, vous mangez, ils/elles mangent
répéter:	je répète, tu répètes, il/elle répète nous répétons, vous répétez, ils/elles répètent

C Le présent de narration

When telling a story or a joke, you can describe what happens in the *present* tense. For example:

Je **sors** de chez moi. Je **prends** l'autobus à l'école. En rentrant à la maison, je **me rends compte** que je n'**ai** pas de clés … *I leave the house. I catch the bus to school. On returning home, I realise that I haven't any keys …*

D Present tense + depuis

To say how long you have been doing something, you use the *present tense* followed by **depuis**. For example:

J'habite à Rouen **depuis** six ans. *I've lived in Rouen for six years.*

E 'y'

You can use **y** instead of repeating the name of the place:

J'habite à Grenoble. J'**y** habite depuis trois ans. *I live in Grenoble. I've lived **there** for three years.*

Notes de Grammaire

4 The perfect tense with 'avoir'

When describing what you have done, in French you have to use an expression in two parts. The first part is the verb **avoir** or the verb **être** in the *present tense*. For most verbs, you use **avoir**:

j'ai	nous avons
tu as	vous avez
il a	ils ont
elle a	elles ont

You then add the *past participle*.

How to form the past participle

To form the past participle of **-er** verbs, you take off the **-er** ending and add **-é**. For example:
L'été dernier, j'ai travaillé dans un hôtel. *Last summer I worked in a hotel.*

To form the past participle of **-ir** verbs, take off the **-ir** ending and add **-i**. For example:
La semaine dernière, j'ai choisi mes options. *Last week I chose my options.*

To form the past participle of **-re** verbs, take off the **-re** ending and add **-u**. For example:
Samedi dernier, j'ai perdu mes lunettes. *Last Saturday I lost my glasses.*

Here are some irregular past participles:

faire → **fait**	voir → **vu**
lire → **lu**	courir → **couru**
pouvoir → **pu**	savoir → **su**
prendre → **pris**	ouvrir → **ouvert**
recevoir → **reçu**	

NB To say 'There was', use the expression **Il y avait** . . .

5 The perfect tense with 'être'

There are several verbs which use **être** instead of **avoir** to form the perfect tense:

aller	*to go*	naître	*to be born*
arriver	*to arrive*	partir	*to leave*
descendre	*to go down*	rester	*to stay*
devenir	*to become*	revenir	*to come back*
entrer	*to go in*	sortir	*to go out*
monter	*to go up*	tomber	*to fall*
mourir	*to die*	venir	*to come*

In addition, all reflexive verbs use **être** in the perfect tense.

With these verbs, take the present tense of **être**:

je suis	nous sommes
tu es	vous êtes
il est	ils sont
elle est	elles sont

Then add the past participle. For example:
Corinne **est allée** aux États-Unis pour faire son stage pratique. *Corinne went to the United States to do her work experience.*

NB When **être** is used to form the perfect tense, the past participle has to agree with the subject.

6 The imperfect tense

To describe what you used to do or what you were doing, you use the *imperfect tense*.

To form the imperfect tense, take the **nous** form of the present tense, drop the **-ons** ending and add the following endings:

-ais	-ions
-ais	-iez
-ait	-aient
-ait	-aient

For example:
Je voulais être pilote de ligne. *I used to want to be an airline pilot.*
Il devait s'occuper des enfants. *He had to look after children.*

There are two important irregular verbs:
être   **avoir**

For example:
J'étais réceptionniste dans un hôtel. *I was a receptionist at a hotel.*
Dans son travail, **elle avait** un uniforme. *In her work, she had a uniform.*

When describing what happened in the past, don't forget that you can use the perfect tense and the imperfect tense together.

The *imperfect* tense sets the scene and describes what you were doing when something suddenly happened. The *perfect* tense then describes what actually happened. For example:
C'était l'année dernière. Je **travaillais** dans un restaurant français quand, un jour, un groupe de jeunes Espagnols est **entré** et j'**ai pris** leur commande en espagnol. *It was last year. I was working in a French restaurant when one day a group of young Spanish people came in and I took their order in Spanish.*

deux cent trente-trois 233

Notes de Grammaire

7 The future tense

To talk about what you will do in the future, use the future tense. For **-er** and **-ir** verbs, you need to use the infinitive to form the future tense:

    manger   **sortir**   **habiter**

If you are using an **-re** verb, you will need to use the infinitive minus the final **-e**:

    écrire → **écrir**   vendre → **vendr**

This is called the *verb stem*. Take the verb stem and add the following endings:

-ai	**-ons**
-as	**-ez**
-a	**-ont**

For example:

    L'année prochaine je passer**ai** l'été aux États-Unis. *Next year I will spend the summer in the United States.*

There are some verbs which have an irregular verb stem:

être → **ser**	avoir → **aur**	aller → **ir**
faire → **fer**	pouvoir → **pourr**	voir → **verr**

For example:

    Pour mon stage pratique, j'irai à Paris. *For my work experience, I will go to Paris.*

NB To say 'There will be ...', you use the expression **Il y aura ...**

8 The conditional

You use the conditional to describe what you *would do*. To form the conditional, you take the infinitive and add the endings:

-ais	**-ions**
-ais	**-iez**
-ait	**-aient**

For example:

    J'**aimerais** aller en Afrique. *I'd like to go to Africa.*

- Don't forget the verbs which have irregular stems!

To describe what you would do if something happened, you need to use **si** (*if*) + imperfect tense + conditional. For example:

    Si je gagnais à la loterie, j'irais en Chine. *If I won the lottery, I would go to China.*

9 Reflexive verbs

You use *reflexive verbs* when you are talking about something that you do to yourself. For example:

    Je me lève à sept heures et demie. *I get up at half past seven.*

You need both the *reflexive pronoun* and the correct verb ending, as follows:

je **me** réveill**e**	nous **nous** réveill**ons**
tu **te** réveill**es**	vous **vous** réveill**ez**
il **se** réveill**e**	ils **se** réveill**ent**
elle **se** réveill**e**	elles **se** réveill**ent**

In the perfect tense, you use the present tense of **être** with *all* reflexive verbs. For example:

    Aujourd'hui, elle s'**est** levée à six heures et quart. *Today she got up at quarter past six.*

10 The present participle

To describe what you are doing when something happens, you use the present participle. For example:

    En **allant** en Italie, j'ai rencontré un groupe d'étudiants français. *Going to Italy, I met a group of French students.*

To form the present participle of **-er**, **-ir** and **-re** verbs, take the **nous** form of the present tense, drop the **-ons** endings and add **-ant**.

Être and **avoir** have irregular present participles:

    être → **étant**   avoir → **ayant**

11 Interrogatives

There are three ways to ask questions:

1. Add **est-ce que** to the beginning of a sentence. For example:

    Est-ce que tu aimes étudier les langues? *Do you like studying languages?*

2. The second way is to turn the verb round. For example:

    Aimerais-tu faire un stage à l'étranger? *Would you like to do some work experience abroad?*

If the verb ends in a vowel with **il** or **elle**, then you need to add a **-t** when you turn the verb round:

    Étudie-**t**-elle l'allemand au collège? *Is she studying German at school?*

If you are asking a question in the perfect tense, you turn the **être** or **avoir** part round. For example:

Notes de Grammaire

Es-tu déjà **allé** en Tunisie? *Have you ever been to Tunisia?*

3. The third way is to simply add a *question mark* to the end of your sentence:

Tu habites au Québec depuis longtemps? *Have you lived in Quebec long?*

Here is a list of useful interrogatives:

Pourquoi?	Why?
Quand?	When?
Qui?	Who?
Où?	Where?
Comment?	How? What?
Combien?	How many?
Quel, quelle, quels, quelles?	What? Which?

After using an interrogative, you can either use **est-ce que** or turn the verb round.

12 Negatives

To make a sentence negative, you put **ne ... pas** around the verb. For example:

Je **ne** parle **pas** l'espagnol. *I don't speak Spanish.*

When **ne** is followed by a verb which begins with a vowel, it becomes **n'**. For example:

Je **n'**ai pas besoin d'argent tous les jours. *I don't need money every day.*

Remember to use **de** or **d'** after **ne ... pas**.

Here are some more words that you can use for negative sentences:

ne ... jamais	never
ne ... rien	nothing, not anything
ne ... plus	no more, no longer
ne ... personne	no-one, nobody
ne ... que	only
ne ... ni ... ni	neither ... nor

These words also go round the verb. For example:

Je **ne** perds **jamais** mes affaires. *I never lose my things.*

When using the *perfect tense*, the negative words go round the **être** or **avoir** part. For example:

Je **ne** suis **jamais** allé en France. *I've never been to France.*

Ne ... personne and **ne ... que** go round both parts of the verb. For example:

Ce n'est pas grave. Je **n'**ai perdu **que** mes clés. *It's not serious. I've only lost my keys.*

13 'Savoir' and 'pouvoir'

Savoir and **pouvoir** describe what you *can* do. **Savoir** is translated as 'to know how to' and **pouvoir** is translated as 'to be able to (if circumstances allow)'. They are both followed by the *infinitive*. For example:

Je **sais** jouer au tennis mais je ne **peux** pas en ce moment, parce que j'ai le bras cassé. *I know how to play tennis but I can't at the moment because I have a broken arm.*

Savoir and **pouvoir** are irregular verbs. Here they are in full:

je sais	je peux
tu sais	tu peux
il sait	il peut
elle sait	elle peut
nous savons	nous pouvons
vous savez	vous pouvez
ils savent	ils peuvent
elles savent	elles peuvent

14 Venir de ...

To describe what you've just done, use the verb **venir** in the *present tense* and follow it with **de**. For example:

Je **viens de** finir mon stage pratique. *I've just finished my work experience.*

Here is the present tense of the verb **venir**:

je viens	nous venons
tu viens	vous venez
il vient	ils viennent
elle vient	elles viennent

- Don't forget to add the **de**!

15 'Il faut' + infinitive

To say what you need or must do, you use the expression **Il faut**. This is followed by the *verb* or the *noun*. For example:

Pour faire un stage pratique à l'étranger, **il faut remplir** une fiche tout de suite. *To do work experience abroad, you must fill in a form at once.*

16 C'est mieux/pire de ...

To say what is better or best, you use **mieux**. For example:

Je pense que c'est **mieux** d'apprendre des

deux cent trente-cinq **235**

Notes de Grammaire

langues et de voyager *I think it's better to learn languages and to travel.*
À mon avis, c'est pire d'échouer aux examens. *In my opinion, it's worse to fail exams.*

17 Adjectives

A Agreement

When you are describing something, adjectives have to agree with what they are describing. For example:

J'ai acheté une jupe noir**e** pour la boum. *I bought a black skirt for the party.*

When you use **C'est**, you don't need to change the adjective which describes it. For example:

C'est grand, c'est poilu, c'est un animal. Qu'est-ce que c'est? *It's big, it's hairy, it's an animal. What is it?*

B Position of adjectives

Adjectives usually come *after* the noun. However there are a few adjectives which go *before* the noun. Some of these are: **beau, nouveau, vieux, grand, petit, joli, jeune**. For example:

Je m'entends bien avec ma **petite** sœur. *I get on well with my little sister.*

C Regular and irregular adjectives

To make the feminine ending for most adjectives, simply add **-e**. For example:

J'habite dans une grand**e** ville dans le Sud de l'Angleterre. *I live in a big town in the South of England.*

Adjectives which already end in **-e** do not change. For example:

Je trouve que la campagne est un endroit tranquille. *I find that the countryside is a quiet place.*

Adjectives which end in **-if** change to **-ive** in the feminine form. For example:

Ma sœur est sport**ive** – elle joue au tennis et elle nage. *My sister is sporty – she plays tennis and swims.*

Adjectives which end in **-eur** change to **-euse** in the feminine form. For example:

Elle fait toujours ses devoirs – elle est très conscienci**euse**. *She always does her homework – she is very conscientious.*

Adjectives which end in **-il** and **-el** change to **-ille**

and **-elle** in the feminine form. For example:

J'aime bien ma prof d'anglais, elle est gent**ille**. *I like my English teacher, she's nice.*

Some adjectives have *irregular feminine* forms:

beau → **belle**   nouveau → **nouvelle**
vieux → **vieille**

These adjectives also have a special form when they describe a *singular masculine noun* which begins with a *vowel*.

beau → **bel**   nouveau → **nouvel**
vieux → **vieil**

For example:

Dans notre jardin, nous avons un **vieil** arbre. *In our garden, we have an old tree.*

18 Rappel: Some ... any

To say 'some' or 'any', you use **du, de la, des** and **de l'**.

You use **du** with *masculine singular* words; **de la** with *feminine singular* words; **des** with *plural* words and **de l'** with words which begin with a *vowel* (**a, e, i, o, u**) and sometimes **h**.

19 Possessive adjectives

In French, possessive adjectives (in English: 'my', 'your', 'his', 'her' etc.) have to agree with the person or thing they are describing. Each possessive adjective therefore has a masculine, feminine and plural form. For example:

J'ai perdu **mes** lunettes. *I lost **my** glasses.*
Quelle est **ta** matière préférée? *What is **your** favourite subject?*

Here are all the possessive adjectives

	masculine	feminine	plural
my	**mon**	**ma**	**mes**
your (fam.)	**ton**	**ta**	**tes**
his/her	**son**	**sa**	**ses**
our	**notre**	**notre**	**nos**
your (polite)	**votre**	**votre**	**vos**
their	**leur**	**leur**	**leurs**

20 Tel, telle, tels, telles

To say 'such and such', you use **tel, telle, tels** or **telles**. For example:

Si tu aimes **telle** ou **telle** matière, tu bosseras pour tes examens. *If you like such and such a subject, you will work hard for your exams.*

236 *deux cent trente-six*

Notes de Grammaire

Use **tel** for a masculine singular word; **telle** for a feminine singular word; **tels** for a masculine plural word; and **telles** for a feminine plural word.

21 Pronouns

A Emphatic pronouns

You use these pronouns for emphasis, i.e. when you want to stress who you are talking about. For example:

Moi, je pense que les plats surgelés sont plus pratiques. *(Me,) I think that frozen food is more practical.*

They are also used after **avec**, **à**, **pour** and **de**. For example:

C'est **à toi**? *Is it yours?*

Je m'entends bien avec Chloë. Je suis allé au cinéma **avec elle**. *I get on well with Chloë. I went to the cinema with her.*

Here are all the emphatic pronouns:

moi	me
toi	you (when talking to a friend)
lui	him
elle	her
nous	us
vous	you (when talking to an adult or more than one person)
eux	them (masculine plural)
elles	them (feminine plural)

B Direct object pronouns

When you are talking about something, you often use the direct object pronoun instead of repeating the name of the object. In French, the direct object pronouns are **le** for a masculine noun, **la** for a feminine noun and **les** for more than one noun. For example:

J'aime bien **les vêtements à la mode**. Je **les** choisis toujours en coton. *I like fashionable clothes a lot. I always choose **them** in cotton.*

Je porte toujours **ma carte d'identité** sur moi. Je **la** mets dans ma poche. *I always carry my ID card on me. I put **it** in my pocket.*

- Don't forget that if **le** and **la** come before a verb beginning with a vowel, they become **l'**.

Agreement of the past participle
If you are using the perfect tense to describe something that happened, **the ending of the past participle has to agree with the object you are talking about if it is a direct object pronoun**.

J'ai trouvé ⬚mes clés⬚. Je ⬚les⬚ ai trouv⬚es⬚ dans ma chambre. *I've found my keys. I found them in my bedroom.*

C Le mien, la mienne

When you are talking about something that belongs to you, instead of saying its name you can use **le mien** or **la mienne** (*mine*). For example:

David a trouvé son stylo. Moi, j'ai perdu **le mien**. *David has found his pen, but I've lost **mine**.*

You use **le mien** to replace a masculine singular word, **la mienne** to replace a feminine singular word, **les miens** to replace a masculine plural word and **les miennes** to replace a feminine plural word. For example:

Tu as laissé ta raquette chez toi? Tu peux emprunter **la mienne**. *You've left your racket at home? You can borrow **mine**.*

22 Plus, moins

To say 'more' or 'less', you use **plus** or **moins**. **Plus** and **moins** go before the adjective. For example:

Au printemps, les légumes sont **moins** chers. *In Spring, vegetables are less expensive.*

There are some other expressions with **plus** and **moins**:

plus de	more (before nouns)
moins de	less, fewer (before nouns)
plus . . . que	more . . . than
moins . . . que	less . . . than
plus on . . . plus on . . .	the more you . . . the more you . . .
moins on . . . moins on . . .	the less you . . . the less you . . .

23 En, au, aux + countries

To describe going 'to' countries, you use **en** or **au**. With *feminine* countries, use **en**. For example:

Je suis allé **en** Espagne. *I went to Spain.*

With *masculine* countries, use **au**. For example:

Il a travaillé **au** Canada. *He worked in Canada.*

Some countries are *plural*, for example: **les** États-Unis. For these ones, use **aux** for 'to' and 'in':

Je voudrais travailler **aux** Pays-Bas. *I'd like to work in the Netherlands.*

For towns, always use **à**.

deux cent trente-sept **237**

Notes de Grammaire

24 Irregular verbs

The persons:

je	I	nous	we
tu	you (singular)	vous	you (plural)
il	he	ils	they (masculine)
elle	she	elles	they (feminine)
on	one, we		

Infinitive	Present		Perfect	
aller to go	je vais tu vas il va elle va	nous allons vous allez ils vont elles vont	je suis allé(e) tu es allé(e) il est allé elle est allée	nous sommes allé(e)s vous êtes allé(e)(s) ils sont allés elles sont allées
avoir to have	j'ai tu as il a elle a	nous avons vous avons ils ont elles ont	j'ai eu tu as eu il a eu elle a eu	nous avons eu vous avez eu ils ont eu elles ont eu
boire to drink	je bois tu bois il boit elle boit	nous buvons vous buvez ils boivent elles boivent	j'ai bu tu as bu il a bu elle a bu	nous avons bu vous avez bu ils ont bu elles ont bu
conduire to drive	je conduis tu conduis il conduit elle conduit	nous conduisons vous conduisez ils conduisent elles conduisent	j'ai conduit tu as conduit il a conduit elle a conduit	nous avons conduit vous avez conduit ils ont conduit elles ont conduit
connaître to know	je connais tu connais il connaît elle connaît	nous connaissons vous connaissez ils connaissent elles connaissent	j'ai connu tu as connu il a connu elle a connu	nous avons connu vous avez connu ils ont connu elles ont connu
croire to believe	je crois tu crois il croit elle croit	nous croyons vous croyez ils croient elles croient	j'ai cru tu as cru il a cru elle a cru	nous avons cru vous avez cru ils ont cru elles ont cru
devoir to have to	je dois tu dois il doit elle doit	nous devons vous devez ils doivent elles doivent	j'ai dû tu as dû il a dû elle a dû	nous avons dû vous avez dû ils ont dû elles ont dû
dire to say	je dis tu dis il dit elle dit	nous disons vous dites ils disent elles disent	j'ai dit tu as dit il a dit elle a dit	nous avons dit vous avez dit ils ont dit elles ont dit
entendre to hear	j'entends tu entends il entend elle entend	nous entendons vous entendez ils entendent elles entendent	j'ai entendu tu as entendu il a entendu elle a entendu	nous avons entendu vous avez entendu ils ont entendu elles ont entendu
être to be	je suis tu es il est elle est	nous sommes vous êtes ils sont elles sont	j'ai été tu as été il a été elle a été	nous avons été vous avez été ils ont été elles ont été

Notes de Grammaire

Imperfect		Future		Conditional	Present participle
j'allais	nous allions	j'irai	nous irons	j'irais	allant
tu allais	vous alliez	tu iras	vous irez		
il allait	ils allaient	il ira	ils iront		
elle allait	elles allaient	elle ira	elles iront		
j'avais	nous avions	j'aurai	nous aurons	j'aurais	ayant
tu avais	vous aviez	tu auras	vous aurez		
il avait	ils avaient	il aura	ils auront		
elle avait	elles avaient	elle aura	elles auront		
je buvais	nous buvions	je boirai	nous boirons	je boirais	buvant
tu buvais	vous buviez	tu boiras	vous boirez		
il buvait	ils buvaient	il boira	ils boiront		
elle buvait	elles buvaient	elle boira	elles boiront		
je conduisais	nous conduisions	je conduirai	nous conduirons	je conduirais	conduisant
tu conduisais	vous conduisiez	tu conduiras	vous conduirez		
il conduisait	ils conduisaient	il conduira	ils conduiront		
elle conduisait	elles conduisaient	elle conduira	elles conduiront		
je connaissais	nous connaissions	je connaîtrai	nous connaîtrons	je connaîtrais	connaissant
tu connaissais	vous connaissiez	tu connaîtras	vous connaîtrez		
il connaissait	ils connaissaient	il connaîtra	ils connaîtront		
elle connaissait	elles connaissaient	elle connaîtra	elles connaîtront		
je croyais	nous croyions	je croirai	nous croirons	je croirais	croyant
tu croyais	vous croyiez	tu croiras	vous croirez		
il croyait	ils croyaient	il croira	ils croiront		
elle croyait	elles croyaient	elle croira	elles croiront		
je devais	nous devions	je devrai	nous devrons	je devrais	devant
tu devais	vous deviez	tu devras	vous devrez		
il devait	ils devaient	il devra	ils devront		
elle devait	elles devaient	elle devra	elles devront		
je disais	nous disions	je dirai	nous dirons	je dirais	disant
tu disais	vous disiez	tu diras	vous direz		
il disait	ils disaient	il dira	ils diront		
elle disait	elles disaient	elle dira	elles diront		
j'entendais	nous entendions	j'entendrai	nous entendrons	j'entendrais	entendant
tu entendais	vous entendiez	tu entendras	vous entendrez		
il entendait	ils entendaient	il entendra	ils entendront		
elle entendait	elles entendaient	elle entendra	elles entendront		
j'étais	nous étions	je serai	nous serons	je serais	étant
tu étais	vous étiez	tu seras	vous serez		
il était	ils étaient	il sera	ils seront		
elle était	elles étaient	elle sera	elles seront		

deux cent trente-neuf **239**

Notes de Grammaire

Infinitive	Present		Perfect	
faire *to do, to make*	je fais tu fais il fait elle fait	nous faisons vous faites ils font elles font	j'ai fait tu as fait il a fait elle a fait	nous avons fait vous avez fait ils ont fait elles ont fait
lire *ro read*	je lis tu lis il lit elle lit	nous lisons vous lisez ils lisent elles lisent	j'ai lu tu as lu il a lu elle a lu	nous avons lu vous avez lu ils ont lu elles ont lu
mettre *to put*	je mets tu mets il met elle met	nous mettons vous mettez ils mettent elles mettent	j'ai mis tu as mis il a mis elle a mis	nous avons mis vous avez mis ils ont mis elles ont mis
mourir *to die*	je meurs tu meurs il meurt elle meurt	nous mourons vous mourez ils meurent elles meurent	je suis mort(e) tu es mort(e) il est mort elle est morte	nous sommes mort(e)s vous êtes mort(e)(s) ils sont morts elles sont mortes
naître *to be born*			je suis né(e) tu es né(e) il est né elle est née	nous sommes né(e)s vous êtes né(e)(s) ils sont nés elles sont nées
ouvrir *to open*	j'ouvre tu ouvres il ouvre elle ouvre	nous ouvrons vous ouvrez ils ouvrent elles ouvrent	j'ai ouvert tu as ouvert il a ouvert elle a ouvert	nous avons ouvert vous avez ouvert ils ont ouvert elles ont ouvert
pleuvoir *to rain* *(impersonal only)*	il pleut		il a plu	
pouvoir *to be able to*	je peux tu peux il peut elle peut	nous pouvons vous pouvez ils peuvent elles peuvent	j'ai pu tu as pu il a pu elle a pu	nous avons pu vous avez pu ils ont pu elles ont pu
prendre *to take*	je prends tu prends il prend elle prend	nous prenons vous prenez ils prennent elles prennent	j'ai pris tu as pris il a pris elle a pris	nous avons pris vous avez pris ils ont pris elles ont pris
recevoir *to receive*	je reçois tu reçois il reçoit elle reçoit	nous recevons vous recevez ils reçoivent elles reçoivent	j'ai reçu tu as reçu il a reçu elle a reçu	nous avons reçu vous avez reçu ils ont reçu elles ont reçu
rire *to laugh*	je ris tu ris il rit elle rit	nous rions vous riez ils rient elles rient	j'ai ri tu as ri il a ri elle a ri	nous avons ri vous avez ri ils ont ri elles ont ri
savoir *to know*	je sais tu sais il sait elle sait	nous savons vous savez ils savent elles savent	j'ai su tu as su il a su elle a su	nous avons su vous avez su ils ont su elles ont su

Notes de Grammaire

Imperfect		Future		Conditional	Present participle
je faisais	nous faisions	je ferai	nous ferons	je ferais	faisant
tu faisais	vous faisiez	tu feras	vous ferez		
il faisait	ils faisaient	il fera	ils feront		
elle faisait	elles faisaient	elle fera	elles feront		
je lisais	nous lisions	je lirai	nous lirons	je lirais	lisant
tu lisais	vous lisiez	tu liras	vous lirez		
il lisait	ils lisaient	il lira	ils liront		
elle lisait	elles lisaient	elle lira	elles liront		
je mettais	nous mettions	je mettrai	nous mettrons	je mettrais	mettant
tu mettais	vous mettiez	tu mettras	vous mettrez		
il mettait	ils mettaient	il mettra	ils mettront		
elle mettait	elles mettaient	elle mettra	elles mettront		
je mourais	nous mourions	je mourrai	nous mourrons	je mourrais	mourant
tu mourais	vous mouriez	tu mourras	vous mourrez		
il mourait	ils mouraient	il mourra	ils mourront		
elles mourait	elles mouraient	elle mourra	elles mourront		
					naissant
j'ouvrais	nous ouvrions	j'ouvrirai	nous ouvrirons	j'ouvrirais	ouvrant
tu ouvrais	vous ouvriez	tu ouvriras	vous ouvrirez		
il ouvrait	ils ouvraient	il ouvrira	ils ouvriront		
elle ouvrait	elles ouvraient	elle ouvrira	elles ouvriront		
il pleuvait		il pleuvra		il pleuvrait	pleuvant
je pouvais	nous pouvions	je pourrai	nous pourrons	je pourrais	pouvant
tu pouvais	vous pouviez	tu pourras	vous pourrez		
il pouvait	ils pouvaient	il pourra	ils pourront		
elle pouvait	elles pouvaient	elle pourra	elles pourront		
je prenais	nous prenions	je prendrai	nous prendrons	je prendrais	prenant
tu prenais	vous preniez	tu prendras	vous prendrez		
il prenait	ils prenaient	il prendra	ils prendont		
elle prenait	elles prenaient	elle prendra	elles prendont		
je recevais	nous recevions	je recevrai	nous recevrons	je recevrais	recevant
tu recevais	vous receviez	tu recevras	vous recevrez		
il recevait	ils recevaient	il recevra	ils recevront		
elle recevait	elles recevaient	elle recevra	elles recevront		
je riais	nous riions	je rirai	nous rirons	je rirais	riant
tu riais	vous riiez	tu riras	vous rirez		
il riait	ils riaient	il rira	ils riront		
elle riait	elles riaient	elle rira	elles riront		
je savais	nous savions	je saurai	nous saurons	je saurais	sachant
tu savais	vous saviez	tu sauras	vous saurez		
il savait	ils savaient	il saura	ils sauront		
elle savait	elles savaient	elle saura	elles sauront		

deux cent quarante et un **241**

Notes de Grammaire

Infinitive	Present		Perfect	
sortir to go out	je sors	nous sortons	je suis sorti(e)	nous sommes sorti(e)s
	tu sors	vous sortez	tu es sorti(e)	vous êtes sorti(e)(s)
	il sort	ils sortent	il est sorti	ils sont sortis
	elle sort	elles sortent	elle est sortie	elles sont sorties
venir to come	je viens	nous venons	je suis venu(e)	nous sommes venu(e)s
	tu viens	vous venez	tu es venu(e)	vous êtes venu(e)(s)
	il vient	ils viennent	il est venu	ils sont venus
	elle vient	elles viennent	elle est venue	elles sont venues
vivre to live	je vis	nous vivons	j'ai vécu	nous avons vécu
	tu vis	vous vivez	tu as vécu	vous avez vécu
	il vit	ils vivent	il a vécu	ils ont vécu
	elle vit	elles vivent	elle a vécu	elles ont vécu
voir to see	je vois	nous voyons	j'ai vu	nous avons vu
	tu vois	vous voyez	tu as vu	vous avez vu
	il voit	ils voient	il a vu	ils ont vu
	elle voit	elles voient	elle a vu	elles ont vu
vouloir to want	je veux	nous voulons	j'ai voulu	nous avons voulu
	tu veux	vous voulez	tu as voulu	vous avez voulu
	il veut	ils veulent	il a voulu	ils ont voulu
	elle veut	elles veulent	elle a voulu	elles ont voulu

25 Numbers 10 to 2000

10	dix		60	soixante
11	onze		70	soixante-dix
12	douze		71	soixante et onze
13	treize		72	soixante-douze
14	quatorze		80	quatre-vingts
15	quinze		81	quatre-vingt-un
16	seize		82	quatre-vingt-deux
17	dix-sept		90	quatre-vingt-dix
18	dix-huit		91	quatre-vingt-onze
19	dix-neuf		100	cent
20	vingt		200	deux cents
21	vingt et un		201	deux cent un
22	vingt-deux		1000	mille
23	vingt-trois		2000	deux mille
24	vingt-quatre			
25	vingt-cinq			
26	vingt-six			
27	vingt-sept			
28	vingt-huit			
29	vingt-neuf			
30	trente			
31	trente et un			
32	trente-deux			
40	quarante			
50	cinquante			

deux cent quarante-deux

Notes de Grammaire

Imperfect		Future		Conditional	Present participle
je sortais	nous sortions	je sortirai	nous sortirons	je sortirais	sortant
tu sortais	vous sortiez	tu sortiras	vous sortirez		
il sortait	ils sortaient	il sortira	ils sortiront		
elle sortait	elles sortaient	elle sortira	elles sortiront		
je venais	nous venions	je viendrai	nous viendrons	je viendrais	venant
tu venais	vous veniez	tu viendras	vous viendrez		
il venait	ils venaient	il viendra	ils viendront		
elle venait	elles venaient	elle viendra	elles viendront		
je vivais	nous vivions	je vivrai	nous vivrons	je vivrais	vivant
tu vivais	vous viviez	tu vivras	vous vivrez		
il vivait	ils vivaient	il vivra	ils vivront		
elle vivait	elles vivaient	elle vivra	elles vivront		
je voyais	nous voyions	je verrai	nous verrons	je verrais	voyant
tu voyais	vous voyiez	tu verras	vous verrez		
il voyait	ils voyaient	il verra	ils verront		
elle voyait	elles voyaient	elle verra	elles verront		
je voulais	nous voulions	je voudrai	nous voudrons	je voudrais	voulant
tu voulais	vous vouliez	tu voudras	vous voudrez		
il voulait	ils voulaient	il voudra	ils voudront		
elle voulait	elles voulaient	elle voudra	elles voudront		

Lexique

FRANÇAIS–ANGLAIS

A

d' **abord** *first of all*
être d' **accord** *to agree*
s' **accorder** *to match*
accueillir *to welcome, receive*
un **achat** *purchase*
acheter *to buy*
un **acteur** *actor*
actif, active *active*
une **actrice** *actress*
actuellement *at the moment, now*
une **addition** *bill*
un **adjectif** *adjective*
un(e) **ado** *teenager*
adorer *to adore, love*
les **affaires** (f.pl) *belongings*
s' **afficher** *to display*
affiner *to refine*
afin de *in order to*
s' **aggrandir** *to expand, get bigger*
s' **agir** *to be about, be a matter of*
agréable *pleasant, nice*
agricole *agricultural*
l' **agronomie** (f) *agricultural engineering*
aider *to help*
ailleurs *elsewhere*
aimable *nice*
aimer *to like, love*
aîné(e) *older*
ainsi que *as well as*
avoir l' **air** *to seem*
ajouter *to add*
les **alentours** (m.pl) *neighbourhood*
l' **alimentation** (f) *food*
l' **Allemagne** (f) *Germany*
allemand *German*
aller *to go*
allumer *to light*
alors *so, then*
alors que *whereas, while*
une **ambiance** *atmosphere*
l' **âme** (f) *soul*

un **ami** *friend (male)*
une **amie** *friend (female)*
l' **amitié** (f) *friendship*
l' **amour** (m) *love*
amoureux, amoureuse *in love*
amusant *funny, fun*
s' **amuser** *to enjoy yourself*
un **an** *year*
ancien, ancienne *old, ancient*
anglais *English*
l' **Angleterre** (f) *England*
l' **angoisse** (f) *anguish, distress*
animé *lively*
une **année** *year*
un **anniversaire** *birthday*
une **annonce** *advertisement*
antillais *West Indian*
août *August*
s' **apercevoir** *to notice*
un **appareil** *device, machine*
un **appareil-photo** *camera*
appartenir à *to belong to*
appeler *to call*
s' **appeler** *to be called*
apporter *to bring*
apprendre *to learn*
après *after*
d' **après** *according to*
un **après-midi** *afternoon*
l' **arabe** (m) *Arabic*
arborer *to display*
un **arbre** *tree*
un **arbre généalogique** *family tree*
un(e) **archéologue** *archeologist*
l' **argent** (m) *money, silver*
en **argent** *made of silver*
une **armoire** *wardrobe*
un **arrêt** *stop*
s' **arrêter** *to stop*
arriver *to arrive, reach*
un **arrondissement** *district*
un **ascenseur** *lift*
un **aspirateur** *vacuum cleaner*
assez *quite*
assez de *enough*
une **assiette** *plate, dish*
assorti *matching*

atteindre *to reach*
atteint *affected*
attendre *to wait*
attiré *attracted*
attirer *to attract*
attrayant *attractive*
une **auberge de jeunesse** *youth hostel*
aucun(e) *no, none*
aujourd'hui *today*
auparavant *before*
aussi *also*
autant *as much, as many*
un(e) **automobiliste** *car driver*
une **autoroute** *motorway*
autour de *around*
autre *other, another*
l' **Autriche** (f) *Austria*
avant *before*
un **avantage** *advantage*
avant-hier *the day before yesterday*
avec *with*
une **aventure** *adventure*
un **avion** *plane*
un **avis** *opinion*
avoir *to have*
avouer *to admit*
avril *April*

B

la **bague** *ring*
la **baignade** *bathe, swim*
se **baigner** *to bathe, swim*
la **baignoire** *bath*
le **bain** *bath*
baisser *to turn down, lower*
se **balader** *to go for a walk*
le **baladeur** *personal stereo*
la **balance** *scales*
le **balourd** *idiot*
le **banc** *bench*
la **bande dessinée** *strip cartoon, comic strip*
la **banlieue** *suburbs*

Lexique

la **banquette** seat
le **bateau** boat
la **batterie** drums
bavard chatty
beau, bel, belle beautiful, handsome, fine
beaucoup a lot, many
la **beauté** beauty
la **bédé (BD)** strip cartoon
la **Belgique** Belgium
bénéficier to benefit
bénévole voluntary
avoir **besoin de** to need
le **beurre** butter
la **bibliothèque** library, bookcase
bien well, good
bien sûr of course
bientôt soon
bienvenu welcome
la **bière** beer
les **bijoux** (m.pl) jewellery
le **bilan** balance sheet, assessment
bilingue bilingual
le **billet** ticket
des **bisous** (m.pl) kisses
le **bitume** Tarmac
blanc, blanche white
le/la **blessé(e)** casualty
bleu blue
le **blouson** jacket
boire to drink
en **bois** made of wood
la **boisson** drink
la **boîte** box, tin
la **bombe aérosol** aerosol spray
bon, bonne good
le **bonheur** happiness
bon marché cheap
au **bord de** at the edge of, by
la **botte** boot
bouché full, blocked up, corked
le **boucher** butcher
la **boucherie** butcher's (shop)
bouger to move
la **bouillie** cereal, porridge
la **boulangerie** bakery, baker's
le **boulot** job
au **bout de** at the end of
la **bouteille** bottle
brancher to get started
le **bras** arm
le **Brésil** Brazil
bricoler to do odd jobs, DIY
briller to shine
la **brosse** brush
se **brosser les dents** to clean your teeth
le **bruit** noise
la **brûlure** burn
brun brown
la **buanderie** utility room
la **bulle** bubble
le **bureau** office, desk

C

la **cabine téléphonique** phone box
le **cadeau** present, gift
le **cadet** youngest child (male)
la **cadette** youngest child (female)
le **caissier** check-out assistant (male)
la **caissière** check-out assistant (female)
le/la **camarade** friend
la **campagne** countryside
le **camping** campsite
le **canapé** sofa
car for, because
le **car** coach
le **carnet** notebook, season ticket
à **carreaux** checked
la **carrière** career
la **carte** card, map
la **carte postale** postcard
le **carton** box, cardboard
en **carton** made of cardboard
le **cas** case, situation
la **casquette** baseball cap
ce, cet, cette this
ceci this
la **ceinture** belt, waist
cela that
celui, celle the one
la **cendre** ash
le **cendrier** ash-tray
le **centre commercial** shopping centre
le **centre loisirs** leisure centre
cependant however
ces these
ceux those
chacun(e) each one, every one
la **chaîne stéréo** hi-fi system
la **chaise** chair
la **chaleur** heat
chaleureux, chaleureuse warm
la **chambre** bedroom
la **chance** luck, chance
avoir de la **chance** to be lucky
la **chanson** song
le **chant** song
chanter to sing
le **chanteur** singer (male)
la **chanteuse** singer (female)
le **chantier** building site
le **chapeau** hat
chaque each
la **charcuterie** cold meat shop, delicatessen
chargé busy
la **chasse** hunt
le **chat** cat
châtain (inv.) brown-haired
le **château** castle
chaud warm, hot
avoir **chaud** to feel hot
faire **chaud** to be hot
le **chauffage** heating
la **chaussette** sock
la **chaussure** shoe
le **chemin** path, way
la **chemise** shirt
le **chemisier** blouse
le **chéquier** cheque book
cher, chère dear, expensive
chercher to look for
le **cheval** horse
les **cheveux** (m.pl) hair
chez at the home of, at, to
chic! great!
le **chien** dog
le **chiffre** number
la **chimie** chemistry

chinois Chinese
le **chirurgien** surgeon
choisir to choose
le **choix** choice
le **chômage** unemployment
le **chômeur** unemployed man
la **chômeuse** unemployed woman
la **chose** thing
chouette! great!
le **ciel** sky
la **cinquième** year 8 (in secondary school)
clair light
clairement clearly
le **clavier électronique** electronic keyboard
la **clé** key
la **clientèle** customers
le **cœur** heart
le **coiffeur** hairdresser
le **coin** corner
le **colis** parcel
le **collège** school
combien how many, how much
commander to order
comme like
commencer to begin, start
comment how
le **commerce** business
le **commerçant** shopkeeper
la **commode** chest-of-drawers
commun common
la **commune** district
la **compétence** skill, competence
composer to dial
compréhensif, compréhensive understanding
la **compréhension** understanding
comprendre to understand
le/la **comptable** accountant
le **compte** account
compter to count
le **concours** competition
le **conducteur** driver (male)
la **conductrice** driver (female)
conduire to drive
la **confiance** confidence, trust
confier to entrust, trust
la **confiture** jam
le **confort** comfort
la **connaissance** knowledge
connaître to know
connu known
consacrer to set aside
les **conseils** (m.pl) advice
les **conserves** (f.pl) tinned food
la **consigne** left-luggage locker
constater to note, see
construire to build
construit built
contenir to contain
contre against
le **contrôle continu** continuous assessment
convenir to suit
le **copain** friend (male)
la **copine** friend (female)
la **cornemuse** bagpipes
le **corps** body
le **correspondant** penfriend (male)
la **correspondante** penfriend (female)

deux cent quarante-cinq **245**

Lexique

la	corvée	chore
le	costume	suit
la	côte	coast
le	côté	side
en	coton	made of cotton
le	cou	neck
la	couche d'ozone	ozone layer
se	coucher	to go to bed
	couler	to leak, flow
la	couleur	colour
la	coupe	cup
	couper	to cut
	courageux, courageuse	brave
la	couronne	crown
le	courrier	post
le	cours	course, lesson
les	courses (f.pl)	shopping
le	couteau	knife
	coûter	to cost
la	coutume	custom
la	couverture	cover
	couvrir	to cover
la	cravate	tie
le	crayon	pencil
	créer	to create
la	crémerie	dairy
la	crise	crisis
	croire	to think, believe
la	croix	cross
la	cuillère	spoon
le	cuir	leather
en	cuir	made of leather
la	cuisine	cooking, kitchen
faire la	cuisine	to cook
	cuisiner	to cook
la	cuisinière	cooker
	curieux, curieuse	curious

D

	dangereux, dangereuse	dangerous
	dans	in
la	danse	dancing
le	dauphin	dolphin
	débarrasser la table	to clear the table
le	débat	debate
être	debout	to be standing up
se	débrouiller	to get by, manage
le	début	beginning
	décembre	December
	décharger	to unload, discharge
les	déchets (m.pl)	waste
le	décollage	take-off
	décorer	to decorate
la	découverte	discovery
	découvrir	to discover
	décrire	to describe
	décrocher	to take down, unhook
le	défaut	fault
le	défilé de mode	fashion show
la	dégustation	tasting
	déjà	already
le	déjeuner	lunch
	déjeuner	to have lunch
	délicieux, délicieuse	delicious
la	demande	application
	demander	to ask (for)
se	demander	to wonder
la	démarche	step
en	demi-pension	half board
	démonter	to dismantle
le	dentifrice	toothpaste
les	dents (f.pl)	teeth
	dépendre de	to depend on
	dépenser	to spend (money)
se	déplacer	to move
le	dépliant	leaflet
	déposer	to leave, put
	depuis	since
	déranger	to disturb
	dernier, dernière	last, latest
	descendre	to go down
	désespéré	hopeless, desperate
se	déshabiller	to get undressed
	désolé	sorry
	désordonné	disorganised, untidy
	desservir	to serve
le	dessin	picture, drawing
le	dessinateur	designer (male)
la	dessinatrice	designer (female)
	dessiner	to draw
	dessous	underneath
le	détaillant	retailer
se	détendre	to relax
la	détente	relaxation
	détruire	to destroy
	devant	in front of, before
	devenir	to become
	déversé	dumped
	deviner	to guess
	devoir	to have to, owe
les	devoirs (m.pl)	homework
	dévorer	to eat, devour
	Dieu	God
	difficile	difficult
	dimanche	Sunday
le	dîner	dinner
	dire	to say, tell
le	directeur	director, manager (male)
la	directrice	director, manager (female)
le	dirigeant	director, manager (male)
la	dirigeante	director, manager (female)
	diriger	to be in charge, run
	discuter	to discuss
	disponible	available
la	dispute	argument
se	disputer	to argue
les	distractions (f.pl)	entertainment, amusements
quel	dommage!	what a shame!
	donc	therefore
	donner	to give
	donner sur	to overlook
	doré	golden
	dormir	to sleep
la	douche	shower
	doué	good at, gifted in
le	doute	doubt
	doux, douce	sweet, mild
le	droit	right
à	droite	on/to the right
	drôle	funny
	dur	hard
la	durée	length, duration
	durer	to last
	dynamique	dynamic

E

l'	eau (f)	water
l'	eau potable (f)	drinking water
	échanger	to exchange
un	éclair	flash of lightning
s'	éclater	to go wild
une	école	school
	économiser	to save, economise
	écossais	Scottish
l'	Écosse (f)	Scotland
	écouter	to listen to
un	écran	screen
	écrire	to write
l'	écriture (f)	writing
un	écrivain	writer
un	effet	effect
	efficace	efficient
	égal	same, equal
	également	also, as well
	égarer	to mislay
un(e)	élève	pupil
un	éleveur	breeder
	elle	she, it
	elles (f.pl)	they
l'	emballage (m)	packing
un	embouteillage	traffic jam
une	émission	programme
	empêcher	to prevent
un	emplacement	site
un	emploi	job
un	employé	employee (male)
une	employée	employee (female)
	employer	to use, employ
	emporter	to take, take away
	emprunter	to borrow
	en	in, of it, of them
	enceinte	pregnant
	encore	still, again, yet
un	endroit	place
l'	énergie (f)	energy
	énerver	to annoy
l'	enfance (f)	childhood
un(e)	enfant	child
	enlever	to take away, take out
l'	ennui (m)	boredom
s'	ennuyer	to get bored
	ennuyeux, ennuyeuse	boring
un	enregistrement (m)	recording, registration
	enseigner	to teach
	ensemble	together
un	ensemble	suit
	entendre	to hear
s'	entendre avec	to get on with
	entier, entière	whole
l'	entourage (m)	circle of friends
	entourer	to surround
s'	entraîner	to train, practise
un	entraîneur	trainer, coach (male)
une	entraîneuse	trainer, coach (female)
	entre	between
	entreprendre	to take on, undertake
une	entreprise	business, company
	entrer	to go in, enter
l'	entretien (m)	upkeep, maintenance
un	entretien	interview, meeting
une	entrevue	interview
	envahir	to invade

Lexique

avoir **envie de** *to long to, want to*
environ *about*
envoyer *to send*
une **épaule** *shoulder*
une **épice** *spice*
une **épicerie** *grocer's*
les **épinards** *(m.pl) spinach*
une **époque** *age, time, era*
épuisant *exhausting*
une **équipe** *team*
l' **équitation** *(f) horse-riding*
une **erreur** *mistake*
l' **espace** *(m) space*
l' **Espagne** *(f) Spain*
l' **espagnol** *Spanish*
une **espérance** *hope, expectation*
espérer *to hope*
un **espoir** *hope*
un **esprit** *mind*
essayer *to try*
l' **essence** *(f) petrol*
l' **est** *(m) east*
et *and*
établir *to establish*
un **étage** *floor, storey*
une **étagère** *shelf*
les **États-Unis** *(m.pl) United States*
l' **été** *(m) summer*
étendre *to extend*
une **étiquette** *label*
une **étoile** *star*
à l' **étranger** *abroad*
être *to be*
un **être humain** *human being*
étroit *narrow*
les **études** *(f.pl) studies*
un **étudiant** *student (male)*
une **étudiante** *student (female)*
étudier *to study*
eux *(m.pl) them*
un **évier** *sink*
éviter *to avoid*
exercer *to carry out*
exclure *to exclude*
exigeant *demanding*
exiger *to demand*
expédié *sent*
expliquer *to explain*
un **exposé** *talk*
exprimer *to express*
à l' **extérieur** *outside*

F

fabriquer *to make*
facile *easy*
la **façon** *way*
faible *weak*
faire *to do, make*
la **famille** *family*
fasciné *fascinated*
fatigant *tiring*
fatigué *tired*
il **faut** *it is necessary*
le **fauteuil** *armchair*
faux, fausse *false*
la **femme** *woman*
la **fenêtre** *window*
la **ferme** *farm*
fermé *closed*
la **ferronnerie** *ironwork*
la **fête** *festival*
le **feu** *fire*

février *February*
la **fiche** *card, form*
la **fidélité** *faithfulness*
fier, fière *proud*
la **fierté** *pride*
la **fille** *girl, daughter*
la **fille unique** *only child (female)*
le **fils** *son*
le **fils unique** *only child (male)*
la **fin** *end*
finir *to finish*
la **fleur** *flower*
le **fleuve** *river*
la **fois** *time*
à la **fois** *at the same time*
la **folie** *madness*
fonder *to set up*
le **forestier** *lumberjack*
la **forêt** *forest*
fort *strong*
fou, folle *crazy, mad*
la **fourchette** *fork*
frais, fraîche *fresh*
la **fraise** *strawberry*
franc, franche *honest*
le **français** *French*
la **franchise** *honesty*
francophone *French-speaking*
frapper *to strike, knock*
le **frère** *brother*
le **frigo** *fridge*
le **froid** *cold*
le **fromage** *cheese*
fuir *to escape*
la **fumée** *smoke*

G

gagner *to win, earn*
la **gaieté** *cheerfulness*
la **galère** *chore, business*
le **gant** *glove*
le **garagiste** *mechanic, garage owner*
le **garçon** *boy, waiter*
garder *to keep, look after*
la **gare** *station*
garer *to park*
le **gâteau** *cake*
gauche *left*
à **gauche** *on/to the left*
généreux, généreuse *generous*
génial! *fantastic!*
le **genre** *type, kind*
les **gens** *(m.pl) people*
gentil, gentille *kind, gentle*
la **gestion** *management*
le **gilet** *waistcoat*
la **glace** *ice, ice cream*
la **glisse** *sports such as skiing, skateboarding, windsurfing*
gonflable *inflatable*
la **gorge** *throat*
gourmand *greedy, fussy*
grâce à *thanks to*
grand *big*
la **grande surface** *hypermarket*
grandir *to grow*
le **gratte-ciel** *skyscraper*
gratuit *free*
grave *serious*
la **Grèce** *Greece*
la **greffe** *transplant*

la **grêle** *hail*
le **grenier** *attic*
la **grève** *strike*
la **grille** *grid, railings*
gris *grey*
gros, grosse *big, great*
la **grotte** *cave*
la **guerre** *war*

H

habile *good at, skilled*
s' **habiller** *to get dressed*
l' **habitant** *inhabitant (male)*
l' **habitante** *inhabitant (female)*
habiter *to live*
d' **habitude** *usually*
haïr *to hate*
haut *high*
hésiter *to hesitate*
une **heure** *hour*
de bonne **heure** *early*
hier *yesterday*
une **histoire** *story*
l' **histoire** *(f) history*
l' **hiver** *(m) winter*
un **homme** *man*
honnête *honest*
l' **honneur** *(m) honour*
un **horaire** *timetable*
une **hôtesse** *hostess*
l' **huile** *(f) oil*
de bonne **humeur** *in a good mood*
hurler *to shout*

I

ici *here*
une **idée** *idea*
il *he, it*
il y a *there is, there are*
une **île** *island*
ils *(m.pl) they*
un **immeuble** *block of flats*
un **imperméable** *raincoat*
impressionnant *impressive*
un **incendie** *fire*
inconnu *unknown*
un **inconvénient** *disadvantage*
l' **Inde** *(f) India*
un **infirmier** *nurse (male)*
une **infirmière** *nurse (female)*
l' **informatique** *(f) computer technology*
un **ingénieur** *engineer*
une **inondation** *flood*
inquiétant *worrying*
inquiéter *to worry*
s' **inquiéter de** *to worry about*
installer *to put up*
s' **installer** *to settle in*
interdire *to ban*
intéressant *interesting*
s' **intéresser à** *to be interested in*
un **intérêt** *interest*
un(e) **interprète** *interpreter*
interroger *to question*
interrompre *to interrupt*
l' **isolement** *(m) isolation*

deux cent quarante-sept **247**

Lexique

J

ne ... **jamais** never
la **jambe** leg
janvier January
le **japonais** Japanese
le **jardin** garden
le **jardinage** gardening
le **jardinier** gardener (male)
la **jardinière** gardener (female)
jaune yellow
je I
jeter to throw (out)
le **jeu** game
jeudi Thursday
jeune young
les **jeunes** (m.pl) young people
la **joie** joy
le **jogging** tracksuit
joli pretty
jongler to juggle
jouer to play
le **jouet** toy
le **jour** day
le **journal** newspaper
le/la **journaliste** journalist
la **journée** day
le/la **juge** judge
juillet July
juin June
jumeau, jumelle twin
les **jumelles** (f.pl) binoculars
la **jupe** skirt
jusqu'à until, up to
juste fair, just

L

la the (f)
là there
le **lac** lake
en **laine** (f) made of wool, woollen
laisser to leave
laisser tomber to drop
le **lait** milk
lancer to launch
la **langue** language
le **lavabo** washbasin
le **lave-linge** washing machine
laver to wash
se **laver** to have a wash
le the (m)
le **lèche-vitrine(s)** window-shopping
la **lecture** reading
léger, légère light
le **légume** vegetable
le **lendemain** the day after
les the (pl)
la **lettre** letter
leur their, to them
se **lever** to get up, rise
la **lèvre** lip
le **Liban** Lebanon
libanais Lebanese
la **liberté** freedom
la **librairie** bookshop
libre free
le **lieu** place
avoir **lieu** to take place
lire to read
le **lit** bed
la **livre** pound

le **livre** book
les **locaux** (m.pl) premises
le **logement** accommodation
loin far
long, longue long
lors de during
lorsque when
louer to hire
lui him, to him, to her
la **lumière** light
lundi Monday
la **lune** moon
les **lunettes** (f.pl) glasses
le **lycée** secondary school

M

ma my (f)
le **magasin** shop
mai May
le **maillot de bain** swimsuit
la **main** hand
maintenant now
maintenir to maintain, keep
le **maire** mayor
la **mairie** town hall
mais but
le **maïs** corn
la **maison** house, home
mal bad
avoir du **mal à** to have difficulty in
malade ill
la **malédiction** curse
le **malheur** unhappiness
malheureusement unfortunately
malin, maligne crafty, mischievous
manger to eat
manquer to lack, miss
le **manteau de pluie** raincoat
le **maquillage** make-up
le **marché** market
le **marché aux puces** flea market
marcher to work (of things), walk
mardi Tuesday
la **marée** wave
la **marée noire** oil slick
marié married
le **Maroc** Morocco
marrant funny
marron (inv.) brown
mars March
mat dull
le **matelas pneumatique** airbed
la **matière** school subject, material
le **matin** morning, in the morning
le **mécanicien** mechanic (male)
la **mécanicienne** mechanic (female)
la **mécanique** mechanics, engineering
méchant nasty
le **mécontentement** dissatisfaction
la **médaille** medal
le **médecin** doctor
le **médicament** medicine, medication
meilleur better, best
même even, same

la **menace** threat
menacer to threaten
le **ménage** housework
ménager, ménagère household
la **mer** sea
mercredi Wednesday
la **mère** mother
merveilleux, merveilleuse marvellous
mes my (pl)
le **métier** occupation, job
mettre to put, set (the table), to put on (clothes)
les **meubles** (m.pl) furniture
la **Mexique** Mexico
midi midday
le **miel** honey
mieux better, best
des **milliards de** billions of
des **milliers de** thousands of
mince slim
minuit midnight
minuscule tiny
la **misère** poverty
se **mobiliser** to get moving
la **mobylette** moped
moi me
moindre less, least
moins (de) less (than)
au **moins** at least
le **moins** the least
le **mois** month
la **moitié** half
mon my (m)
le **monde** world
tout le **monde** everybody
la **monnaie** change, currency
monotone monotonous, boring
le **mont** peak, mountain
la **montagne** mountain
monter to go up, set up
la **montre** watch
montrer to show
la **mort** death
le **mot** word
la **moto** motorbike
le **mouchoir** handkerchief
mourir to die
le **moustique** mosquito
moyen, moyenne average
le **moyen de transport** means of transport
le **mur** wall
la **musique** music
le **musée** museum
le **musulman** Muslim (male)
la **musulmane** Muslim (female)

N

nager to swim
le **nageur** swimmer (male)
la **nageuse** swimmer (female)
naître to be born
la **natation** swimming
le **naturel** nature, disposition
né born
ne ... jamais never
ne ... pas not
ne ... personne no one
ne ... rien nothing
la **neige** snow

248 *deux cent quarante-huit*

Lexique

	neiger	to snow
	nerveux, nerveuse	nervous
	neuf, neuve	new
le	nez	nose
	ni ... ni	neither ... nor
le	niveau	level
	Noël	Christmas
	noir	black
le	nom	name
	nombreux, nombreuse	numerous, many
le	nord	north
	nos	our (pl)
	noter	to note, mark
	notre	our
mal	nourri	underfed, malnourished
	nourrir	to feed
la	nourriture	food
	nous	we, us
	nouveau, nouvel, nouvelle	new
les	nouvelles (f.pl)	news
	novembre	November
le	nuage	cloud
la	nuit	night
	nul!	useless! rubbish!

O

un	objet fétiche	lucky mascot
	obligé	obliged
	obtenir	to obtain
une	occasion	chance, opportunity
s'	occuper de	to look after
	octobre	October
un	œuf	egg
un	oiseau	bird
	offrir	to offer, give
	opérer	to operate
un	oncle	uncle
les	ongles (m.pl)	nails
l'	or (m)	gold
en	or	made of gold
un	orage	storm
un	ordinateur	computer
les	ordures (f.pl)	rubbish
un	oreiller	pillow
l'	orientation (f)	career plan
un	os	bone
	ou	or
	où	where
	oublier	to forget
l'	ouest (m)	west
un	outil	tool
	ouvert	open
	ouvrir	to open

P

le	pain	bread
le	palais	palace
le	panneau	notice-board
le	pantalon	pair of trousers
le	papier	paper
	par	by, per
	paraître	to seem, appear
le	parapluie	umbrella
	parce que	because
	parcourir	to cover, travel
le	parcours	route, journey
	pareil, pareille	the same
	paresseux, paresseuse	lazy
	parfois	sometimes

	parler	to talk, speak
	parmi	amongst
la	parole	word
	partager	to share
le/la	partenaire	partner
en	partance	due to leave
la	partie	part
faire	partie de	to take part in
	partir	to leave, set off
à	partir de	from
	partout	everywhere
le	pas	step
le	passé	past
	passer	to pass, spend (time)
le	passe-temps	pastime
	passionnant	exciting
	passionner	to fascinate, excite
les	pâtes (f.pl)	pasta
le	patin à glace	ice-skating
le	patineur	skater (male)
la	patineuse	skater (female)
la	pâtisserie	cake shop
le	patrimoine	heritage
le	patron	boss, manager
la	patte	paw
	pauvre	poor
	payé	paid
	payer	to pay (for)
le	pays	country
le	Pays de Galles	Wales
le	paysage	countryside
la	peau	skin
la	pêche	fishing
le	peigne	comb
la	peinture	painting
	pendant	during, for
le	pendjabi	Punjabi
	penser	to think, intend to
la	pension complète	full board
	perdre	to lose
le	père	father
	permettre	to allow
le	permis de conduire	driving licence
le	personnage	character
la	personnalité	personality
la	personne	person
	personnellement	personally
	personne ne ...	no-one
	pétiller	to sparkle
	petit	small, little
le	pétrole	oil
un	peu	a little
	peu (de)	little, few
la	peur	fear
avoir	peur	to be afraid
	peut-être	perhaps
le/la	photographe	photographer
la	phrase	sentence
la	pièce	coin, room
le	pied	foot
le/la	pilote de ligne	airline pilot
le	pionnier	pioneer (male)
la	pionnière	pioneer (female)
	pire	worse
la	piscine	swimming-pool
	pittoresque	picturesque
le	placard	cupboard
la	plage	beach
	plaire	to please
le	plaisir	pleasure
la	planche à roulettes	skateboard
la	planche à voile	windsurfing

le	plat	dish
le	plateau	plate
	plein	full
	pleurer	to cry
	pleuvoir	to rain
la	plongée sous-marine	deep sea diving
la	pluie	rain
la	plupart	most
	plus (de)	more
ne ...	plus	no longer, no more
le	plus	the most
de	plus en plus	more and more
	plusieurs	several
	plutôt	quite, rather
le	pneu	tyre
la	poche	pocket
la	poésie	poetry
le	poids	weight
la	poignée	handful
	poilu	hairy
le	poisson	fish
la	poissonnerie	fishmonger's
le	policier	police officer
la	politesse	politeness
la	politique	policy
	pollué	polluted
	polluer	to pollute
la	pomme	apple
la	pomme de terre	potato
le	pont	bridge
la	porte	door
le	porte-clés	keyring
le	portefeuille	wallet
le	porte-monnaie	purse
	porter	to wear, carry, take
	poser	to put
	poser une question	to ask a question
	posséder	to own, possess
le	poste	job, post
la	poste	post office
la	poubelle	dustbin
le	poulet	chicken
	pour	for, in order to
	pour que	so that
	pourquoi	why
	pourtant	however
	pousser	to grow, push
	pouvoir	to be able
	pratique	practical
	pratiquer	to practise, play
se	précipiter	to hurry
	préciser	to clarify, be specific
	préféré	favourite
	préférer	to prefer
	premier, première	first
	prendre	to take
le	prénom	first name
	préoccuper	to worry
	préparer	to prepare
	près de	near to
	presque	nearly
	prêt	ready
le	prêtre	priest
	prévoir	to allow for, anticipate
le	printemps	spring
	privé	deprived
le	prix	prize, price
le	problème	problem
	proche	near
	prochain	next
	produire	to produce
le	produit	product
le/la	professeur	teacher

deux cent quarante-neuf **249**

Lexique

	profiter de to take advantage of	
	profond deep	
se	**promener** to go for a walk	
la	**promesse** promise	
	propre clean, own	
le/la	**propriétaire** owner	
	protéger to protect	
	provenant de coming from	
	provoquer to provoke, start	
le/la	**psychologue** psychologist	
la	**publicité** advertisement, advertising	
	publier to publish	
	puis then, next	
	puisque since, as	
	puissant powerful	
le	**puits** well	
le	**pull** sweater	

Q

- le **quai** platform
- la **qualité** quality
- **quand** when
- le **quart d'heure** quarter of an hour
- le **quartier** district
- **que** that, which
- ne … **que** only
- **quel, quelle** what
- **quelque chose** something
- **quelquefois** sometimes
- **quelques** some, a few
- **quelqu'un** someone, somebody
- faire la **queue** to queue up
- **qui** who
- la **quinzaine (de jours)** fortnight
- **quitter** to leave
- **quoi** what
- **quotidien, quotidienne** daily

R

- **raconter** to tell
- la **raison** reason
- avoir **raison** to be right
- le **rapport** relationship, link
- faire des **randonnées** (f.pl) to go for walks
- **ranger** to tidy
- **rassurant** reassuring
- le **rayon** counter, department
- **réagir** to react
- **récemment** recently
- la **recette** recipe
- **recevoir** to receive
- le **réchaud** camp stove, burner
- **réchauffer** to heat up
- **rechercher** to look for, research
- le **rechercheur** researcher (male)
- la **rechercheuse** researcher (female)
- **reconnaissant** grateful
- **reconnaître** to recognise
- le **reçu** receipt
- le **rédacteur** editor (male)
- la **rédactrice** editor (female)
- **réfléchir** to reflect, think
- **regarder** to look at
- la **règle** rule

- **régler** to pay, settle up
- **régulièrement** regularly
- la **reine** queen
- **rejoindre** to get to, rejoin
- **remarquer** to notice
- le **remboursement** refund
- **remercier** to thank
- **remonter** to put back together, go back
- **remplacer** to replace
- **remplir** to fill
- **rencontrer** to meet
- le **rendez-vous** meeting, date
- **rendre** to make
- se **rendre compte** to realise
- **rendre visite à** to visit
- les **renseignements** (m.pl) information
- **renseigner** to inform
- **rentrer** to return
- **renvoyer** to send back
- **réparer** to mend, repair
- le **repas** meal
- **répondre** to answer
- la **réponse** answer
- le **reportage** report
- le **repos** rest, break
- **reprendre** to carry on with
- **respirer** to breathe
- **ressembler** to look like, resemble
- **ressentir** to feel
- **restaurer** to restore
- **rester** to stay, be left
- le **retard** delay
- **retiré** remote, out-of-the-way
- **retourner** to return
- **retransmettre** to transmit, broadcast
- **retrouver** to meet, find
- **réussir** to be successful
- se **réveiller** to wake up
- le **rêve** dream
- le **revendeur** dealer
- **rêver** to dream
- **révoltant** revolting
- la **revue** show, magazine
- au **rez-de-chaussée** on the ground floor
- la **richesse** wealth, riches
- ne … **rien** nothing
- **rigoler** to laugh
- **rigolo, rigolote** amusing, funny
- **rigoureux, rigoureuse** rigorous
- **rire** to laugh
- le **risque** risk
- la **rive** bank
- le **riz** rice
- la **robe** dress
- le **rocher** rock
- le **roi** king
- le **roman** novel
- **rond** round
- le **ronronnement** purring, humming
- **rose** pink
- **rouge** red
- la **rue** street
- le **russe** Russian

S

- **sa** his, her, its (f)
- le **sable** sand
- le **sac** bag
- le **sac à dos** rucksack, back pack
- le **sac de couchage** sleeping bag
- le **sac de survie** survival bag
- **sain** healthy
- la **saison** season
- le **salaire** salary, pay
- **sale** dirty
- **salir** to get dirty
- la **salle à manger** dining room
- la **salle de bains** bathroom
- le **salon** lounge, living room
- le **salon de coiffeur** hairdresser's
- la **salopette** dungarees, overalls
- **samedi** Saturday
- **sans** without
- les **sans-abris** (m.pl) homeless people
- **sauf** except
- le **saumon** salmon
- le **saut** jump
- **sauter** to jump
- **sauver** to save
- **savoir** to know
- **scolaire** school (adj.)
- **sec, sèche** dry
- **séduire** to attract
- le **sel** salt
- **selon** according to
- la **semaine** week
- **sembler** to seem
- **sensible** sensitive
- se **sentir** to feel
- **septembre** September
- **sérieux, sérieuse** serious, reliable
- se **servir de** to use
- **ses** his, her, its (pl)
- **seul** alone, only
- **si** if, so
- le **siècle** century
- **signifier** to mean
- le **slip** pants
- la **société** society, company
- la **sœur** sister
- **soigner** to care for
- le **soir** evening, in the evening
- le **sol** ground, soil
- le **soldat** soldier
- le **soleil** sun
- la **somme** sum
- **son** his, her, its (m)
- le **sondage** survey
- le **sort** fate, outcome
- **sortir** to go out, take out, get out
- le **souci** worry
- **souffrir** to suffer
- **souhaiter** to wish
- **souriant** cheerful
- le **sourire** smile
- la **souris** mouse
- **sous** under, underneath
- le **sous-sol** basement
- les **sous-vêtements** (m.pl) underclothes
- **souvent** often
- le **sport d'équipe** team sport
- **sportif, sportive** sporting, sporty

Lexique

le	stage	training course
le/la	stagiaire	trainee
le	steward	steward
le	sucre	sugar
le	sud	south
la	Suède	Sweden
	suffisant	sufficient, enough
	suivant	following
	suivre	to follow
la	Suisse	Switzerland
le	supermarché	supermarket
	supporter	to bear
	sur	on
	surgelé	frozen
	surplomber	to overhang
	surtout	especially
	surveiller	to supervise
le	survêtement	tracksuit
la	sympathie	friendliness
	sympathique	friendly, nice

T

	ta	your (f)
le	tabac	tobacconist's, tobacco
la	tâche	stain, task
la	taille	size
le	talon	heel
le	tapis	carpet, rug
	tard	late
le	tarif	rate, price
la	tasse	cup
la	télécarte	phonecard
	tel, telle que	such as
	tellement	so, so much
la	tempête	storm
le	temps	time
à	temps	on time, in time
de	temps en temps	from time to time
le	temps libre	free time
la	ténacité	determination, persistence
les	tennis (m.pl)	tennis shoes
la	tente	tent
	terminer	to finish
le	terrain de jeux	playing field
la	terre	earth
	tes	your (pl)
la	tête	head
le	thé	tea
le	tien	yours (m)
la	tienne	yours (f)
le	tiers-monde	developing countries
le	timbre	stamp
	timide	shy
le	tir à l'arc	archery
le	tirage	draw (lottery)
le	tissu	cloth, fabric
le	titre	title
	toi	you
en	toile (m)	made of cloth
le	toit	roof
	ton	your (m)
avoir	tort	to be wrong
	tôt	early
	toujours	always
	tourner	to film, turn
la	tournure d'esprit	way of thinking
	tout, toute, tous, toutes	all
	tout à coup	suddenly
	tout de suite	straight away
avoir le	trac	to have butterflies, be nervous
le	tracas	worries, troubles
	traduire	to translate
être en	train de	to be in the process of
le	traitement	processing
le	trajet	journey
	tranquille	quiet, calm
les	transports en commun (m.pl)	public transport
le	travail	work
	travailler	to work
	travailleur, travailleuse	hard-working
à	travers	through, throughout
	traverser	to cross
	tremper	to dip
le	tremplin	springboard
	très	very
le	tricot	sweater
la	tristesse	sadness
	trop	too, too much
le	trou	hole
	trouver	to find
le	truc	thing, trick, knack
	tu	you
la	Tunisie	Tunisia

U

	un, une	a, one
une	usine	factory
	utile	useful
	utiliser	to use

V

les	vacances (f.pl)	holidays
la	vache	cow
la	vaisselle	washing-up
la	valeur	value
la	veille	the day before, eve
le	veilleur de nuit	night watchman
le	vélo	bike
le	vendeur	shop assistant (male)
la	vendeuse	shop assistant (female)
	vendre	to sell
	vendredi	Friday
	venir	to come
le	vent	wind
en	vente	on sale
	vérifier	to check
	véritable	real, true
la	vérité	truth
	vers	about, towards
	vert	green
la	veste	jacket
le	vestiaire	cloakroom
les	vêtements (m.pl)	clothes
la	viande	meat
	vide	empty
	vider	to empty
la	vie	life
	vieux, vieil, vieille	old
	vif, vive	bright
la	ville	town
le	vin	wine
le	visage	face
	vite	fast, quickly
la	vitesse	speed
	vivant	living
	vivre	to live
	voir	to see
le	voisin	neighbour (male)
la	voisine	neighbour (female)
la	voiture	car
le	vol	flight
	volant	flying
	voler	to fly
	volontaire	determined, willing
	vos	your (pl)
	votre	your
	vouloir	to want, wish
	vous	you
le	voyage	journey, trip
	voyager	to travel
	vrai	true, real
la	vue	view, sight

Y

	y	there
les	yeux (m.pl)	eyes

Lexique

ANGLAIS–FRANÇAIS

A

to be able to pouvoir
abroad à l'étranger
according to selon
accountant le/la comptable
acid rain la pluie acide
active actif, active
actor un acteur
actress une actrice
advantage un avantage
adventure une aventure
advert la publicité
aerosol la bombe
Africa l'Afrique (f)
after après
afternoon l'après-midi
against contre
airbed le matelas pneumatique
air hostess une hôtesse de l'air
alcohol l'alcool (m)
already déjà
always toujours
analysis une analyse
to analyse analyser
and et
animal un animal
animals les animaux (m.pl)
to answer répondre à
to argue se disputer
to arrive arriver
art l'art (m)
art gallery la galerie d'art
artist un(e) artiste
artistic (temperament) artiste, artistique
at à
atmosphere l'atmosphère (f)
attracted attiré(e)
Australia l'Australie (f)
Austria l'Autriche (f)

B

baby-sitting le baby-sitting
bad mauvais(e)
bag le sac
balcony le balcon
to ban interdire
bank account le compte
barbecue le barbecue
basketball le basket
to bathe se baigner
bathroom la salle de bains
battery la pile (radio), la batterie (car)
to be être
beach la plage
beautiful beau, belle
because parce que
to become devenir
bed le lit
to go to bed se coucher
bedroom la chambre
before avant
to belong to (club etc.) faire partie de

the best le meilleur, la meilleure
better mieux
between entre
big grand(e)
bike le vélo
binoculars les jumelles (f.pl)
biology la biologie
bird un oiseau
birds les oiseaux (m.pl)
to bite one's nails se ronger les ongles
black noir(e)
block of flats un immeuble
blond blond(e)
blouse le chemisier
blue bleu(e)
boat le bateau
book le livre
boots les bottes (f.pl)
to get bored s'ennuyer
boring ennuyeux, ennuyeuse
born né(e)
to be born naître
to bother déranger
bowling le bowling
bracelet le bracelet
to break down tomber en panne
breakfast le petit déjeuner
bright vif, vive
brother le frère
brown brun(e), marron (inv.)
brush la brosse
to burn brûler
bus un autobus
business person un homme d'affaires (male), une femme d'affaires (female)
but mais
to buy acheter

C

café le café
to be called s'appeler
camera un appareil-photo
camping le camping
campsite le camping
Canada le Canada
canoeing le canoë-kayak
car la voiture
caravan la caravane
cards les cartes (f.pl)
career la carrière
caring souciant(e)
car park le parking
castle le château
casual décontracté(e)
to catch fire prendre feu
cathedral la cathédrale
character (drama) le personnage
chatty bavard(e)
cheap bon marché
checkout assistant le caissier (male), la caissière (female)
checked (material etc.) à carreaux
chemistry la chimie
chemist's la pharmacie
cheque book le chéquier

chess les échecs (m.pl)
chewing gum le chewing-gum
child un(e) enfant
choice le choix
to choose choisir
cinema le cinéma
clean propre
to clean nettoyer
to clean one's teeth se brosser les dents
climbing l'escalade (f)
to close fermer
made of cloth en toile
clothes les vêtements (m.pl)
coach le car
coast la côte
cold froid(e)
to collect collectionner
colour la couleur
comb le peigne
comfortable confortable
compact disc le CD
company une entreprise, une compagnie
computer un ordinateur
computer programmer le programmeur, la programmeuse (female)
concert le concert
contaminated contaminé(e)
cooking la cuisine
to count compter
country le pays
countryside le paysage, la campagne
to crash s'écraser
culture la culture
curly frisé(e)
to cut couper
cycling le cyclisme

D

to dance danser
dancing la danse
danger le danger
dangerous dangereux, dangereuse
dark (colour) foncé(e)
daughter la fille
day le jour
dear cher, chère
to decide décider
to decorate décorer
to deliver livrer
designer le dessinateur (male), la dessinatrice (female)
to destroy détruire
difficult difficile
director le directeur (male), la directrice (female)
dirty sale
disadvantage un inconvénient
to discover découvrir
district le quartier
diving la plongée sous-marine
divorced divorcé(e)
to do faire
doctor le docteur (male), la femme-docteur (female)

252 *deux cent cinquante-deux*

Lexique

to draw *dessiner*
drawing *le dessin*
dream *le rêve*
to dream *rêver*
to get dressed *s'habiller*
to drink *boire*
to drive *conduire*
to drop *laisser tomber*
to drown *noyer*
to dump *déverser*
during *pendant*
dustbin *la poubelle*
dynamic *dynamique*

E

to earn *gagner*
earring *la boucle d'oreille*
easy *facile*
efficient *efficace*
Egypt *l'Égypte (f)*
electronic games *les jeux électroniques (m.pl)*
England *l'Angleterre (f)*
English *l'anglais (m)*
to enjoy oneself *s'amuser*
entertainment *les distractions (f.pl)*
environment *l'environnement (m)*
estate (housing) *le lotissement*
evening *le soir*
in the evening *le soir*
every day *tous les jours*
exam *un examen*
to excite *passionner*
exhaust fumes *les gaz (m) d'échappement*
exhausting *épuisant(e)*
expensive *cher, chère*
to explode *exploser*
to explore *explorer*
eyes *les yeux (m.pl)*

F

factory *une usine*
to fail *échouer*
fair *juste*
faithful *fidèle*
to fall *tomber*
family *la famille*
far *loin*
farm *la ferme*
farmer *le fermier (male), la fermière (female)*
fascinated *passionné(e), fasciné(e)*
fast *rapide*
father *le père*
favourite *préféré(e)*
to feed *nourrir*
to film *tourner*
to find *trouver*
to finish *terminer, finir*
fire *un incendie*
fire brigade *les pompiers (m.pl)*
first aid *les premiers secours*
first-aid kit *la trousse de secours*
fishing *la pêche*

flat *un appartement*
food *la nourriture*
on foot *à pied*
football *le football*
footballer *le footballeur*
for *pour*
forest *la forêt*
fortnight *la quinzaine (de jours)*
France *la France*
freedom *la liberté*
free time *le temps libre*
French *le français*
fresh *frais, fraîche*
Friday *vendredi*
friend *un ami, une amie; un copain, une copine*
friendly *sympathique*
from *de*
frozen food *les plats surgelés (m.pl)*
full of *plein de*
full board *(la) pension complète*
fun *amusant(e)*
funny *drôle, amusant(e)*

G

garden *le jardin*
generous *généreux, généreuse*
geography *la géographie*
German (lang.) *l'allemand (m)*
Germany *l'Allemagne (f)*
to get by *se débrouiller*
to get on with *s'entendre avec*
to get up *se lever*
gift *le cadeau*
to give *donner*
glasses *les lunettes (f.pl)*
to go *aller*
to go out *sortir*
good *bon, bonne*
good-looking *beau, bel, belle*
made of gold *en or*
golf *le golf*
good at *doué(e) pour*
grateful *reconnaissant(e)*
great! *génial!*
Greece *la Grèce*
green *vert(e)*
grey *gris(e)*

H

hair *les cheveux (m.pl)*
hairdresser *le coiffeur (male), la coiffeuse (female)*
hairdresser's *le salon de coiffure*
hairy *poilu(e)*
half board *(la) demi-pension*
handkerchief *le mouchoir*
hard *dur(e)*
hard-working *travailleur, travailleuse*
to hate *détester*
to have *avoir*
to have to *devoir*
he *il*
heat *la chaleur*
healthy *sain(e)*
to help *aider*

helpful *serviable*
her *son (m), sa (f), ses (pl)*
to hesitate *hésiter*
to hire *louer*
his *son (m), sa (f), ses (pl)*
history *l'histoire (f)*
hole *le trou*
holidays *les vacances (f.pl)*
honest *franc, franche; honnête*
horse-riding *l'équitation (f)*
hot *chaud(e)*
hotel *un hôtel*
hour *une heure*
household *ménager, ménagère (adjective)*
how *comment*
how much, how many *combien*
hurt *blessé(e)*
hypermarket *la grande surface, l'hypermarché (m)*

I

I *je*
ice-skating *le patin à glace*
important *important(e)*
in *dans, en*
industrial *industriel, industrielle*
inhabitant *un habitant (male), une habitante (female)*
intelligent *intelligent(e)*
to interest *intéresser*
to be interested in *s'intéresser à*
interpreter *un(e) interprète*
interview *un entretien*
isolated *isolé(e)*
Italy *l'Italie (f)*

J

jacket *le blouson, la veste*
jeans *le jean*
job *un emploi, le poste, le boulot (slang)*
journalist *le/la journaliste*
journey *le voyage*

K

key *la clé*
keyring *le porte-clés*
to kill *tuer*
kind *gentil, gentille*
to know *savoir, connaître*
knowledge *la connaissance*

L

language *la langue*
last *dernier, dernière*
to last *durer*
later *plus tard*
lazy *paresseux, paresseuse*
law *la loi*
lawn *le gazon*
lead-free petrol *l'essence (f) sans plomb*
leaflet *le dépliant*
to learn *apprendre*
the least *le moins*

deux cent cinquante-trois **253**

Lexique

made of	leather	en cuir
to	leave (place)	quitter, partir de
to	leave (things)	laisser
	leisure centre	le centre loisirs
	less	moins
	lesson	le cours
	letter	la lettre
	library	la bibliothèque
	lifeguard	le/la surveillant(e) de plage
	lift	un ascenseur
	light (colour)	clair
to	light	allumer
	like	comme
to	like	aimer
to	listen to	écouter
a	little	un peu
to	live	habiter
	lively	animé(e)
	long	long, longue
to	look after	soigner, s'occuper de
to	look for	chercher
to	lose	perdre
	lost	perdu(e)
a	lot	beacoup, bien
a	lot of	beaucoup de
to	love	adorer
to be	lucky	avoir de la chance
to have	lunch	déjeuner

M

to	make	faire
	make-up	le maquillage
	manager	le directeur (male), la directrice (female)
to	manufacture	fabriquer
	many	beaucoup de
	map	le plan
	market	le marché
to	marry	se marier
	matches	les allumettes (f.pl)
	maths	les maths (m.pl)
	me	moi
	meal	le repas
	mechanic	le mécanicien (male), la mécanicienne (female)
	medium	de taille moyenne
to	meet	rencontrer
	midday	midi
to	mislay	égarer
	modern	moderne
	modest	modeste
	Monday	lundi
	money	l'argent (m)
	month	le mois
	monument	le monument
	moped	la mobylette
	more	plus
	morning	le matin
in the	morning	le matin
	Morocco	le Maroc
the	most	le plus
	mother	la mère
	motor-racing	la course automobile
	mountain	la montagne
to	move house	déménager
to	mow	tondre
	music	la musique
	museum	le musée
	musician	le musicien (male), la musicienne (female)
	my	mon (m), ma (f), mes (pl)

N

	narrow	étroit(e)
	near	près
it is	necessary	il faut
	necklace	le collier
to	need	avoir besoin de
	need	le besoin
	neighbour	le voisin (male), la voisine (female)
	neither ... nor	ni ... ni
	nervous	nerveux, nerveuse
to be	nervous	avoir le trac
	never	ne ... jamais
	new	nouveau, nouvel, nouvelle
	newspaper	le journal
	next to	à côté de
	nice	sympathique, agréable
	night	la nuit
	no one	ne ... personne
	noise	le bruit
	noisy	bruyant(e)
	not	ne ... pas
	notebook	le carnet
	nothing	ne ... rien
to	notice	constater
	now	maintenant
	nuclear	nucléaire
	nurse	un infirmier (male), une infirmière (female)

O

	occupation	le métier
	office-worker	un employé de bureau (male), une employée de bureau (female)
	often	souvent
	oil slick	la marée noire
	old	vieux, vieil, vieille
	older	aîné(e)
	on	sur
	once	une fois
	only	ne ... que
	only child	le fils unique (male), la fille unique (female)
	open	ouvert(e)
to	open	ouvrir
	orange	orange
	organised	organisé(é)
	other	autre
	our	notre, nos (pl)
	ozone layer	la couche d'ozone

P

	paid	payé(e)
	palace	le palais
	paper	le papier
	parcel	le paquet-colis
	park	le parc
	party	la boum
to	pass (exam)	réussir
	pastime	le passe-temps
	patient	patient(e)
to	pay	payer
	P.E.	l'éducation physique (f)
	pen	le stylo
	pencil	le crayon
	people	les gens (m.pl)
	per	par
	personal stereo	le baladeur
	phonecard	la télécarte
	photographer	le/la photographe
	physics	la physique
	picnic	le pique-nique
	picturesque	pittoresque
	pilot	le/la pilote
	pink	rose
	place	un lieu, un endroit
	plane	un avion
made of	plastic	en plastique
	platform (railway)	le quai
to	play (sport)	jouer à
to	play (instrument)	jouer du/de la/des
	pocket	la poche
	pocket money	l'argent de poche (m)
	police officer	un agent de police (male), une femme-agent de police (female)
to	pollute	polluer
	polluted	pollué(e)
	pollution	la pollution
	postcard	la carte postale
	post office	la poste
	practical	pratique
to	prefer	préférer, aimer mieux
to	prepare	préparer
	pretty	joli(e)
to	prevent	empêcher
	product	le produit
	project	le projet
to	protect	protéger
to	provide	fournir
	public transport	les transports (m) en commun
	purse	le porte-monnaie
to	put	mettre

Q

	quality	la qualité
to	question	interroger
	quick-tempered	coléreux, coléreuse
	quiet	tranquille
	quite	assez

R

	rain	la pluie
to	rain	pleuvoir
	raincoat	un imperméable
	rather	plutôt
to	read	lire
	reading	la lecture
	real	vrai(e)
to	receive	recevoir
to	recycle	recycler
	recycling	le recyclage
	red	rouge
	red-haired	roux, rousse
	refund	le remboursement
	regularly	régulièrement
to	relax	se relaxer
	relaxing	relaxant(e)
	reliable	sérieux, sérieuse
to	reserve	réserver

254 deux cent cinquante-quatre

Lexique

results   les résultats (m.pl)
to revise   réviser
right (entitlement)   le droit
river   le fleuve
roller-skating   le patinage à roulettes
round   rond(e)
rubbish   les ordures (f.pl)
rucksack   le sac à dos
rugby   le rugby

S

sailing   la voile
Saturday   samedi
to save   sauver
to save up (money)   économiser
to say   dire
school   le collège
school subject   la matière
sea   la mer
by the sea   au bord de la mer
seat (train etc.)   la banquette
secondary school   le lycée
secretary   le/la sécretaire
to see   voir
to sell   vendre
to send   envoyer
to send back   renvoyer
sense of humour   le sens de l'humour
serious   sérieux, sérieuse
to serve   servir
she   elle
shirt   la chemise
shoe   la chaussure
shop   le magasin
shop assistant   le vendeur (male), la vendeuse (female)
shopping centre   le centre commercial
to go shopping   faire du shopping, faire des courses
short   court(e)
shower   la douche
shy   timide
silver   en argent
since   depuis
singer   le chanteur (male), la chanteuse (female)
sister   la sœur
site (camping etc.)   un emplacement
skateboarding   la planche à roulettes
to ski   faire du ski
skiing   le ski
skilful   habile
skirt   la jupe
to sleep   dormir
sleeping bag   le sac de couchage
slow   lent(e)
small   petit(e)
smoke   la fumée
to smoke   fumer
sociable   sociable
sometimes   quelquefois
son   le fils
sour   tourné(e), aigre
space   l'espace (m)
Spain   l'Espagne (f)
Spanish (lang.)   l'espagnol (m)
to speak   parler

to spend (money)   dépenser
to spend (time)   passer
sport   le sport
sports centre   le centre sportif
sporty   sportif, sportive
square (shape)   carré(e)
stain   la tâche
stamp   le timbre
to start   commencer
station   la gare
to stay   rester
stepbrother   le demi-frère
stepfather   le beau-père
stepmother   la belle-mère
stepsister   la demi-sœur
to stop   s'arrêter
storm   la tempête
street   la rue
strike   la grève
strong   fort(e)
to study   étudier
suburbs   la banlieue
to succeed   réussir
suit   le costume, l'ensemble (m), le tailleur
sun   le soleil
Sunday   dimanche
supermarket   le supermarché
survey   le sondage
sweater   le pull, le tricot
to sweep   balayer
to swim   nager
swimming   la natation
swimming pool   la piscine
Switzerland   la Suisse
to swot   bosser (slang)

T

t-shirt   le t-shirt
table-tennis   le tennis de table
to take   prendre
to take part in   participer à
takeaway (food etc.)   à emporter
tall   grand(e)
teacher   le/la professeur
team   une équipe
team sport   le sport d'équipe
technician   le technicien (male), la technicienne (female)
technology   la technologie
to telephone   téléphoner à
television   la télévision
tennis   le tennis
tent   la tente
the   le (m), la (f), les (pl)
theatre   le théâtre
there is, there are   il y a
they   ils (m.pl), elles (f.pl)
thin   mince
thing   le truc, la chose
to think   penser, croire
this   ce, cet, cette
these   ces
threat   la menace
to threaten   menacer
Thursday   jeudi
to tidy   ranger
tie   la cravate
tight   serré(e)
from time to time   de temps en temps
timetable   un horaire

tissue (handkerchief)   le mouchoir en papier
to   à
today   aujourd'hui
tomorrow   demain
too, too much   trop
torch   la lampe de poche
torn   déchiré(e)
tourist   le/la touriste
town   la ville
town centre   le centre-ville
toxic   toxique
traffic   la circulation
train   le train
to train   s'entraîner
training course   le stage
to travel   voyager
trip   un voyage, une excursion
trousers   le pantalon
Tuesday   mardi
Tunisia   la Tunisie
twin   jumeau, jumelle

U

umbrella   le parapluie
under   sous
understanding   compréhensif, compréhensive
underwear   les sous-vêtements (m.pl)
to get undressed   se déshabiller
unfortunately   malheureusement
unhealthy   malsain(e)
United States   les États-Unis (m.pl)
until   jusqu'à

V

very   très
vet   le/la vétérinaire
video games   les jeux vidéo (m.pl)
view   la vue
villa   la villa
village   le village
to visit (place)   visiter
to visit (person)   rendre visite à

W

to wait (for)   attendre
to wake up   se réveiller
to walk   marcher
to walk (dog)   promener
to go for a walk   se promener
wall   le mur
wallet   le portefeuille
to want   vouloir
to wash   laver
to have a wash   se laver
waste   les déchets (m.pl)
watch   la montre
to watch   regarder
water   l'eau (f)
water-skiing   le ski nautique
we   nous
to wear   porter
weather   le temps
Wednesday   mercredi

deux cent cinquante-cinq **255**

Lexique

week *la semaine*
to **weigh** *peser*
well *bien*
wet *mouillé(e)*
when *quand*
where *où*
whistle *le sifflet*
why *pourquoi*
to **win** *gagner*
wind *le vent*
wind-surfing *la planche à voile*
with *avec*
without *sans*
to **witness** *témoigner*
wooden *en bois*
woollen *en laine*
word *le mot*
to **work** *travailler*
to **work (things)** *marcher*
work experience *le stage pratique*
worse *pire*
the **worst** *le pire, le plus mauvais*
to **write** *écrire*
writer *un écrivain* (male), *une écrivaine* (female)

Y

year *un an*
yellow *jaune*
yesterday *hier*
yet *encore*
you *tu* (familiar)
you *vous* (polite)
young *jeune*
youngest child *le cadet* (male), *la cadette* (female)
young people *les jeunes* (m.pl)
your *ton (m), ta (f), tes (pl)* (familiar)
your *votre, vos (pl)* (polite)
yours sincerely *mes salutations distinguées*
youth hostel *une auberge de jeunesse*